Verstehen Sie Glauben?

TVZ

denkMal – Standpunkte aus Theologie und Kirche

Herausgegeben von Claudia Kohli Reichenbach, Ralph Kunz, Friederike Osthof, David Plüss, Sabine Scheuter und Matthias Zeindler.

Bd. 11 – 2024

Die Buchreihe *denkMal* ist ein Gemeinschaftsprojekt der Evangelisch-reformierten Landeskirche des Kantons Zürich und der Reformierten Kirchen Bern-Jura-Solothurn sowie der Theologischen Fakultäten Bern und Zürich. Ihr Ziel ist es, zu aktuellen Themen in Kirche und Gesellschaft Materialien und Reflexionen vorzulegen.

Claudia Kohli Reichenbach, Ralph Kunz (Hg.)

Verstehen Sie Glauben?

Kirchsprech auf dem Prüfstand

TVZ
Theologischer Verlag Zürich

Der Theologische Verlag Zürich wird vom Bundesamt für Kultur mit einem Strukturbeitrag für die Jahre 2021–2024 unterstützt.

Bibliografische Informationen der Deutschen Nationalbibliothek
Die Deutsche Nationalbibliothek verzeichnet diese Publikation in der Deutschen Nationalbibliografie; detaillierte bibliografische Daten sind im Internet über http://dnb.dnb.de abrufbar.

Umschlaggestaltung
Simone Ackermann, Zürich,
unter Verwendung von Paul Klee, EIDOLA: weiland Philosoph, 1940, 101
Kreide auf Papier auf Karton; 29,7 × 21 cm © Zentrum Paul Klee, Bern

Cover-Neugestaltung nach einer Idee von Johannes Stückelberger

Druck
CPI books GmbH, Leck

ISBN 978-3-290-18618-0 (Print)
ISBN 978-3-290-18619-7 (E-Book: PDF)

© 2024 Theologischer Verlag Zürich
www.tvz-verlag.ch

Alle Rechte vorbehalten

Vorwort

«Sorry, liebe Theologen, aber ich halte es nicht aus, wenn ihr sprecht. Es ist so oft so furchtbar. Verschrobene, gefühlsduselnde Wortbilder reiht ihr aneinander und wundert euch, warum das niemand hören will. Ständig diese in den Achtzigern hängen gebliebenen Fragen nach dem Sein und dem Sinn, nach dem wer ich bin und werden könnte, wenn ich denn zuließe, dass ich werde, was ich schon längst war. Hä?»[1]

Der Politikberater und Autor Erich Flügge hat in den letzten Jahren mit seinen Analysen zum Kirchsprech Furore gemacht. Wir nehmen seinen Steilpass an und mischen uns ins Spiel ein. Vor Ihnen liegt ein Buch, das die Sprache in der Kirche unter die Lupe nimmt. Wie sprechen Menschen in der Kirche in Predigten, Gebeten, Liedern? Wie kommunizieren sie Glauben ausserhalb der Kirchenmauern auf Social Media? Um dem Sprachgeschehen auf die Spur zu kommen, haben wir die kirchlichen Texte Menschen vorgelegt, die im säkularen Bereich sprechen und schreiben. Wir haben die Schriftstellerin, den Kommunikationsberater, die Satirikerin gebeten, an die Texte anzuknüpfen, indem sie analysieren, kritisieren, weiterführen. Einmal, gleich zu Beginn, ist es umgekehrt: Die Pfarrerin hat sich die Predigt des Schriftstellers vorgenommen. Was entstanden ist, finden Sie im ersten Teil des Buchs. Sie werden bald merken, dass die Frage nach dem Sprachgeschehen im grossen Horizont des Verstehens verhandelt wird. Darum haben wir dem Buch den Titel «Verstehen Sie Glauben?» gegeben.

Einen Schlüssel zum Verstehen, was in und zwischen den Texten passiert, hat uns Andreas Mauz geliefert. Er ist Germanist und Theologe, Experte für Fragen, wenn es um das Verstehen von Texten geht. Wir haben uns mit ihm zu einem längeren Gespräch getroffen. Auszüge davon finden Sie an diversen Stellen im Buch.

Im zweiten Teil reflektieren verschiedene Autor:innen das kirchliche und theologische Sprachgeschehen. Autobiografisch verankerte Texte wechseln sich ab mit grundlegenden Erwägungen zu Sprache und Theologie, lyrische Texte folgen auf kontextorientierte Analysen. Wir wünschen Ihnen viel Freude und Inspiration beim Stöbern in diesen sprachlichen Schatzkammern. Vielleicht mag sich auch Herr Flügge einmal darin umsehen?

---

[1] www.erikfluegge.de/allgemein/die-kirche-verreckt-an-ihrer-sprache/; Eintrag vom 19.04.2015 (01.11.2023).

Wir sind den Produzent:innen von Textstücken im ersten Teil sehr dankbar, dass sie sich auf die Anlage des Buchs eingelassen haben. Sie haben ihre Texte erneut in die Welt geschickt, und dies erst noch in verfremdeter Manier. Denn: Es macht einen Unterschied, ob jemand eine Predigt hört und somit am Geschehen eines Gottesdienstes teilhat oder sie in schwarz gedruckten Buchstaben auf dem Schreibtisch serviert bekommt.

Warum dieses Buch? Die Bewegungen in der religiösen Landschaft beschäftigen uns. Der gesellschaftliche Relevanzverlust der Kirche hinterlässt tiefe Spuren bei denen, die in ihrem Namen sprechen. Die Fragen nach Verstanden- und Missverstandenwerden sind existenziell. Unser Wunsch ist, dass das Buch die Freude weckt, beredt, beherzt und gewitzt über Glauben zu sprechen.

Bern/Zürich, an Pfingsten 2024, Claudia Kohli Reichenbach und Ralph Kunz

Inhalt

5   Vorwort

7   Inhalt

Teil I: Verstehen wir uns?

13 **Sonntagmorgenpredigt**
13 Der Schriftsteller Lukas Bärfuss predigt: Die Predigt vom Zusammenhang
20 Die Pfarrerin Ruth Näf Bernhard schreibt zur Predigt von Lukas Bärfuss: Was bleibt

24 Die Pfarrerin Caroline Schröder Field predigt: «Wie schön leuchtet der Morgenstern» (Liedpredigt)
28 Der Schriftsteller Peter Weibel erhebt Gegenworte
32 Der Professor für Praktische Theologie Ralph Kunz kommentiert mit einem homiletischen Zwischenruf: Verständnis für das Unverständnis

36 Kirchsprech
    Claudia Kohli Reichenbach und Ralph Kunz im Gespräch mit Andreas Mauz

39 **Predigt für einen besonderen Anlass**
39 Der Pfarrer Albrecht Merkel hält eine Konfirmationspredigt
44 Die Schriftstellerin Noemi Somalvico hat die Konfirmationspredigt gelesen und schreibt dem Pfarrer einen Brief

48 Erosion und Fremdheit
    Claudia Kohli Reichenbach und Ralph Kunz im Gespräch mit Andreas Mauz

50 Die Pfarrerin Saara Folini predigt für ältere Menschen
55 Der Leiter Kommunikation Aids-Hilfe Schweiz Jan Müller hat die Predigt gelesen und schreibt

58 Die Pfarrerin Esther Cartwright gestaltet für Martha Z. einen
Abschiedsgottesdienst: «Eine Blüte geht auf …»
65 Die Ethnologin Cornelia Vogelsanger kommentiert:
Das Gesagte und das Ungesagte

70 G-Wort
Claudia Kohli Reichenbach und Ralph Kunz im Gespräch mit Andreas Mauz

71 Menschen machen ihre Gebete öffentlich
80 Die Satirikerin Patti Basler liest mit

83 Abziehbilder
Claudia Kohli Reichenbach und Ralph Kunz im Gespräch mit Andreas Mauz

85 Gesungene Sprache
Der Altphilologe Theo Wirth und der Kirchenlied-Dichter Georg Schmid
schreiben sich Briefe

95 Ausserhalb der Kirchenmauern. Beiträge aus dem RefLab
101 Der Kommunikationsberater Jakob Bächtold nimmt die Beiträge unter die
Lupe: Das digitale Lagerfeuer im Leuchtkraft-Test

104 Sprachsuche
Claudia Kohli Reichenbach und Ralph Kunz im Gespräch mit Andreas Mauz

Teil II: schreibend glauben, glaubend schreiben

109 Wo die Worte fehlen. Gottesdienstsprache an der Grenze des Sagbaren
(Christian Lehnert)

121 «Schreib: es regnet» *(Jacqueline Keune)*

135 Über die Sprache des Gebets *(Alexander Bischoff)*

145 Unterwegs mit Michel de Certeau
Einige Aspekte einer Theologie auf dem Weg *(Johanna Breidenbach)*

154 Worte am Boden
Claudia Kohli Reichenbach und Ralph Kunz im Gespräch mit Andreas Mauz

Inhalt

155 Wider die Illusion, allein zu sein
Zu Sprache und Sache des christlichen Glaubens *(Matthias Zeindler)*

165 Podcasts als Sprachschulen des Glaubens?! Ein Essay *(David Plüss)*

173 «Bei euch sind sogar die Haare auf dem Kopf alle gezählt!»
Rede vom Glauben in der (Spital-)Seelsorge *(Claudia Graf)*

181 Die Radiopredigt: Kommunikation auf Ohrenhöhe *(Judith Wipfler)*

185 Spracharchiv
Claudia Kohli Reichenbach und Ralph Kunz im Gespräch mit Andreas Mauz

187 Wenn Kirchenthemen in der «Fifa»-Schlaufe steckenbleiben
(Markus Dütschler)

191 Mehr Babel, bitte
Ein Plädoyer für liturgische Mehrsprachigkeit *(Holger Pyka)*

199 Sprache und Auszusprechendes
Glauben heisst Schreiben und Schreiben Glauben *(Martina Schwarz)*

209 Verzeichnis der Autorinnen und Autoren

Teil I: Verstehen wir uns?

Sonntagmorgenpredigt

Der Schriftsteller Lukas Bärfuss predigt: Die Predigt vom Zusammenhang

Gehalten am 6. Februar 2022 im Grossmünster, Zürich

> Und er richtete die Augen auf seine Jünger und sprach: Selig ihr Armen – euch gehört das Reich Gottes. Selig, die ihr jetzt hungert – ihr werdet gesättigt werden. Selig, die ihr jetzt weint – ihr werdet lachen. Selig seid ihr, wenn euch die Menschen hassen und wenn sie euch ausschliessen, beschimpfen und euren Namen in den Dreck ziehen um des Menschensohnes willen. Freut euch an jenem Tag und tanzt! Denn seid gewiss, euer Lohn im Himmel ist gross. Denn so haben es ihre Väter den Propheten gemacht. Doch wehe euch, ihr Reichen – ihr habt euren Trost schon empfangen. Wehe euch, die ihr jetzt satt seid – ihr werdet hungern. Wehe euch, die ihr jetzt lacht – ihr werdet trauern und weinen. Wehe, wenn alle Menschen gut von euch reden, denn so haben es ihre Väter mit den falschen Propheten gemacht. (Lk 6,20–26)[1]

Das liest sich so leicht, und es versteht sich so schwer.
Lassen Sie uns an diesem Sonntagmorgen die Sache mit frischem Kopf und Schritt für Schritt angehen und zuerst ein wenig die Form betrachten.

Es handelt sich bei den Seligpreisungen um ein Versprechen. Ein Versprechen ist eine merkwürdige Sache. Ein Phänomen der Sprache, nur durch Sprache, nur in der Sprache möglich. Doch ein Versprechen, gleichzeitig, weisst über die Sprache hinaus in den Raum, den wirklichen, und in die, und das ist doppelt merkwürdig, in die Zeit.

Ein Versprechen verweist stets auf die Zukunft. Ein Versprechen ist eine Vorhersage, eine Prophezeiung, dass irgendwann ein Ereignis eintreten oder ausbleiben möge, das mit dem Versprechen definiert wird.

Nun kann niemand die Zukunft sehen und deshalb kann niemand garantieren, dass jenes in Aussicht gestellte Ereignis eintreten werde. Trotzdem wird es durch das Versprechen behauptet. Es etabliert sich also eine Autorität. Der Ver-

---

[1] Einheitsübersetzung der Heiligen Schrift, Stuttgart 2016.

sprechende verlangt Hoheit: Ich bestimme darüber, was sein wird. Ich werde alles in meiner Macht Stehende tun, um mein Versprechen einzuhalten.

Im Gegenzug wird Vertrauen und Loyalität gefordert: Wenn du mir folgst und das Versprechen annimmst, wirst du später dafür belohnt.

Ein Versprechen bedarf der Haftung, denn was, wenn dieses Versprechen nicht eingehalten wird? Was droht?

Der Versprechende riskiert seine Glaubwürdigkeit. Ein gebrochenes Versprechen ist enttäuschte Verlässlichkeit und damit ein Verlust an sozialem Status.

Nun gibt es im vorliegenden Fall, im Lukas-Evangelium, eine Spezialität. Hier spricht jemand, der sich nicht nur als Autorität begreift, er begreift sich als Sohn Gottes, des Allmächtigen, in dessen Namen und Auftrag er spricht. Dieser Gott entscheidet endgültig, er ist der Herr über die ersten und die letzten Dinge.

Dieses Buch, das Evangelium nach Lukas, wie die Bibel überhaupt, liebt Versprechungen und Ankündigungen. Ein Engel erscheint und verspricht: Du wirst den Heiland auf die Welt bringen.

Gott tritt vor Abraham und verspricht: Geh fort aus deinem Land, aus deiner Verwandtschaft und aus deinem Vaterhaus in das Land, das ich dir zeigen werde! Ich werde dich zu einem grossen Volk machen, dich segnen und deinen Namen gross machen.

Woher kommt die Schwäche dieses Gottes, dieses Buchs für Versprechen?

Ein Versprechen ist ein performativer Sprechakt. Er setzt einen Vertrag in die Welt, etabliert einen Handel. Aber angenommen, der eine Vertragspartner, der ja Gott ist und allmächtig, hält seinen Teil nicht ein – was droht ihm? Vor ein Gericht kann man ihn nicht ziehen. Sein Status ist absolut und durch nichts zu reduzieren. Aber dies ist nur ein Teil des Problems.

Ein Versprechen betrifft, wie gesagt, die Zukunft, aber bei Gott im Himmelreich ist alle Zeit aufgehoben. Die Ewigkeit ist keine physikalische, sie ist eine metaphysische Grösse, eine Singularität. In der Ewigkeit gibt es keine Vergangenheit, keine Gegenwart und keine Zukunft, all dies fällt in der Ewigkeit zusammen.

Eine Formel wie: «ich werde, sie werden ...» ist in Bezug auf die Ewigkeit sinnlos. Für die Jünger zu Jesu Zeiten lag das Himmelreich in der Zukunft, so wie es für uns, zweitausend Jahre später, immer noch in der Zukunft liegt. Das Himmelreich war damals wie heute und gestern und auf immer unverfügbar. Warum eine Sprechform wählen, deren Voraussetzung die Zeitlichkeit ist, wenn die Sache, um die es geht, eben das Himmelreich, gerade eben die Zeitlichkeit aufhebt?

Dieses spezifische, göttliche, auf die Ewigkeit gegebene Versprechen besitzt einen schlagenden Vorzug: Jener, der es gibt, muss nicht fürchten, dass ihn jemand zur Rechenschaft zieht, wenn er es nicht einhält. Den Verlust an Ansehen oder Glaubwürdigkeit braucht er nicht zu fürchten. Dieses Versprechen ist für ihn wohlfeil, um nicht zu sagen: umsonst.

Trotzdem wird ein Handel angeboten: Dein Lohn liegt in der Zukunft, in der Ewigkeit, den Preis hast du im Heute, im Diesseits, zu bezahlen. Welchen Preis verlangt Jesus also von den Jüngern auf jenem Feld, von jenen, die ihm zuhören?

Es sind die Armen, die er anspricht, jene, die Hunger leiden. Jesus geht davon aus, dass die Armen der Armut entkommen wollen.

Lassen Sie uns, auch wenn es in dieser Stadt, hier in Zürich, ungewöhnlich und ungewohnt sein mag, über die Armut nachdenken.

Armut bedarf eines Unterschieds. Wenn alle gleich viel oder gleich wenig besässen, wenn unter den Menschen völlige Gleichheit herrschte, dann wäre der Begriff der Armut sinnlos. Armut braucht den Vergleich, Armut braucht den Unterschied, Armut braucht den dialektischen Gegenbegriff, den Reichtum. Armut gibt es nur, wenn es Reichtum gibt.

Jesus verspricht keine Gleichheit. Er verspricht nicht die Aufhebung der Armut. Im Himmelreich werden die Armen reich, in der Hölle werden die Reichen arm sein. Jesus stellt das Prinzip nicht infrage. Es wird im Himmelreich, wie hier auf Erden, immer noch Arme und Reiche geben. Bloss die Rollen werden vertauscht sein.

Wenn aber die Reichen dereinst arm sein werden, was wird damit versprochen sein? Die Fortsetzung der Armut, das gleiche Elend wie im Hier und Jetzt, in der Ewigkeit einfach mit vertauschten Vorzeichen?

Diesem Versprechen geht eine Annahme voraus. Sie bleibt von Jesus unausgesprochen, aber ohne diese Annahme wäre sein Versprechen sinnlos. Diese Annahme lässt sich wie folgt zusammenfassen: Ich sehe Euch Armen und weiss, dass ihr leidet. Ihr leidet nicht nur an der Armut selbst, sondern ihr leidet auch, weil ihr Menschen seht, die reich sind und nicht leiden, jedenfalls nicht an derselben Armut wie ihr. Ihr leidet am Hunger und ihr leidet an den Satten, an jenen, die nicht leiden.

Das Versprechen Jesu setzt ein Bewusstsein für den Unterschied voraus. Jemand besitzt, was mir fehlt. Wenn ich hätte, was andere besitzen, dann müsste ich nicht leiden. Also muss ich bekommen, was andere bereits haben. Dieses Gefühl ist zutiefst menschlich, jeder kennt es, es hat einen Namen, er lautet Neid.

Wen spricht Jesus an? Nicht die Armen, nicht die Hungernden, er spricht die Neider an. Warum tut er das? Warum sagt er nicht: In der Ewigkeit wird es keine Armen und keine Reichen mehr geben, nur noch Gleichheit?

Jesus nennt sich Sohn Gottes. Sein Reich, so sagt er, sei nicht von dieser Welt. Sein Reich liegt im Jenseits, in der Ewigkeit. Trotzdem muss er sich im Diesseits um seine Jünger kümmern. Er muss sich hier und jetzt um seine Follower kümmern, das heisst, er kann sich nicht auf die Religion beschränken, Jesus muss Politik machen.

Jesus weiss, dass Armut relativ ist, und auch unter den Elenden keine Gleichheit herrscht. Alle, einerlei, wie viel oder wie wenig sie haben, messen sich mit den anderen. Der Neid nimmt kein Ende.

Neid ist eine der sieben Todsünden. Erst durch den Neid des Teufels kam der Tod in die Welt. So steht es in einem anderen Buch der Bibel, in der Weisheit Salomos. Obwohl er eine Sünde ist, wird Neid gesellschaftlich und politisch wirksam. Jesus, wie jeder politische Mensch, kann ihn ansprechen. Neid kann sich verwandeln in Wut und in Agitation, in eine Bewegung. Sprich die Neider an, und viele werden dir folgen.

Neid bedarf einer Vorstellung von Besitz. Was gehört mir? Worüber darf ich verfügen? Neid stellt meinen Besitz in ein Verhältnis mit dem Besitz der anderen. Privateigentum hat auch eine christliche Wurzel. Begehren allerdings darf ich den Besitz der anderen nicht, das gebietet der Dekalog. Das Lukas-Evangelium verdammt den Reichtum und lässt keine Zweifel daran, was mit den Reichen in der Ewigkeit geschehen wird. Im Lukas-Evangelium wird der Reichtum ausführlich kritisiert, die Kritik findet ihren Höhepunkt in der Parabel von Lazarus (Lk 16,19–31).

Lazarus, an Aussatz erkrankt, segnet das Zeitliche. Mit ihm stirbt ein Reicher. Lazarus findet sich im Schoss Abrahams wieder, der Reiche aber muss in die Hölle. Von dort aus sieht der Reiche die beiden, Abraham und Lazarus. Er sieht, wie der Aussätzige getröstet wird, und er wagt die Bitte, man möge ihm, dem Verurteilen, doch immerhin die verbrannte Zunge kühlen und seine Leiden etwas lindern. Abraham antwortet eindeutig und grausam: Lazarus hatte ein schlechtes Leben, dir gehört jetzt der schlechte Tod. Abraham erlaubt es dem Reichen nicht einmal, seine Verwandten zu warnen, damit sie sich bekehren und ihnen sein Schicksal erspart bleibe. Wozu auch, meint Abraham, es steht doch alles bei den Propheten, die Leute müssten halt nur lesen.

Das Prinzip dieser Parabel ist das Prinzip der ausgleichenden Gerechtigkeit.

Diese Legende ist in der Aussage arm, aber sie ist reich an erzählerischer Besonderheit. Der Reiche sieht Abraham und Lazarus in ihrer Seligkeit, mit seinen Augen erkennt er das Himmelreich, ist sich dessen Existenz bewusst. Er leidet nicht nur an der Hölle, er leidet am Himmelreich. Für den Reichen ist es unerreichbar, wie Abraham bestätigt: Es bestehe eine Kluft, die niemand überwinden könne, niemals.

Bei Gott bleiben die Unterschiede zwischen den Menschen sichtbar und sollen nicht überwunden werden. An dieser Stelle folgt auch der neutestamentliche Gott dem alten Prinzip der Rache. Auch dieser Gott missioniert. Revanchistische Gefühle sind leicht zu mobilisieren. Wer träumt nicht gelegentlich, dass die siegreichen Widersacher eines Tages durch eine strafende Instanz zur Rechenschaft gezogen werden? Wer wünscht sich Erlösung für seine Feinde?

Der Vater macht das Gesetz, Abraham setzt es als Staatsanwalt und Richter durch, die Vollstreckung des Urteils überlässt er dem Sparifankerl.

Gegen Abrahams Aussage spricht die menschliche Erfahrung. Wer gut lebt, stirbt auch besser. Die Armen werden nie entlöhnt. Sie treten vor die Gerichte als Angeklagte, nie als Kläger. Die Armen vererben ihre Armut an ihre Kinder. Jede Hoffnung, dass sich daran etwas ändern könnte, ist höchstens vorübergehend. Das nächste Beispiel für die unausrottbare Ungerechtigkeit unter den Menschen findet sich in der heutigen Zeitung.

Rachefantasien verleihen ein trügerisches Gefühl der Macht. Wut kann zu einer Bewegung werden, und das Versprechen, eine Lösung zu finden, erlöst zu werden von der Armut, schafft soziale Identifikation.

Armut stinkt. Sie ist nicht schön. Mit der Armut kommt die Scham und mit der Armut kommt die Peinlichkeit. Mit der Armut kommt das Leiden an sich selbst, an der Welt, am Anderen. Armut tötet, sie tötet Menschen, sie tötet die Freundschaft und sie tötet die Liebe. Vielleicht kann man dasselbe vom Reichtum sagen, aber gewiss ist arm und reich kein Gegensatz, sondern ein Zusammenhang. Als Gesellschaft des einundzwanzigsten Jahrhunderts brauchen wir nicht die Umkehrung des Gegensatzes, die Änderung der Vorzeichen, wir brauchen einen anderen Zusammenhang.

Falls es eine Hölle geben sollte, falls es den Hades geben sollte, dann werden wir uns alle, Ihr und ich, dort wiederfinden. Oder kennt jemand unter Euch einen Gerechten? Ist jemand unter Euch in seinem Leben einem Gerechten begegnet? Jemandem, von dem Ihr sicher sagen könnt, nach allen Kriterien, die Gott und seine Propheten definieren, dass er den Eintritt ins Himmelreich gewiss hat? Einen solchen Menschen kenne ich nicht. Ich kenne keinen solchen Gerechten, und ich weiss auch nicht, wo er leben sollte. Wie könnte es in einer ungerechten Welt einen gerechten Menschen geben?

Wenn wir der Hölle entkommen wollen, hier und im Jenseits, dann ist die einfache Umkehrung des alten Prinzips keine gute Lösung. Und es wird auch nicht helfen, auf eine Autorität zu hoffen, die das regeln könnte, auch nicht auf eine Religiöse.

Jesus macht aus seinen Absichten keinen Hehl:

> Ich sage euch: Jedem, der hat, wird gegeben werden; dem aber, der nicht hat, wird auch das noch genommen werden, was er hat. Diese meine Feinde aber, die nicht wollten, dass ich König über sie bin, führt hierher und macht sie vor meinen Augen nieder. (Lk 19,26–27)[2]
> Wenn ihr aber von Kriegen und Unruhen hört, so erschreckt nicht! Denn das muss zuvor geschehen, aber das Ende kommt noch nicht so bald. Dann sagte er zu ihnen: Erheben wird

---

[2] Zürcher Bibel 2007.

sich Volk gegen Volk und Reich gegen Reich, gewaltige Erdbeben wird es geben und da und dort Seuchen und Hungersnöte, furchtbare Dinge werden geschehen und vom Himmel her gewaltige Zeichen erscheinen. (Lk 21,9–11)[3]

Wir werden immer in einer Win-Lose-Situation verdammt sein. Was für den einen der Himmel, ist für den anderen die Hölle.

Wer kann sich einen solchen Gott wünschen?

Aber in einer Hinsicht spricht dieses Buch doch die Wahrheit. Menschen haben eine tiefe Empfindung für Ungerechtigkeit, und sie haben ein unausrottbares Bedürfnis, dieser Ungerechtigkeit zu entkommen.

Rachegefühle sind politisch wirksam, Wut kann Gesellschaften verändern, aber für das eigene Leben ist beides Gift. Man kann sich nicht vorstellen, wie ein Mensch, der seine Gefühle der Wut und der Rache nicht überwindet, zufrieden sein kann. Wie soll er lieben, wie soll er geliebt werden? Rache und Wut verschaffen Lust, aber diese ist ganz im Augenblick, sie ist obsessiv und ohne Perspektive. Und doch braucht es sie, damit sich die Gesellschaft verändert.

Wir brauchen beides, die Wut und die Liebe. Die Wut verändert die Gesellschaft, die Liebe verändert die Menschen.

Liebe kennt keine Rache, sie lebt von der Vergebung und von der Gnade. Wir brauchen beides nicht zuerst von Gott, wir brauchen es von unseren Nächsten. Vergebung und Gnade sind religiöse Konzepte, aber vorher sind sie eine lebendige Empfindung und schliesslich eine soziale Praxis.

Ungerechtigkeit sticht und brennt. Das wissen wir, und deshalb fürchten wir uns vor ihr und der Empfindung, die sie auslöst. Oft gehen wir nicht die Ursache an, sondern die Reaktion, statt an der Ungerechtigkeit, leiden wir an unserer Empfindung.

Dann verschliessen wir die Augen, damit wir die Ungerechtigkeit nicht sehen. Wir halten uns die Ohren und die Nase zu, so hören und so riechen wir die Ungerechtigkeit nicht.

Aber was ist das für ein Leben, ein blindes, ein taubes, eines ohne Geruch oder Geschmack!

Ungerechte Verhältnisse breiten sich aus. Ungerechtigkeit ist ansteckend. Ungerechtigkeit stört den Zusammenhalt, bevor sie ihn zerstört. Zusammenhalt entsteht durch den Kampf gegen die Ungerechtigkeit. Alle anderen Methoden beruhen auf Ungleichheit, auf den Vorteil, auf den Unterschied – und eben nicht auf dem Zusammenhang.

Gegen die Angst und gegen den Schmerz hilft Reichtum wenig. Materielle Existenzängste lassen sich kaum durch ein höheres Einkommen bekämpfen. Er-

---

[3] Zürcher Bibel 2007.

folgreicher ist es, die Verhältnisse in ihrem Zusammenhang zu begreifen, oder, mit einem anderen Wort, auf die Beziehungen zu setzen, also auf den menschlichen Zusammenhang.

Dafür braucht es zuerst Anerkennung. Die Anerkennung der Schwäche, der eigenen und der Schwäche der Mitmenschen. Deine Angst ist auch meine Angst, dein Schmerz ist auch mein Schmerz. Wir wissen beide nicht, was die Zukunft bringt, sicher ist nur, dass wir alle sterben müssen. Wenigstens hier ist das Leben gerecht durch Gleichbehandlung.

Diese Anerkennung und die Bereitschaft, den anderen Menschen nicht auf seinen Schmerz und auf seine Angst zu reduzieren, ihn also nicht in seiner Gleichheit, sondern in seinem Anderssein zu erkennen, dies ist der Anfang einer gerechten Beziehung. In ihr ist das einzelne gleichzeitig das gemeinsame Interesse. Gerechtigkeit ist immer das Interesse aller, und wenn wir den christlichen Begriff der Seligkeit verwenden wollen, dann wird es sie erst geben, wenn alle selig sind. Eine Gruppe von Menschen, die auch nur ein Mitglied ungerecht behandelt, kann niemals gerecht sein, einerlei, wie gross diese Gruppe sein mag.

Diesen Zusammenhang sollten wir als Gesellschaft erkennen und bewältigen. Welche Aufgabe könnte lohnender sein? In der Kirche, in der Wirtschaft, in der Politik, in der Kunst: In einer gerechten Gesellschaft ist das Eine nicht vom Anderen getrennt. Wie können wir von einer Demokratie reden, wenn diese von einer zutiefst ungerechten und mörderischen Wirtschaft bezahlt wird? Wie können wir dulden, dass Menschen systematisch ausgebeutet werden, wie können wir uns damit abfinden, dass die Armen in der Hölle braten, die Reichen aber in Abrahams Schoss fläzen?

Darum überwindet alle Grenzen, es gibt sie nicht in der Wirklichkeit! Denkt nicht in Gegensätzen, denkt in Zusammenhängen! Macht keine Versprechen, denn niemand, auch ihr nicht, kennt die Zukunft! Verlegt nichts in die Hoffnung! Tretet in Beziehung! Geht hinaus, überwindet die Gegensätze und schafft Zusammenhänge, jetzt, hier, sofort, für immer!

Amen.

Die Pfarrerin Ruth Näf Bernhard schreibt zur Predigt von Lukas Bärfuss:
Was bleibt

Natürlich war ich gespannt auf seine Predigt. So wie ich auf jede Predigt gespannt bin. Da sind diese Fragen ohne Fragezeichen. Worüber wird er predigen. Und vor allem wie. Ob er eine Bibelstelle an den Anfang stellt. Wenn ja, welche und warum. Was greift er auf und was lässt er aus. Was wird er sagen und was verschweigen. Wird er mir etwas zu sagen haben. Die letzte Frage mit Fragezeichen. Wird er mir etwas zu sagen haben? Ich wünsche mir so sehr, dass etwas bleibt. Dass etwas mich anspricht. Wenigstens ein einziger Satz. Bitte hab' du doch mit mir zu tun.

Ich lese seine Predigt genau zweimal. Das habe ich so mit mir abgemacht. Zweimal lesen ist wie einmal hören. Wissenschaftlich ist das wohl kaum belegt. Aber für mich macht es Sinn. Sitze ich in der Kirche und höre zu, kann ich auch nicht zurückspulen, was gesagt worden ist. Entweder verstehe ich etwas oder ich verstehe es nicht. Es geht ums Verstehen. Und nicht ums Zerlegen. Beim Hören. Und beim Lesen. Es geht darum, was bleibt. Nach dem Amen.

So lese ich die Predigt ein erstes Mal. Die Seligpreisungen nach Lukas. Das fängt gut an. Daraus lässt sich sicher etwas machen. Aha, er wählt die Armen aus. Das hätte ich eher nicht gemacht. Ich lese weiter und überlege, während ich am Lesen bin, was denn ich zu dieser Bibelstelle gepredigt hätte. Und was ich auch tatsächlich schon gepredigt habe. Kein Wort zu den Armen. Nein, ich spreche mit jenen, die weinen. Das liegt mir eher. Traurig ist man doch immer ein bisschen. Oben auf der Kanzel. Und unten in den Reihen. Gründe für Trauer gibt es genug. So lese ich weiter, was er schreibt. Ich sehe die Armut als Wort auf den Zeilen. Das scheint sein grosses Thema zu sein. Gleichzeitig sehe ich Menschen vor mir, die weinen. Die getröstet werden wollen. Die darauf hoffen, wieder lachen zu können. Oder wenigstens ein bisschen sich freuen dürfen. Und wie ich mit Worten gerungen habe, geschrieben, verworfen und wieder geschrieben. Die Predigt gehalten. Komplimente erhalten. Manchmal einen langen Brief. Oder einen Blumenstrauss. Ein kleines Dankeschön für Sie! Mit den Blumen kamen die Zweifel.

Doch nochmals zu seiner Predigt zurück. Ich lese weiter, was er schreibt. Und plötzlich sticht mir ein Satz ins Auge. Zwei Wörter nur. Sie sind für mich.

Ich lese die Predigt ein zweites Mal. Dann lege ich sie beiseite. Abgemacht ist abgemacht. Ich mache mir ein paar Notizen. Stichwörter, halbe und ganze Sätze, an denen ich hängen geblieben bin. Eine Schwäche für Versprechen. Armut wird

Sonntagmorgenpredigt

vererbt. Der Neid nimmt kein Ende. Ungerechtigkeit sticht und brennt. Wut. Gerechtigkeit als Interesse aller. Wer wünscht sich einen solchen Gott. Nicht in Gegensätzen denken, sondern in Zusammenhängen. Und schliesslich noch den erwähnten Satz. Aus nur zwei Wörtern. Diesen markiere ich leuchtend gelb.

Weshalb habe ich nie über Armut gepredigt? Es gab sicher einen guten Grund dafür. Nein, nie stimmt nicht ganz. Manchmal in der Fastenzeit, in ökumenischen Gottesdiensten, habe ich mich an dieses Thema gewagt. Weil es so vorgegeben war. Brot für alle geht nur so. Da muss es ausgesprochen werden, deutlich und klar, dass es Arme gibt und Reiche. Und dass die Schere grösser wird. Von Jahr zu Jahr noch etwas grösser. Da wird die Ungerechtigkeit beim Namen genannt und wir dafür verantwortlich gemacht. Doch spätestens beim Apéro wird mir bewusst, dass das Brot stets ungleich verteilt bleiben wird.

Weshalb habe ich nie über Armut gepredigt? Nie aus einem inneren Antrieb heraus? Bis heute hätte ich es so formuliert: Weil ich nicht wusste, was das soll. Weshalb sollte ich als eine Gutverdienerin anderen zumeist Gutverdienenden etwas darüber erzählen, wie Arme unter ihrer Armut leiden. Wir haben keine Ahnung davon. Keinen blassen Dunst. Weshalb also über arme Menschen sprechen. Wenn schon, müsste man *mit* ihnen sprechen. So dachte ich und war mir sicher, dass es so sei. Bis heute.

Nun ist es anders. Es hat mit dieser Predigt zu tun. Mit diesem einen Satz. Zwei Wörter nur. Sie sind für mich. Ich habe mir gewünscht, dass etwas bleibt. Nun ist es da. Und es wird bleiben. Diese zwei Wörter: *Armut stinkt*. So steht es geschrieben in seiner Predigt.

Armut stinkt. Und alles ist da. Haufenweise Erinnerungen. Damit verbunden tiefe Scham. Wofür man sich schämt, darüber spricht man nicht. Schon gar nicht öffentlich in einer Predigt. So genau will es denn doch niemand wissen.

Armut stinkt. Sie stinkt nach alten getragenen Kleidern. Wir sitzen in der Küche jener Frau, einer sogenannten Lumpensammlerin. Sie hat wieder eine Ladung Ware erstanden. Die Küche ist voll von grossen Säcken. Sie kippt deren Inhalt auf den Boden. Lauter Schätze für uns, die Kinder. Wir dürfen nehmen, was uns gefällt. Wir sind so glücklich, weil wir wählen dürfen. Die einen Kleider sind viel zu gross. Fast schon für junge Frauen gemacht. Trotzdem nehmen wir sie mit. Für später. Stinkende gebrauchte schmutzige Kleider. Nach der Wäsche sind sie wie neu.

Armut stinkt. Sie stinkt nach Bier. Nach vielen leeren Flaschen mit Bügeln. Nach grünen grossbauchigen Flaschen im Körbchen, gefüllt mit Chianti, bei uns *Tschianti*.

Armut stinkt. Sie stinkt nach Kutteln, Kalbskopf und Ochsenschwanz. Nach selbstgemachtem Schweineschmalz. Hergestellt aus dem Bauchwandfett vom soeben geschlachteten Schwein des Nachbarn. Wir essen alles. Nicht aus hehren

Gründen wie heute: wenn schon denn schon das ganze Tier. Man isst das, was am billigsten ist.

Armut stinkt. Sie stinkt nach schwarzen ölverschmierten Händen, die meinem Vater peinlich sind. Weil man ihnen die Drecksarbeit ansieht. Ich höre mich, wie ich zu ihm sage: Aber deine Hände sind trotzdem schön.

Ab wann empfindet sich ein Kind als arm? Ab wann merkt es, dass es das Kind armer Eltern ist? Ab wann beginnt es, sich dafür zu schämen? Ab wann fühlt es sich schuldig und hat ein schlechtes Gewissen?

Ich hatte ein schlechtes Gewissen, wenn ich neue Bücher brauchte.

Ich hatte ein schlechtes Gewissen, wenn wir einen Schulausflug machten.

Ich hatte ein schlechtes Gewissen, wenn ein Klassenlager angekündigt wurde.

Immer wenn es um Geld ging, hatte ich ein schlechtes Gewissen.

Und vom schlechtesten aller schlechten Gewissen, das ich je in meinem Leben hatte, muss ich Ihnen nun erzählen, liebe Gemeinde, auch wenn Sie das lieber nicht hören wollen. Mein Vater, der ein Leben lang gekrampft, gearbeitet und geschuftet hat, der gedemütigt und schikaniert worden ist, und zwar je älter, desto mehr, dieser hat im letzten Jahr vor seiner Pensionierung einen Monatslohn erhalten, der genau einem Drittel meines Monatslohns als Berufseinsteigerin entsprach. Stellen Sie sich das einmal vor. Mir fehlen die Worte. Da ist kein Trost. Weder hier noch dort. Amen.

Es macht mich wütend. Hilflos. Traurig. Dass so etwas möglich ist. Dass mir, nur weil ich auf der Kanzel stehe, so viel mehr zur Verfügung steht als ihm, der auf dem Boden blieb. Hat doch er, der immer unten war, dafür gesorgt, dass ich nach oben komme. Oben und unten hängen zusammen.

Ob mein Vater damit gerechnet hat, im Himmel dereinst für alle Entbehrungen entlöhnt zu werden? Ich glaube kaum. Meine Mutter vielleicht. Sie hat gebetet und geweint. Nicht nur. Aber oft. Er hat getrunken und geflucht. Nicht nur. Aber oft. Ich habe von beiden gelernt. Auch lachen und tanzen, festen und feiern. Das eine schliesst das andere nicht aus. Das habe ich von klein auf mitbekommen. Und dass es Dinge gibt, über die man schweigt. Die man am besten mit sich abmacht. Oder mit dem lieben Gott.

Apropos Gott. Ihn habe ich geerbt. Ich habe meinen Gott vererbt bekommen. Einen anderen zu wünschen, kam mir nie in den Sinn. Er war einfach da. So wie er war. Immer an meiner Seite. Das gab mir ein gewisses Vertrauen. Ins Leben. In mich. Mir wird nichts passieren. Das hatte mit einem Versprechen zu tun. Und das Versprechen wiederum mit einem Gegenstand. Es hängt an der Wand. Ein Weihwassergeschirr. Meine Mutter tunkt ihre Finger darin und malt uns dann ein Kreuz auf die Stirn. Immer wenn wir das Haus verlassen. Immer wenn wir uns schlafen legen. Ein Kreuz auf die Stirn. Das habe ich von klein auf mitbekommen. Gott wird mich behüten.

Das Weihwassergeschirr ist mitgekommen, als ich die Wohnung der Eltern räumte. Nun hängt es bei mir an der Wand. Maria und Josef und das Jesuskind. Die heilige Familie. Stets eine feine Staubschicht darüber. Kein Weihwasser drin. Doch jedes Mal, wenn ich es sehe, wird das Versprechen wie neu.

Liebe löst Versprechen aus. Obwohl wir die Zukunft nicht kennen. Weil wir die Zukunft nicht kennen. Wenn man liebt, steigt das tiefe Bedürfnis auf, zu versprechen, was grösser ist als wir. Etwas das bleibt. Über uns hinaus. Wider jedes bessere Wissen versprechen wir einander lebenslange Treue. Wir denken nicht eine Sekunde daran, es könnte ein performativer Sprechakt sein, der einen Handel etabliert. Wir tun es einfach. Wir lassen es zu. Wir geben einander ein Versprechen. Und möchten, dass es tatsächlich so sei. Dass wir das halten, was wir versprechen. Dass andere halten, was sie uns versprechen. Dass Liebe bleibt. Nach dem letzten Amen.

Versprechen löst Vertrauen aus. Denken stört Vertrauen nicht. Gott ist mein Zusammenhalt.

Wie war das nochmal mit seiner Predigt? Jetzt bin ich vom Thema weggekommen. In mein eigenes Leben verwickelt.

Predigten lösen Geschichten aus. Manchmal mehr als einem lieb ist. Der spricht, ist verantwortlich für das, was er spricht. Die hört, ist verantwortlich für das, was sie hört. Wir hängen doch alle miteinander zusammen. Der Schriftsteller und die Pfarrerin. Sie hängen doch alle mittendrin.

Lieber Lukas Bärfuss. Wir hängen zusammen. Wir kennen uns nicht. Doch wir hängen zusammen. Und wir haben miteinander etwas zu tun. Ein grosses Dankeschön für Sie! Ohne einen Blumenstrauss. Versprochen.

Ruth Näf Bernhard

Die Pfarrerin Caroline Schröder Field predigt: «Wie schön leuchtet der Morgenstern»[4] (Liedpredigt)

Gehalten am 29. Januar 2023 im Basler Münster

Von dem Gott, zu dem wir beten, dürfen wir uns kein Bild machen. So steht es in den Zehn Geboten. Aber so ganz ohne Vorstellung kommen wir nicht aus. Immer wieder wird Gott mit Licht in Verbindung gebracht. «Licht ist das Kleid, das du anhast,» heisst es in Psalm 104. Unser heutiges Eingangslied besingt den «Morgenglanz der Ewigkeit». Und in Philipp Nicolais «Wie schön leuchtet der Morgenstern» klingt ein Vers aus der Johannesoffenbarung an: «Ich, Jesus, ... bin ... der helle Morgenstern.» (Offb 22,16)

Die Liederdichterinnen und Liederdichter unseres Gesangbuchs sind durchweg biblisch inspiriert. Aber eben nicht nur. Wie auch wir heute standen sie unter dem Eindruck ihrer Zeit, liessen sich berühren von Büchern, die ihnen in die Hände fielen und gaben ihrer Frömmigkeit einen Ausdruck, der zu ihnen passte.

Nehmen wir Philipp Nicolai. Lutherischer Theologe, Pfarrerssohn, dann selber Pfarrer, in einer Zeit nach der Reformation, als die Konfessionen militant um die Wahrheit rangen. Calvinisten gegen Lutheraner gegen Katholiken. Es ging um das rechte Verständnis des Abendmahls, um die gültige Praxis des Glaubens, um das Bekenntnis, mit dem die Kirche steht oder fällt. Dass jede nach ihrer Façon selig werden könne, war noch weit weg. Es war ein streitbares Zeitalter, und streiten tut man nur, wenn man überzeugt ist, dass sich der Streit lohnt. Und der Streit lohnt sich, denn es ging den Menschen in dieser Zeit nicht nur, wie man vielleicht meinen könnte, um Macht und Selbsterhaltung ihrer jeweiligen Bubble. Es ging ihnen um eine Wahrheit, die von unerschütterlicher Gültigkeit und grosser Reichweite war. Weil sie von Gott kam und zu Gott hinführte und dem Menschen in seiner Sterblichkeit die Ewigkeit ins Herz legte.

In dem Evangelium für den heutigen Sonntag beglaubigt Gottes Stimme aus dem Off heraus Jesus mit den Worten: «Dies ist mein lieber Sohn, auf den sollt ihr hören!» Die Menschen des 16. Jahrhunderts nahmen solche Worte für bare Münze

---

[4] Gesangbuch der Evangelisch-reformierten Kirchen der deutschsprachigen Schweiz (RG), 653.

und fragten sich ernsthaft, was es denn für sie heisse, auf Christus zu hören und sich an ihm zu orientieren.

Darum konnten sie sich nicht einfach darüber beruhigen, dass es eben verschiedene Konfessionen gab und die eine dies und die andere das zu glauben vorschrieb. Um Wahrheit muss man *ringen!* Nicht Beliebiges, sondern die Ewigkeit steht auf dem Spiel. Der Glaube ist eine ernste Sache. Er basiert auf dem rechten Bekenntnis und ist alles andere als privat. So empfand auch Philipp Nicolai. Auch er ein Kämpfer, für den es sich lohnte, die Wahrheit des Evangeliums zu suchen, zu finden und zu verteidigen. «Hört auf ihn!» heisst es im Evangelium. Gut protestantisch. Aber mit dem Hören allein ist es nicht getan. Es braucht auch die Liebe.

Eines Tages fielen Philipp Nicolai die Predigten des Bernhard von Clairvaux in die Hände. Jahrhunderte lagen zwischen ihnen. Doch Bernhards Predigten über das Hohelied des Alten Testaments sprachen Philipp Nicolai an. Das Hohelied, diese alttestamentliche Liebeslyrik, ist vor allem denen wertvoll, die einen Hang zur Mystik haben. Und diesen Hang zur Mystik hatte offenbar auch Philipp Nicolai, trotz seiner kämpferischen Natur.

Für die christliche Mystik ist die menschliche Seele weiblich, jede menschliche Seele, jedenfalls, sofern sie sich mit Christus als ihrem Bräutigam verbindet. Auch Philipp Nicolai hatte keine Scheu davor, sich so auszudrücken.

Er schuf ein Lied, das durch und durch von Jesus-Minne, von der Liebe zu Jesus, getränkt ist: «Wie schön leuchtet der Morgenstern». Es ist in seinem ursprünglichen Wortlaut auf unserem Liturgieblatt abgedruckt. Man kann einen Text ja linksbündig, rechtsbündig oder mittig ausdrucken. Wenn man unser Lied mittig ausdruckt, fällt seine grafische Darstellung aus dem Rahmen des Üblichen. So dargestellt, erinnern die Strophen an einen Abendmahlskelch. Das ist kein Zufall, denn wo, wenn nicht im Abendmahl verbindet sich die menschliche Seele mit Christus? Davon ist in der vierten Strophe die Rede: «*O HERR Jesu mein trawtes Gut / Dein Wort / dein Geist / dein Leib und Blut / mich innerlich erquicken. Nimm mich / freundlich / in dein Arme / dass ich warme / wird von Gnaden / Auff dein Wort komm ich geladen.*» Wir singen das Lied nachher nicht in seiner ursprünglichen Fassung, sondern in dem Wortlaut, wie wir ihn in unserem heutigen Gesangbuch finden. Auch diese Worte sind schon gegen 200 Jahre alt, aber sie kommen uns vielleicht doch ein wenig leichter über die Lippen. Die innige Jesusliebe ist abgeschwächt, aber immer noch erkennbar. Und für viele von uns, die wir der Mystik verloren gegangen sind, ist so viel Jesusliebe vielleicht immer noch «too much».

«O giesse tief ins Herz hinein, du Gottesglanz und Himmelsschein, die Flamme deiner Liebe», so beginnt die dritte Strophe im angepassten Wortlaut des 19. Jahrhunderts. Dieselbe Strophe im Original ist reicher an Bildern und zeugt ausserdem von einem Liebes*leid,* das Menschen nur zu gut kennen, wenn sie sich in Liebe nach jemandem verzehren. Aber das war den Späteren zu viel. Es ist, als haben sie sich von den erotischen Untertönen der Mystik wieder entfernt und als wollten sie den Glauben freihalten von der allzu menschlichen Erfahrung, durch die Liebe verwundet zu werden. Kann es theologisch korrekt sein, dass Christus den Menschen verwundet, ihm Schmerzen zufügt, ihn leiden lässt, wie das Liebende gelegentlich einander antun? Korrumpiert die Mystik Christus nicht, wenn sie ihn einem Geliebten gleichstellt, der die menschliche Seele liebeskrank macht, wie es Philipp Nicolai in der dritten Strophe explizit sagt: «Nach dir ist mir *krank*.»

Für die mehr heilig-nüchtern-rational geprägten Christinnen und Christen darf Jesus den Menschen zwar in die Nachfolge rufen, aber diese sei *rein* und von aller Ähnlichkeit mit irdischem Begehren geläutert. Und wenn Leiden entsteht, dann höchstens durch Verfolgungssituationen in Zeiten, in denen man für die Wahrheit streiten muss. Aber nicht, weil die Liebe zu Christus *an sich* den Menschen schon leiden liesse. Und so wurde aus «nach dir ist mir krank» die weitaus kühlere und anständigere Fassung «nach dir wallt mir mein Gemüte». Das christliche Gemüt darf wallen, aber dabei sicher nicht krank werden!

Viel von unserer Frömmigkeit ist Geschmacksurteilen unterworfen. Und Geschmäcker sind erstens verschieden und zweitens immer auch Ausdruck ihrer Zeit. Die Zeit, in der Philipp Nicolai lebte, war eine Zeit der Glaubenskämpfe und der Pest. Vielleicht reicht in solchen Zeiten heilig-nüchterne Rationalität einfach nicht aus. Es gibt Zeiten, die sind einfach apokalyptischer als andere. Da kommt der Verstand nicht mit. Da braucht es mehr. Oder anderes. Zum Beispiel Philipp Nicolais «liebestrunkene(n) Hymnus, der sich grandios von dem schwarzen Hintergrund jener Pesttage abhebt»[5]. Philipp Nicolai wirft – ähnlich wie einst Johannes auf der Insel Patmos – dem Jammer dieser Erde die Herrlichkeit der kommenden Welt entgegen.[6] Die Liebe zu Jesus verbindet sich mit der Hoffnung auf Gottes Reich. Das ruft uns dieser Choral in Erinnerung.

Die Liebe zu Jesus, die höher ist als alle Vernunft, verbindet sich mit der Hoffnung auf Gottes Reich, auf Gottes kommende Welt, auf das, was in Ewigkeit sein soll – allen unseren irdischen Quälereien entnommen und überlegen. Liebe und Hoffnung sind die starken Kräfte, die durch die Finsternis tragen. Kein Wunder nannte man sie Opium. Sie haben etwas Berauschendes. Aber sie haben auch einen echten Anhaltspunkt, und das unterscheidet sie von jedem Rauschmittel. Denn dort oben, am Nachthimmel, kündigt der Morgenstern bereits den nahen Tag an. «Die Nacht ist vorgedrungen. Der Tag ist nicht mehr fern.»[7] (Jochen Klepper) Was

---

[5] Theophil Bruppacher, Gelobet sei der Herr, Erläuterungen zum Gesangbuch der Evangelisch-reformierten Kirchen der deutschsprachigen Schweiz, Basel 1953, 273.
[6] Ebd.
[7] «Die Nacht ist vorgedrungen, der Tag ist nicht mehr fern. So sei nun Lob gesungen dem

trägt uns durch Zeiten, die apokalyptischer erscheinen als andere Zeiten? Eine unzensierte Liebe zu Jesus und die Gewissheit, dass es nicht mehr lange dauert, bis der Tag anbricht.

Wie jede Liebende ist die Seele, die sich an Jesus bindet, zugleich von Hoffnung erfüllt, so sehr, dass sie darüber gar zu essen und trinken vergisst. Das jedenfalls soll Philipp Nicolai widerfahren sein. Der Vorgeschmack auf das ewige Leben und die zukünftige Welt habe ihn so sehr erfüllt, dass er darüber vergass, zu essen und zu trinken. Er fühlte sich von innerer Freude gesättigt. Und wie gross war diese Freude erst, als das Lied dann fertig war! An einem Nachmittag um drei Uhr, soll es gewesen sein. So konkret kann man sich erinnern.

Drei Uhr nachmittags gilt als die Todesstunde Jesu. Vielleicht wurde unser Lied nicht zufällig zu dieser Stunde fertig. Denn so dürfen wir es umso mehr als einen gläubigen Jubelruf angesichts des Todes verstehen. So wahr Christus auferstanden ist, so wenig wird auch unser Leben durch Tod und Grab besiegelt. Philipp Nicolai hatte den Jubelruf gegen den Tod selber nötig, als er damals jeden Tag 20 bis 30 Pesttote beerdigen musste. Viele von ihnen wird er gekannt haben: getauft, verheiratet, in der Seelsorge begleitet. Menschen jeglichen Alters. Der Tod will uns die Sprache verschlagen. Was hilft da besser, als nach Worten zu greifen, die schon anderen halfen? Und nach der Liebe und nach der Hoffnung und nach dem Licht, das über uns aufgeht? Und das alles zu nehmen und in einen Choral zu giessen? Was hilft da mehr?

Und der Friede Gottes, der höher ist als alle Vernunft, bewahre unsere Herzen und Sinne in Christus Jesus. Amen.

---

hellen Morgenstern. Auch wer zur Nacht geweinet, der stimme froh mit ein. Der Morgenstern bescheinet auch deine Angst und Pein.» Erste Strophe des Liedes von Jochen Klepper (1903–1943), RG 372.

Der Schriftsteller Peter Weibel erhebt Gegenworte

Entgegnungen zur Liedpredigt von Pfarrerin Caroline Schröder Field

In Gedanken sitze ich im Basler Münster und höre die Predigt der Münsterpfarrerin. Ich stelle mir vor, dass viele Leute da sind, alte treue Kirchgängerinnen und Kirchgänger, auch ein paar Konfirmandinnen und Konfirmanden. Auch meine älteste Enkelin ist da, sechzehnjährig, und ich bin nicht erstaunt, dass sie mich irgendwann fragt, warum predigt die Pfarrerin von einem Liederdichter und Pfarrer, der vor fast fünfhundert Jahren gelebt hat. Warum redet sie in alten Formeln, von schönen Versen und von Gewissheiten, die damals geholfen haben, jetzt nicht mehr. In Gedanken bleibe ich lange sitzen und höre die Predigt wieder und wieder. Auch meine Enkelin bleibt sitzen, manchmal schaut sie zu mir herüber, wenn ich jetzt beginne, ein paar Worte aufzuschreiben. Ich weiss nicht, ob sie sie lesen wird. Sie will keine alten und auch keine neuen Gewissheiten, sie ist mit Fragen gekommen und will vielleicht nur neue Fragen hören, um eigene Antworten zu finden.

Ich streiche mir Sätze heraus und schreibe Gegenworte dazu.

Wie schön leuchtet der Morgenstern, ich stolpere schon über den Titel. Wahrscheinlich stolpere ich nur über das *Wie schön* – es tönt verheissungsvoll, schwärmerisch. Vermutlich hat es Philipp Nicolai genau so empfunden, kann man es auch heute noch so empfinden? Ich zweifle. Denn heute leuchtet der Morgenstern nicht mehr verheissungsvoll. Er leuchtet trotzig, *noch immer.* Er leuchtet *dennoch.*

Immer wieder wird Gott mit Licht in Verbindung gebracht. Ist das göttliche Licht strahlend – oder ist es das weihnächtliche Dennoch-Licht in den dunkelsten Tagen des Jahres? Ich möchte mich nicht auf das strahlende Licht verlassen, ich möchte das Licht als Gegenkraft verstehen, als Dennoch-Hoffnung.

Die Hoffnung des Morgensterns, jede Hoffnung ist in einer verwundeten Welt, in einer verwundeten Zeit eine Dennoch-Hoffnung. Auch der christliche Glaube ist ein Dennoch gegen die Wunden der Zeit.

Es war ein streitbares Zeitalter, (…) Es ging ihnen um eine Wahrheit, die von unerschütterlicher Gültigkeit und grosser Reichweite war. Ich möchte nicht über die Wahrheit streiten, denn Wahrheit ist Inbesitznahme der einzigen Wahrheit, sie schliesst jede andere mögliche Wahrheit aus. Ist Wahrheits-*Findung* nicht eine dialektische Annäherung mit offenem Ausgang und ohne gesetzte Gewissheit? *Weil sie (die Wahrheit) von Gott kam und zu Gott hinführte und dem Menschen in seiner Sterblichkeit die Ewigkeit ins Herz legte.* Auch der russische Patriarch Kyrill will den Menschen die russische Wahrheit ins Herz legen. Die Berufung auf Gott schafft gefährliche Wahrheiten. Und ich kann Gott in Butscha, in Cherson nicht erkennen. Aber ich kann Jesus in Cherson erkennen – wo wäre er, wie würde er handeln? Er würde die Spitäler aufsuchen, in Keller steigen und Wunden verbinden, Verletzungen heilen. Er würde die Verwundeten und die Trauernden aufrichten und ihnen Hoffnung ins Herz legen: Die Kraft des Mensch-Seins, des menschlichen Beistands.

Die Hölle von Butscha, 2022. In einem Essay[8] lässt Albert Camus Meister Eckhart zu Wort kommen mit einem Satz, der unter die Haut geht: *Er ziehe die Hölle mit Jesus dem Himmel ohne ihn vor.*

Die Menschen des 16. Jahrhunderts (…) fragten sich ernsthaft, was es denn für sie heisse, auf Christus zu hören und sich an ihm zu orientieren. Das Ringen um Wahrheit im 16. Jahrhundert mag eine gleichnishafte Bedeutung haben, aber Jesus, die Botschaft Jesu gehört mitten in die Welt heute, mitten unter uns. Sie gehört zum Flüchtigen aus Lettland, den ich heute auf der Strasse angetroffen habe, mit kältestarren Händen und einer Wodkaflasche daneben. Sie gehört zur greisen dementen Patientin, die die Aussenwelt verlassen hat, aber jede Liebe und Unliebe genau spürt. Sie gehört zu Dora, die seit Geburt behindert ist, und zu Doras Mutter, die die Behinderung angenommen hat und mit ihr auf besondere Art glücklich und liebesstark geworden ist.

Wer heute orientierungslos ist, will sich nicht an vergangenen Debatten orientieren, er braucht Antworten auf die drängenden Fragen der Zeit, die eine verwundete Zeit ist. *Dies ist mein lieber Sohn, auf den sollt ihr hören!* Wer Antworten sucht, kann hören, dass Jesus die Welt nicht von oben, aber von unten begreift, dass er ein Mit-Leidender ist und dass seine Liebe die Liebe des Mit-Leidenden ist. Er leidet mit den Unterdrückten, mit den Opfern und verleiht ihnen Würde durch seine Mitmenschlichkeit.

Aber mit dem Hören allein ist es nicht getan, es braucht auch die Liebe. Jesu Liebesgebot steht für den Kern seines Handelns, seiner Botschaft. Wir werden sein Liebesgebot nicht los, solange es uns Menschen gibt, solange es die Welt gibt, und *weil* es sie weiter geben muss. Dass es uns ohne das Gebot von Liebe und Verantwortung nicht mehr dauerhaft geben wird – es ist eine unwiderlegbare Gültigkeit der christlichen Botschaft. Das existenzielle Liebesgebot von Jesus ist gültiger, grösser als die personifizierte Liebe *zu* Jesus, die im Lied von Philipp Nicolai besungen wird, *Mein König und mein Bräutigam / hast mein Herz besessen.* Jesus als Gelieb-

---

[8] Albert Camus, Der Mensch in der Revolte, Hamburg 1997, 27.

ter? Die Wortklänge der christlichen Mystik prallen aus grosser Entfernung auf die Gegenwart. Sie tönen verklärend und merkwürdig weltfremd; Verklärung als Fluchtraum und Abkehr von der Welt. Kann man sie heute nachvollziehen? Ich zweifle. Auch der Predigttext zweifelt. Er schwankt zwischen Infragestellung und Rückbesinnung auf die verloren gegangene Kraft der Mystik.

Ich unterstelle der hier beschwörten Liebesbindung *zu* Jesus, dass sie etwas umgekehrt hat: Nicht die Liebe zu Jesus, aber das gelebte Liebesgebot *von* Jesus macht uns zu liebenden Menschen. Die personifizierte Liebe ist verwundbar – aber die Welt, in der wir leben, ist *ohne* Jesu imperatives Liebesgebot verwundbar. Und wird weiter verwundet werden. *(...) nicht, weil die Liebe zu Christus AN SICH den Menschen schon leiden liesse.* Ist das Leiden *an* der Liebe zu Jesus theologisch haltbar? Christen können an der Gefolgschaft von Jesus leiden, sie leiden, wenn das Gebot der Menschenliebe durch Gewalt und Zerstörung zertreten wird. Aber Leiden an der Liebesbindung zu Jesus?

Es gibt Zeiten, die sind einfach apokalyptischer als andere (...) Da braucht es mehr (...) Zum Beispiel Philipp Nicolais «liebestrunkene(n) Hymnus, der sich grandios von dem schwarzen Hintergrund jener Pesttage abhebt.» Ein liebestrunkener Hymnus in den apokalyptischen Corona-Jahren? Er wäre nicht grandios, aber leidensfremd durch die Intensivstationen gehallt, wo die Patienten am Atemschlauch ums Überleben kämpften. Nicht im Gesang von der Herrlichkeit, aber im bedingungslosen Mensch-Sein, in der menschlichen Hingabe der Pflegenden ist eine göttliche Kraft zu begreifen.

Die Liebe zu Jesus (...) verbindet sich mit der Hoffnung auf Gottes Reich, auf Gottes kommende Welt, auf das, was in Ewigkeit sein soll – alttestamentarische Worte für einen verheissungsvollen Zustand ausserhalb unserer Vorstellungskraft. Können wir sie begreifen, erreichen sie den kritischen Menschen der Gegenwart? Es sind überlieferte Sprachbilder für das Unfassbare – am Versuch, die Ewigkeit zu verstehen, prallen unsere Gedanken ab, wir fallen in einen haltlosen Raum. Aber wir hoffen. Hoffende brauchen keine Gewissheit, die auf sie wartet, sie wären ja dann nicht Hoffende, sondern Wartende.

Liebe und Hoffnung sind die starken Kräfte, die durch die Finsternis tragen. Wer hofft, weiss, dass die Liebe bleibt, wenn er als Liebender gelebt hat, auch wenn nichts mehr bleibt – er hofft, dass es etwas Unfassbares gibt, an das unsere Gedanken nicht heranreichen. Und er hofft auf das Licht in der Finsternis der Gegenwart, auf einen neuen Tag am Ende der Nacht. *Denn dort oben, am Nachthimmel, kündigt der Morgenstern bereits den nahen Tag an.* In diesem Satz begreife ich die andere Botschaft des Morgensterns: Als Dennoch-Hoffnung in der Mitte der Nacht.

So wahr Christus auferstanden ist, so wenig wird auch unser Leben durch Tod und Grab besiegelt. Jesu Auferstehung weist über die Grenzen des irdischen

Lebens hinaus, weist auf eine Transzendenz hin, für die wir keine Bilder haben, an der unsere Gedanken abprallen. Der Glaube allein trägt, dass jedes Ende auch ein Neuanfang ist, dass die Liebe weit über den Tod hinaus reicht. Kann das ein *Jubelruf angesichts des Todes* sein? Er kann es nicht sein. Die Verknüpfung von der Vollendung von Philipp Nicolais Lied mit der Vollendung von Jesu Leben ist eine willkürliche Vermischung, die nicht nachzuvollziehen ist. Und sie hebt die Trennung von Karfreitag und Ostern auf. Ein Jubelruf am Kreuz oder am österlichen Grab? Ein Jubelruf am Grab wäre eine Missachtung des Leidens, der Opfer – und der Trauernden, die die Opfer beklagen. An den Trümmergräbern von Kahramanmaras, Südtürkei, waren von den Trauernden keine Jubelrufe zu hören, aber Schreie nach Gerechtigkeit, nach einem Gott, der sie verlassen hat. Und ich kann mir einen Jubelruf von Philipp Nicolai an den Gräbern nicht vorstellen, wo er *jeden Tag 20 bis 30 Pesttote beerdigen musste*. So wenig wie ich mir ihn bei den Pfarrerinnen und Pfarrern vorstellen kann, die die täglichen Corona-Toten in den Pandemie-Jahren der Gegenwart beerdigen mussten. Sie werden in den dunkelsten Stunden nach Worten gerungen haben, um zu vermitteln, dass jeder Tod eine Nachricht an das Leben ist. Und dass die Liebe stärker ist als der Tod.

Der Professor für Praktische Theologie Ralph Kunz kommentiert mit einem homiletischen Zwischenruf: Verständnis für das Unverständnis

«Verstehen Sie Glauben?» ist die Leitfrage dieses Bandes. Liest man die Predigt der Münsterpfarrerin Caroline Schröder Field und danach Peter Weibels «Gegenworte», muss man die Frage anders stellen. Wohl eher so: Was verstehen der Kritiker und die Kritisierte je unter Glauben? Wie verstehen und was sehen die beiden je in den Sprachbildern der Tradition? Offensichtlich nicht dasselbe! Darum frage ich weiter: Warum ist der Hörer mit dem Gehörten nicht einverstanden? Hat er missverstanden, was sie gesagt hat, oder hat sie nicht verstanden, was seinem Verständnis nach Evangelium ist oder was er gepredigt hätte? Denn eigentlich hält auch der Kritiker eine Predigt! Zwei Predigten also, beide eindrücklich, beide von ausserordentlich sprachbegabten Zeugen des Evangeliums geschrieben, beide leidenschaftlich bei der Sache. Warum verstehen sie sich nicht?

Man kann diesen «Fall» auf einfache Weise erledigen. Indem man erklärt, dass jeder nach seiner Façon und jede nach ihrer Façon selig sein darf und die Predigerin das Pech hatte, einen andersgläubigen Hörer zu erwischen. Wäre das die Quintessenz, würden wir die Streitsache personalisieren und könnten sie ad acta legen. Dann hätten wir in Gottes Namen zwei Meinungen, die aufeinanderprallen, hie die Verteidigung der Christus-Minne und da eine engagierte Jesusliebe. Ob sie Recht hat oder nicht, ob sie schlecht spricht oder nicht, würde dann schlicht keine Rolle spielen. Wenn alles nur Meinung ist, ist alles nur Geschmack. Und weil wir uns daran gewöhnt haben, jeden weltanschaulichen Gusto zu akzeptieren, wäre hier Schluss der Debatte.

Aber das wäre kurzschlüssig! Vor allem hätte man der Predigerin und ihrem Hörer Unrecht getan. Weil in beiden Fällen, im Wort und im Widerwort, die Wahrheitsfrage nicht suspendiert wird. Die Predigerin gibt in ihrer Rede zu verstehen, dass das, was sie sagt, nicht «nur» ihre Meinung ist. Sie spricht von der Kanzel der Kirche, hat einen Auftrag der Wortverkündigung, sieht sich und versteht sich als Teil einer Gemeinschaft, die durch die Wahrheit des Evangeliums zusammengehalten wird und sich versammelt, um eine Deutung zu hören. Diese Deutungsmacht nimmt die Pfarrerin sich nicht selbst. Sie ist ihr gegeben. Und wer sich am Sonntagmorgen auf den Weg zum Münster macht, hat damit in der Regel keine Mühe.

Nun gilt aber dasselbe, wenn auch in anderer Richtung, vom Hörer. Martin Luther formulierte 1523, «dass eine christliche Versammlung oder Gemeinde

Recht und Macht habe, alle Lehre zu beurteilen und Lehrer zu berufen, ein- und abzusetzen»[9] – ein reformatorischer Grundsatz, der voraussetzungs- und folgenreich ist. Wenn die Gemeinde die Macht und das Recht auf ein «Gegenwort» hat, muss sie sich vom «Lehrer» nicht abkanzeln lassen. Also hat der Hörer, der im Fallbeispiel seine Mühe mit dem Gehörten bekundet, seinen Auftrag wahrgenommen. Er hat – in diesem Fall – gelesen und sich zum Gelesenen geäussert. Auch er beansprucht Deutungsmacht und beurteilt die Lehre, die er hört.

Interessant (und auch ein wenig widersprüchlich) ist sein Credo: «Ich möchte nicht über die Wahrheit streiten, denn Wahrheit ist Inbesitznahme der einzigen Wahrheit, sie schliesst jede andere mögliche Wahrheit aus. Ist Wahrheits-Findung nicht eine dialektische Annäherung mit offenem Ausgang und ohne gesetzte Gewissheit?» Er möchte nicht und tut es doch: über die Wahrheit streiten. Und er scheut sich auch nicht, Kante zu zeigen, Position zu beziehen und scharfe Aussagen zu machen, die zu denken geben: «Nicht im Gesang von der Herrlichkeit, aber im bedingungslosen Mensch-Sein, in der menschlichen Hingabe der Pflegenden ist eine göttliche Kraft zu begreifen.»

Vielleicht wäre hier der Ort, wo die Predigerin mit einem Gegenwort erwidern wollte? Ist diese Alternative – Herrlichkeit kontra Hingabe – theologisch zulässig? Es braucht den *Kontext,* um die Aussage zu verstehen und nachzuvollziehen. Tatsächlich hat der Hörer einen anderen Kontext im Kopf als die Predigerin in ihrer Predigt. Er sieht «Butscha», erinnert an Corona und hält das konkrete Leid von Menschen vor Augen, deren Story er kurz erzählt. Er prüft, was er hört, an dieser Realität. Und die Predigerin? Sie erzählt die Geschichte eines Liederdichters, bettet seine Story in die Geistesgeschichte ein; sie befragt einen Liedtext und hinterfragt die Bilder der mystischen Liebe. Die gegenwärtigen Bildwelten kommen nur abstrakt vor. Zum Beispiel, um die Distanz von uns Heutigen mit den Gestrigen zu markieren und das (mögliche) Unverständnis und Befremden gegenüber dem schwülstigen und frommerotischen Schauder aus der anderen Zeit zu notieren. Da ist viel Dialektik, abwägen und erwägen. Dennoch will sie im «schönen Morgenstern» einen Schimmer von Gottes Glanz entdecken, ein Licht, dass im Dunkel des gelebten Augenblicks aufscheint und hoffen lässt. Kurzum: Sie will trösten, aber er trotzt diesem Trost.

Nein, das sind nicht nur Meinungen! Es geht zur Sache, darum, wie man Kampf und Kontemplation zusammenhalten und zusammendenken kann, darum, wie man Jesus und Christus, Karfreitag und Ostern, Mensch und Gott, Leid und Erlösung, Glaube und Hoffnung versteht. Natürlich sind das zentrale Fragen der

---

9   Martin Luther, Dass eine christliche Versammlung oder Gemeinde Recht und Macht habe, alle Lehre zu urteilen und Lehrer zu berufen, ein- und abzusetzen, Grund und Ursache aus der Schrift, Wittenberg 1525 (WA 11, 408–416).

christlichen Theologie und selbstverständlich bleiben sie immer Streitsache, aber wieso streiten wir nicht mehr darüber?

Nach der Lektüre beider Predigten bin ich geneigt, in der zweiten eine prophetische Stimme zu hören, die das Wort der ersten Predigt in heiliger Einseitigkeit bestreitet. Kritisiert wird nicht die rhetorische Leistung der Predigerin. Der Kritiker, wenn ich ihn richtig verstehe, zweifelt daran, dass die Bilder taugen. Er traut ihnen nicht, hält sie für abständig und weltfremd. Was den Liederdichter umtreibt, ist aus der Zeit gefallen. Unsere Zeit hat anderes nötig: «Wer heute orientierungslos ist, will sich nicht an vergangenen Debatten orientieren, er braucht Antworten auf die drängenden Fragen der Zeit, die eine verwundete Zeit ist.»

Und wieder ist ein Gegenwort, dem widersprochen werden kann. Kommen wir dem «Kirchsprech» auf die Schliche, wenn wir Vergangenheit kontra Aktualität setzen? Ist die gegenwartskundige Predigt verständlicher als die geschichtsträchtige?

In der Frage nach der *zeitgemässen* steckt auch die Frage nach einer *sachgemässen* Kommunikation des Evangeliums. Man kann auch darüber streiten, wie hilfreich es ist, «vergangene Debatten» abzukanzeln. Schliesslich gab Jesu Liebesbotschaft vor 2000 Jahren auch Anlass zu Debatten! Es gäbe zuhauf Beispiele für zeitgeistige Debatten, die verwirren und vergangene Debatten, die orientieren. Aber um rein theoretische Fragen, die man so oder so beantworten kann, geht es dem Kritiker nicht. Praktisch und faktisch landen wir mit seinen Einwänden bei der *Rhetorik* und dem Problem, welcher sprachliche Umgang mit dem Wahrheitsgehalt von Bildern und der Bildhaftigkeit der Wahrheit heute angemessen ist.

Ist diese Liedpredigt für die Münstergemeinde angemessen? Ja, wenn man davon ausgeht, dass sie dafür das Ohr und die nötige Bildung hat. Kommt aber einer mit anderen Hörererwartungen und macht sich zudem noch zum Anwalt seiner 16-jährigen Begleiterin, die mit einem ungeübten Ohr hört und gar nicht versteht, was das soll, reagiert er mit Unverständnis. Ist es ein «Unfall», wenn das Unerwartete eintritt und andere Erwartungen als gewohnt im Raum sind? Man könnte es als einen unglücklichen Zusammenfall verstehen und die Kritik am Fallbeispiel mit dem Hinweis entdramatisieren, dass man am besagten Sonntagmorgen Testgemeinden hätte finden können, die ein jüngeres Publikum ansprechen.

Ich fürchte, so funktioniert eine Kirche, die Profil fordert und in erster Linie Vielfalt fördert, um es jedem und jeder Recht zu machen. Wer nicht einverstanden ist, wechselt die Gemeinde, wer sucht, findet seine Meinungsclique und verortet, vernetzt und versorgt sich, wie es ihr oder ihm gefällt.

Wir tun uns aber keinen Gefallen, wenn wir die Predigt in erster Linie als Gelegenheit sehen, das Einverständnis zu üben. So gesehen und auf diesem Hintergrund gelesen, ist das Lesen bzw. Hören von Predigt *und* Gegenpredigt ein Zwischenruf. Könnte es sein, dass wir *Orte* für Wort und Gegenwort nötig haben?

Über geeignete Formen, wie das gut inszeniert werden kann, müsste man nachdenken. Zwei Predigten, die sich widersprechen? Oder ein Gespräch nach der Predigt, bei dem es zur Sache geht? Dann wäre die Kirche vielleicht etwas mehr als «Lehrhaus» denn als Kanzelrede zu erleben und das Nachgespräch wäre sicher nicht langweilig und dennoch eine ernsthafte Sache. Verstehen Sie, was ich meine?

Kirchsprech

Claudia Kohli Reichenbach und Ralph Kunz im Gespräch mit Andreas Mauz

«Polyglott» sei der Kirchsprech, analysiert Andreas Mauz nach der Lektüre der Texte im ersten Teil. «Die Kirche ist mehrsprachig, es gibt nicht den einen vielbesagten Kirchsprech.» Kritisch stellt er im Gespräch die Frage, warum Kirchsprech eigentlich einseitig die Beschreibung eines Problems sei, als Sprache Kanaans usw. «Müssen wir Kirchsprech denn zwingend pejorativ hören?» Mauz plädiert für eine dialektischere Auffassung: «Das Buch zeigt auf: Ja, es gibt einen vielsprachigen Kirchsprech. Wir sollten ihn aber auch in seiner Bindungskraft schätzen lernen. Er ist ein Soziolekt und schafft – wie alle Gruppensprachen – eine Erkennbarkeit. Er erzeugt eine Identifikation gegen innen und eine Abgrenzung gegen aussen.» Mauz weist aber auch darauf hin, dass es so etwas wie eine christliche Muttersprache gibt: die Sprache der Bibel. «Wir werden sie nicht los, so wie wir unsere Muttersprache nicht abstreifen können, weil wir sie von Kindsbeinen an gelernt haben. Sie ist uns mitgegeben – als Potenzial und Belastung. Es gibt Stellen und Sprachen in der Bibel, mit denen wir hadern, denen wir widersprechen müssen. Aber sie ermöglicht auch etwas, nämlich, dass man sich an der Sprache erkennt und sich untereinander versteht – und das global.» Wenn Kirchsprech einseitig negativ verstanden wird, gewinnt immer die *vorgestellte* Aussenperspektive, welche die Selbstverständigung als esoterisch abwertet. Natürlich könne sich die Kirche mit ihren Sprachen nicht in das eigene Gärtchen zurückziehen, fügt Mauz an. Es brauche eine starke und auch eine bewusste Aussenorientierung. Dieser Versuch, sich verständlich zu machen, dürfe aber nicht den Preis haben, «dass die Schönheit und Kraft des Eigenen vergessen geht».

Es gibt also nicht den einen Kirchsprech, der vom Staub befreit werden muss. «In den verschiedenen Sprachen gibt es aber die omnipräsente Möglichkeit zu scheitern,» analysiert Mauz. «Und so wie es die Möglichkeit gibt zu scheitern, gibt es ein Sprechen, das ankommt, das auf besondere Resonanz stösst. Aber auch hier gilt: Es gibt nicht die *eine* Rettungsstrategie für den Kirchsprech, etwa die konsequente Umstellung auf kürzere Formate, auf das Medium des Erzählens oder, offener, die ästhetische Wende, die als Lösungen anvisiert werden.» Letztlich ist nicht entscheidend, ob jemand eher traditionell oder eher wortschöpferisch spricht oder bewusst nichtkirchliche Gegenwartssprache aufnimmt. Wichtiger scheint: Hat die Predigerin ihre eigene Stimme gefunden? Kann sie diese verantworten? Erkennt sie sich und das Evangelium in ihrem Sprechen wieder?

Predigt für einen besonderen Anlass

Der Pfarrer Albrecht Merkel hält eine Konfirmationspredigt

Gehalten an Palmsonntag, 10. April 2022 in der Pleiv Flond

Der Konfirmand trägt vor der Predigt den Psalm 23 frei vor.[1]

Liebe Gemeinde am heutigen Konfirmationstag,
Lieber NN
Der Herr ist mein Hirte,

du bist nicht der erste Konfirmand, der das gelernt hat. Du hast es nicht einmal einpauken müssen, sondern aus dem Gespräch heraus, mit einiger Konzentration, konntest du das behalten.

Heute im Zeitalter des Internets, muss man da noch etwas auswendig lernen? Ja, es gibt die Dinge, von denen es gut ist, sie zur Verfügung zu haben. Wenn ich beim Arzt bin, würde es mich stören, wenn der in die Suchfunktion eingibt: «Tropfende Nase und stossweise geräuschvolles Ausatmen». Und der Computer antwortet: «Erkältung». Es gibt sogenannte *basics*, die zur Verfügung stehen sollen. Der Psalm 23 ist so ein *basic*. Wir schauen ihn uns an.

Ich staune über diesen Psalm immer. Ein Psalm, der auch einem hohen Verwendungsdruck standhält. Ich frage mich: «Warum?» Und kann Antworten nur versuchen.

---

[1] Nach Lutherbibel (2017).

Der Herr ist mein Hirte.

Herr: Das ist der Ersatzcode für den kostbaren Gottesnamen, den man schonen will, und nur voller Respekt sagt: Der Herr.
Und der ist mein Hirte.
Das ist die Überschrift.
Und wie in der Zeitung hat die grosse Überschrift noch eine kleine Überschrift, die den ersten Inhalt bekanntgibt:
Mir wird nichts mangeln.
Dieser Hirte ist ein fähiger.
Der kann sorgen.
Da gibt's keinen Mangel.

Das Menü wird entfaltet:
Grüne Auen, saftige Wiesen;
in dieser Jahreszeit – gerade um diese Tage herum – unübersehbar:
Das Grün verschafft sich wieder Dominanz im Bild der Natur.
Und dorthin führt der Hirte, wo es grün ist,
Ernährung und Wasser. Grundbedürfnisse.
Dafür sorgt der Hirte.

Aber er sorgt noch für mehr.
Das Leben ist mehr als Essen, Trinken, Arbeit und Ruhe:
Es gibt auch eine Seele, die gepflegt sein will.
Er erquickt meine Seele.
Die Seele kommt in den Blickpunkt.
Für das sind unsere Kirchen Symbole.
Wir könnten ja sagen: Es reichen unsere Wohnhäuser und die Einkaufsläden, die wir haben.
Aber nein, es gibt da noch diese Kirchen, diese scheinbar nutzlosen Gebäude.
Da kommen Menschen zusammen und es wird geredet und gesungen.
Das ist Pflege für die Seele.

Die Kirche ist nicht der einzige Ort der Seelenpflege.
Wie wird die Seele auch noch gepflegt?
Musik? Freundschaft?
Reiten?
Achterbahn fahren?
Das gehört dazu. Das Gespräch.
Dann und wann die Auszeit aus dem Getriebe des alltäglichen Funktionierens.

Predigt für einen besonderen Anlass

Das Stillsitzen ist auch Pflege der Seele.

Rebellion der Seele gegen mangelnde Pflege:
Wir werden traurig, gar depressiv.
Burn-out gehört auch in diesen Bereich.
So einen Tag ausschalten, dafür steht Kirche.

Wir sind immer noch im Bild der Schafherde und des Hirten, der für die Herde sorgt.
Ernährung, Trinken, Arbeit, Ruhe:
Seelenpflege.
Und dann noch:
Die rechte Strasse: Das sind die Fragen der Lebensführung. Des Lebenswegs.
Er führt – so heisst es – auf rechter Strasse.
Um seines Namens willen.
Schlecht geführte Schafe werfen ein schlechtes Licht auf den Namen des Hirten.
Eine gutgeführte Herde: Der Hirt hat einen guten Namen.
Mit anderen Worten: Gott will, versucht mit allen Mitteln zu bewirken, dass wir gute Wege gehen.
Um seines Namens willen: Dass unser Gott einen guten Namen habe.
Soweit so gut.

Aber was ist, wenn einmal etwas richtig danebengeht?
Man kann es auch Krise nennen. Was dann?
Technisch ausgedrückt:
Gibt es aber auch ein Katastrophendispositiv?
Was ist, wenn das schön ausgedachte System des Lebens ins Schleudern kommt?
Kräfte, die dich aus der Bahn werfen?
Auch das hat der Psalm im Blick:
Und ob ich schon wanderte im finstern Tal.
Das ist das Entgleisen der Selbstverständlichkeiten des Lebens.
Du denkst, es ist alles gut, und alles läuft,
vielleicht mit Knirschen und Mühen,
aber es läuft.
Und plötzlich zerbricht etwas.
Vorzeitiger Tod
Krankheit
Zerbrochene Beziehung.
Arbeit weg.
An irgendeiner Stelle wird es dunkel.

Knirscht.
Zerbricht.
Und ob ich schon wanderte im finstern Tal.

Der Psalm ist schnell drüber weg mit einem Satz:
Fürchte ich kein Unglück.
Aber warum?
Denn du bist bei mir.

Ein «Du» zu haben, ist etwas Gewaltiges.
Jemand, den wir anreden können, das lässt uns überhaupt erst leben.
Das Gegenüber.
Menschen, die ihren engsten Menschen verloren haben, leiden genau darunter:
Das du fehlt.
Wenn wir «Du» sagen können, da fängt der Halt im Leben an.

Dass Gott wie ein Hirte ist, der sorgt, für Ernährung, Trinken, Wohnung, Arbeit, für den guten Weg,
der auch im Moment der Entgleisung noch als «Du» erreichbar ist,
das alles ist ein Bild, das uns Gott anschaulich machen will.

Nun wechselt das Bild:
Gott ist Gastwirt, Gastgeber,
der – mag das Leben noch so widrig spielen –
einen gedeckten Tisch für uns bereit hält,
und uns eine geschützte Atmosphäre des Essens bietet,
mag sonst los sein, was will:
im Angesicht meiner Feinde.

Öl auf den Kopf ist nicht unbedingt Standard in der Gastronomie, aber nennen wir es Wellnessanwendung, schon sieht es anders aus.
Kopfmassage mit wohlriechenden Ölen.
Es wird vorstellbar.
Wir würden es heute nicht während des Essens machen, aber die Sitten ändern sich.
Du salbest mein Haupt mit Öl.

Und ein voller Becher:
Das ist selbsterklärend.
Ein voller Becher ist immer etwas Gutes.

Wenn Gott wie ein Hirt und wie ein Gastgeber ist, dann gilt:
Gutes und Barmherzigkeit werden mir folgen mein Leben lang.

Und wir haben ein Haus, in das wir immer wieder zurückkehren können:
Psalm 23 ist die immer verfügbare Version dieses Hauses.
Ein Schutzraum aus Worten, den wir immer mit uns haben.
Darum ist auswendig wissen so gut.

Amen.

Die Schriftstellerin Noemi Somalvico hat die Konfirmationspredigt gelesen und schreibt dem Pfarrer einen Brief

ES ENTWICKELT BARTHAARE

Brief an einen Pfarrer

Lieber Albrecht Merkel,

da ist Schnee, schnell und fasrig hinter den Scheiben, Ihre Predigt liegt vor mir auf dem Tisch. Eben habe ich das Fenster geöffnet und einen Stoss Winter reingelassen. 13. Januar 2023. Draussen verlegen seit Tagen Bauarbeitende Fernwärmerohre. Sie gehen umher, dick eingepackt in Leuchtjacken, steigen in Löcher hinein und wieder heraus.

Dies ist nicht mein erster Versuch auf Ihre Predigt zu antworten. Es ist der siebte. Inzwischen habe ich schon vielerlei an Form ausprobiert und bin dabei zuverlässig in jene Schieflage gerutscht, wo die Literatur auf einmal auf Abwege gerät. Wo sie eine Streitschrift werden will oder eine philosophische Nummer ... Wo die Autor:in sich nicht mehr im richtigen Winkel wiederfindet zu ihrem eigenen Text. Vielleicht klappt es mit einem Brief, in dem ich mich direkt an Sie wende und mich damit möglichst unmittelbar neben meine eigenen Zeilen stelle.

Ihre Predigt beginnt mit dem Satz: *Der Konfirmand trägt den Psalm 23 frei vor.* Mir bleibt vorzustellen, wie ein junger Mensch den Psalm aufsagte, wie seine Stimme klang und wie er die Hände vor dem Bauch verschränkt hielt, weil er nicht wusste, wohin mit ihnen. Auch die Orgel, die davor und auch danach vielleicht ein Lied anstimmte, fehlt im Text, und es fehlt das Rascheln in den Kirchenbänken, als die Leute sich erhoben. Der Text, mit dem ich es hier zu tun habe, war denn eigentlich ein Morgen in der Kirche.

Das Licht in den Predigtzeilen unterdessen ist kein helles oder nachmittäglich flatterndes. Es ist dunkelgrün, ein bisschen staubig, eher übersatt. Gott tritt als Hirte auf in Ihrer Predigt und im zitierten Psalm. Sie wiederholen die Psalmüberschrift, dass der Herr mein Hirte sei und behaupten: *Herr: Das ist der Ersatzcode für den kostbaren Gottesnamen, den man schonen will, und nur voller Respekt sagt: Herr.*

Ich kann mich noch so bemühen und kriege das Männliche vom Wort Herr doch nicht weg. Es klebt daran und entwickelt Barthaare und noch bedenklicher: etwas Unerreichbares, Unantastbares. Als sitze das Wort Herr am fernsten Ende eines Tisches, wo es nichts sagt, aber zum Ende des Abendessens ein Machtwort spricht. In Zeiten eines gesellschaftlichen Wandels, der die Wörter für die Geschlechter neu sucht, um eine inklusive und allen Gendern gegenüber gerechte Sprache zu finden, frage ich mich, ob da noch andere Ersatzcodes in der Schublade lägen, auf die Sie sich beziehen können. Brauchbar und tief, aber verhängnislos. Und jetzt muss ich an einen Essay aus Ilse Aichingers Buch «Schlechte Wörter» denken. Sie schreibt dort, dass «Wult» besser wäre als «Welt». Weil es weniger brauchbar sei und weniger geschickt. «Arde wäre besser als Erde. Aber jetzt ist es so. Normandie heisst Normandie und nicht anders. Das Übrige auch. Alles ist eingestellt. Aufeinander, wie man sagt. Und wie man auch sieht. Und wie man auch nicht sieht.»[2]

Gott heisst Gott. Herr heisst Herr. Der Herr ist eingestellt auf den Hirten und der Hirte auf seine Schafe im Psalm. Wenn wir eins der Wörter ändern, passt es vielleicht nicht mehr neben das andere ... Das Gleichnis bröckelt.

Und was, wenn Sie sagten: *«Herr: Das war der Ersatzcode für den kostbaren Gottesnamen, den man schonen wollte, und nur voller Respekt sagte: Herr»*?

Eben bin ich aufgestanden und hab ein bisschen meine Arme und meine Gedanken geschüttelt. Ich hab in der Küche stehend etwas Brot gegessen. Ich kehre Sprache auf den Kopf. Oder kippe sie leicht an. Ist das der primäre Unterschied zwischen meiner Spracharbeit und Ihrer? Ich lüge. Ich erfinde. Ich dichte dazu und nehme weg, verschweige, stets im Versuch, nah zu bleiben, einer oder meiner Wahrhaftigkeit. Ich schlucke den letzten Bissen Brot hinunter.

Sie nehmen die Begriffe, die bereits da sind, seit Jahrhunderten. Und dann suchen Sie das Gemeinsame. Sie suchen die Schnittpunkte zwischen dem Psalm, den Konfirmand:innen und sich selbst. Ich sehe Sie Fäden ziehen. Vergleiche tätigen. Die alte Metaphorik in Gegenwärtiges übersetzen. So wird das «finstere Tal» im Psalm zu *vorzeitigem Tod, Krankheit, zerbrochener Beziehung*. Und «erquickt meine Seele» wird übersetzt in *Seelenpflege* und Seelenpflege wiederum in *Musik* und *Achterbahn*.

Vielleicht fühlen sich die Konfirmand:innen davon angesprochen, lassen sich auflesen von den Worten. Ich unterdessen finde dort Zugang, wo Sie es als Fragen formulieren: *Wie wird die Seele auch noch gepflegt? Musik? Freundschaft?*

---

[2] Ilse Aichinger, Schlechte Wörter, Frankfurt a. M. 1976, 41.

Und fände noch einfacher in Ihre Bilder, wenn Sie vorausschickten: «Wo wohl die Seelenpflege an eure Realität andockt?»

Transparenz also, die zu etwas mehr Durchlässigkeit und damit Licht führte in den Predigtzeilen, und was war es noch, das ich mir zu wünschen nicht verkneifen konnte: Ab und an etwas theologischen Leichtsinn?

Immerhin, denke ich, hat die Kirche ein Haus, ein Dach, einen Kontext. Sie hat Rituale, Geld, Morgenstunden und Ideenreservoire. Sie hat einen physischen Körper ausserhalb der Sprache. Ich zitiere Sie: *Es gibt da noch diese Kirchen, diese scheinbar nutzlosen Gebäude. Da kommen Menschen zusammen und es wird geredet und gesungen.* Die Kirche hat, nach dem Soziologen Hartmut Rosa, «sichtbare Resonanzachsen»[3]. Er meint damit, dass die Kirche das Versprechen geben kann, uns zu transformieren, dass wir durch die Kirche in Resonanz treten können mit uns und der Welt, in der wir uns vorfanden. Dürfte eine Institution wie die Kirche sich demnach nicht hinauslehnen mit ihrer Sprache, ohne aus ihrem Gebäude zu kippen? Sich immerzu erneuern, sich ihrer Sprache mutig annähern, ohne dabei ihre Tradition zu verlieren oder ihren Wachsgeruch?

Lieber Herr Merkel. Wie lange sitzen Sie gewöhnlich an einer Predigt? Überarbeiten Sie oft? Haben Sie auch das Problem, dass nicht alles, was Sie schreiben, Ihnen auch entspricht? Kennen Sie das Gefühl, dass Sie befremdet, was Sie schreiben, oder ist man als Pfarrer davon befreit? Dass Sie sich zurückziehen, sich hinter ihren Worten verbergen?

In meinem Schreiben ist dies ein tägliches Auslotsen. Den Ort zu finden, von wo aus ich den Text schreiben kann, ohne dass er zu weit weg tritt von mir, ohne dass er zu nah kommt und wir uns auf die Füsse treten.

Es bedarf eines Dus. Das ist die zeitlose Essenz Ihres Textes; dieses Du, welches wir einander sind und sein müssen. Die Essenz des Lebendigen schlechthin und auch das, was mich an der Predigt berührt hat. Ich weiss nicht, ob das Du Gottes mir nahekommt, wenn es mir eine Wellnesspackung verpasst. Ob es mir nah kommt, wenn ich es als Hirten sehe, der um seinen guten Namen bemüht ist. Aber es kommt mir nah, wenn Sie schreiben: *Ich staune über diesen Psalm immer.* Ich wünsche mir diese, Ihre Nahbarkeit die ganze Predigt über. Ich wünsche mir Ihren Zweifel, ausformuliert und unspektakulär. *So weit so gut?*

Ich wünsche, dass in Ihren Sätzen das Du sichtbar durchschimmert. So wie ich in meinem Brief versuche ein Du zu sein, mit meinem Satz an Sie, so wie draussen vor meinem Fenster nun ein Schlauch durch den Garten gezogen wird. Es schneit. Gleichmässig und unablässig schneit es. Die in den Leuchtjacken haben es nicht eilig. Sie lümmeln um das Senkloch, kratzen sich am Kopf. Dann bückt sich

---

[3] Hartmut Rosa, Demokratie braucht Religion, München 2022, 73.

einer von ihnen und lupft den Senklochdeckel. *Wenn wir Du sagen können, fängt der Halt im Leben an.*

Der Schlauch fällt ins Loch.

Du, lieber Herr Merkel, es ist Abend geworden. Ich habe deine Predigt zusammengefaltet und die da draussen haben ihre Maschinen an den Zaun gefahren. Und während du nach dem Gottesdienst im Frühling und am Kirchenausgang gestanden sein wirst und dort die Hände der Eltern, der Verwandten schütteltest, falte ich deine Predigt zusammen. Vielleicht liest du mal einen meiner Texte gegen, dachte ich vorhin. Oder ich lese deine nächste Predigt und schüttle hier und da einen Satz, sodass etwas Staub daraus rieselt.

Nun finde ich mich am Ende eines Briefs und vielleicht nicht unmittelbar neben meinen Zeilen, aber auch nicht so weit entfernt, dass ich Ihnen von hier aus nicht winken könnte.

Noemi Somalvico

Erosion und Fremdheit

Claudia Kohli Reichenbach und Ralph Kunz im Gespräch mit Andreas Mauz

«Könnte es sein», fragt Ralph Kunz, «dass die Kritik am Kirchsprech auch daher kommt, dass das Verständnis für den Gottesdienst erodiert ist? Kirchsprech ist Expression und Formation innerhalb eines Ritus, einer Gemeinschaft, die eine Erinnerungs-, Erzähl- und Glaubensgemeinschaft ist. Wenn dieses Verständnis fehlt, kommt ein anderer Anspruch ins Spiel, nämlich der Anspruch der öffentlichen Rede. Gefordert wird nicht die Rede einer Bekenntnisgemeinde, sondern der Bürgergemeinde. Somit kommt man in den politischen Raum und dort gelten für die Rede andere Gesetze.» Kunz vermutet, dass das Unverständnis des Gottesdienstes das Unverständnis des Kirchsprechs wesentlich fördert. Denn nochmals: «Ritus und Rede gehören zusammen, sie sind in einem permanenten Wechselspiel, insofern als Rede im Ritus ein Widerwasser mit Wirbeln produziert und den Ritus heilsam unterbricht. Umgekehrt macht der Ritus die Rede erst verständlich, weil er einbettet und Kontext bietet. Seine Funktion im Verstehensprozess darf nicht unterschätzt werden.»

Wir sind uns im Gespräch einig, dass wir zunehmend mit einer Situation konfrontiert sind, in der Logik und Dynamik des Ritus immer weniger plausibel sind. Was passiert, wenn Menschen kaum mehr mit der Muttersprache der Bibel vertraut sind, weil sie diese auch nicht mehr in Gemeinschaft erleben – beispielsweise im gemeinsam gesprochenen Gebet oder im Abendmahl? Die Erosion des Ritus hat Folgen für die Verstehbarkeit unserer Sprache. Was heisst das für uns?

Andreas Mauz beobachtet: «Es gibt einen starken Reflex, die Fremdheit eines Kirchsprechs nur negativ zu bewerten. Die Angst dominiert, so teils auch in den Beiträgen in Eurem Buch, dass die Leute davonlaufen, wenn ihnen Fremdes begegnet. Darum wird für den Verzicht auf theologische Sprache geworben. Worte wie Rechtfertigung, Gnade usw. werden als Worthülsen, als Zumutung taxiert. Das ist zu einseitig. Denn Fremdheit – Befremdung – macht die Dinge ja auch spannend. Fremdheit kann zumindest auch den gegenteiligen Impuls auslösen: eine interessierte Hinwendung, ein Lernen-Wollen. Rechtfertigung: Was könnte das denn bedeutet haben oder noch heute bedeuten? Der erstaunliche Erfolg von Martin Walsers Essay *Über Rechtfertigung* (2012) hat ja gezeigt: Mit dem Wort kommt etwas zur Sprache, mit dem wir – ob wir uns als Christ:innen verstehen oder nicht – nicht fertig sind, etwas das uns noch immer angeht. Es greift also zu kurz, wenn wir meinen, wir müssten uns in unserer Sprache ausschliesslich nach ‹draussen› orientieren, wir müssten uns der Sprache annähern, die man dort zu hören meint. Da sehe ich eine doppelte Gefahr: Man unterschätzt die Attraktion des Fremden, die Bereitschaft oder – stärker – den Wunsch, sich in unbekannte Sprachwelten zu begeben und damit auch auf ein Nichtverstehen einzulassen. Damit droht aber auch, was – meine ich – nur in einem Beitrag nachdrücklich benannt wird: Der Ball wird theologisch gleich sehr flach gehalten. Das Publikum wird in seiner Denkfähigkeit nicht ernst genommen und infantilisiert.»

Später im Gespräch kommen wir nochmals zur Frage zurück, welche Folgen die Erosion des Ritus für das Sprechen in der Kirche hat. Claudia Kohli erzählt von der Beerdigung, die sie tags davor verantwortete. Ihr lief es kalt über den Rücken, als sie in sehr gut gefüllter Kirche plötzlich realisierte: «Ich bete das *Unservater* alleine.» Kannte die Trauergemeinde das Gebet schlicht nicht mehr, obwohl diverse bekannte Intellektuelle und Politiker:innen zu den Trauergästen zählten? Wir mutmassen, mit welchem Gefühl die Menschen die Kirche wohl verliessen. Empfanden sie Scham, weil sie das Gebet nicht kannten? Waren sie dankbar, dass die Pfarrerin stellvertretend betete? Oder sind die düsteren Gedanken der Pfarrerin, sie sei mit ihrer Aufforderung zum gemeinsamen Gebet möglicherweise übergriffig gewesen, nicht nur abwegig? Verstanden die Trauergäste Glauben? Wollten sie überhaupt verstehen? Die Pfarrerin beschliesst nachzufragen. Sie kontaktiert jemanden, der ihr aus den Medien bekannt war und bittet um einen Telefontermin. Scham war in seinem Fall nicht das Thema, eher bewusste Verweigerung, denn mit Religion hat er es nicht mehr. Mehrfach betont der Gesprächspartner am Telefon, dass er dennoch froh war, dass es eine kirchliche Trauerfeier war. «Warum?», will die Pfarrerin wissen. «Weil so garantiert war, dass die Feier Form und Stil hat und in würdigem Rahmen geschieht.» Womit wir wieder beim Ritus gelandet wären.

Die Pfarrerin Saara Folini predigt für ältere Menschen

Gehalten am 9. Januar 2022 in einem Altersheim in Bern

Sammlung

Grusswort
Das Volk, das in der Finsternis geht,
hat ein grosses Licht gesehen,
die im Land tiefsten Dunkels leben,
über ihnen ist ein Licht aufgestrahlt.
Jesaja 9,1

Guten Morgen und herzlich willkommen zur ersten Feier im neuen Jahr. Heute Morgen habe ich Leuchtworte mitgebracht. Sie leuchten uns ins neue Jahr.
Worte, hell wie Sterne.
Worte, wie Leuchttürme
Worte wie der Morgenstern.
Psalm 112,4: In der Finsternis erstrahlt den Aufrichtigen ein Licht, gnädig, barmherzig und gerecht. (Zürcher Bibel 2007)

Anbetung

Beten wir:
Du machst alles neu, Gott,
jeden Morgen
jede Woche.
Was auch immer dieser Tag uns bringt
ich vertraue darauf, dass du heute und jetzt bei uns bist
dass du bei uns bleibst heute und für immer
deine Gnade hört nicht auf
auch dann nicht, wenn es finster ist

Predigt für einen besonderen Anlass

du machst alles hell
deine Liebe leuchtet wie das Licht eines neuen Tages
hindurch durch alle Verletzungen
durch alle Verzweiflung
durch alle Einsamkeit
durch alles Versagen.
Lass einen neuen Tag anbrechen im Herz und im Gemüt.
Zünde uns den Weg zum Leben
in hellen und dunklen Stunden.
Amen.

Musik

Predigt

Was für eine schöne Ermutigung, die Jesus in der Bergpredigt gibt, liebe Gemeinde: Ihr seid das Licht der Welt. Wie wohltuend das klingt! Jesus spricht nicht darüber, dass wir ein Licht für diese Welt sein sollen. Er ermahnt nicht zu mehr Anstrengung, sondern sagt: Ihr seid das Licht der Welt. Bereits jetzt, ohne dass ihr es euch erst verdienen müsstet. Im Theologenjargon nennen wir das auch Gnade.

Ihr seid das Licht der Welt! Für mich ist das eines dieser ganz grossen Leuchtworte aus der Bibel, das Mut macht, gerade auch in dunklen Zeiten. Das ist die grosse Hoffnung, die mir der Glaube gibt, die Hoffnung wie der Morgenstern, der aufzuleuchten beginnt, wenn die Welt noch im Dunkeln liegt.

Ob all der Schreckensnachrichten, die uns in diesen Tagen erreichen, allen Schicksalsschlägen in meinem persönlichen Umfeld stellt sich die Frage berechtigt: Wie ist es nur möglich, die Hoffnung nicht zu verlieren, nicht zynisch oder bitter zu werden?

Als Christin ist dies für mich die innerste Überzeugung, dass all die Not und auch der Tod nicht das letzte Wort haben. Es ist das tiefe Vertrauen, dass es ein Licht gibt, das alle Finsternis überstrahlt: das Licht der Auferstehung, das Licht Jesu Christi. Ein Licht, das nicht irgendwo fern am Himmel strahlt, sondern das Mensch wird, das Wohnung nimmt mitten unter uns, auch wenn wir in Finsternis sind.

So wie bei der «Kirche der brennenden Lampen» fällt mir ein. In Frankreich gibt es offenbar eine kleine alte Kirche mit so kleinen Fenstern, dass es darin nicht einmal im Sommer so hell zu werden vermag. Dort ist es bis heute üblich, dass jedes Gemeindeglied zum Gottesdienst seine eigene Öllampe mitbringt. In der Kirche werden die Lampen angezündet und auf die Banklehnen gestellt. So wird die Kirche hell und es kann Gottesdienst gefeiert werden. Die Lampen wurden übrigens seit der Reformation nicht erneuert, sie wandern von Hand zu Hand. Ist jemand gestorben, so bekommt ein jüngeres Mitglied aus der Gemeinde die Lampe des Verstorbenen.

Zwar habe ich nicht herausgefunden, wo genau diese Kirche zu finden ist. Mir gefällt aber die Geschichte auch als Sinnbild für unsere Kirche. Ein Ort, wo Menschen zusammenkommen und ihr Licht anzünden. Je mehr Menschen sich zusammenfinden, desto heller wird es. Und diese Menschen tragen gemeinsam, tragen das Licht hinaus in die Welt; sie geben es weiter, von Generation zu Generation.

Ihr seid das Licht der Welt. Stellt es nicht unter einen Scheffel! Lasst euer Licht leuchten vor den Leuten, damit sie eure guten Werke sehen und euren Vater im Himmel preisen!

Mit dem Licht ist weder esoterisches, inneres Leuchten gemeint noch äusserer Schein und Erfolg. Jesus spricht diese Worte zu allen, die ihm gefolgt sind. Zu den Jüngerinnen und Jüngern und den vielen andern. Die meisten von ihnen sind ärmer als arm: verfolgt, unterdrückt, ausgebeutet. Die ersten Lichtträger sind also gerade die, die eher auf der Schattenseite des Lebens stehen. Jesus stellt in der Bergpredigt sämtliche weltlichen Massstäbe auf den Kopf, was ein gelungenes Leben ausmache. Glücklich sind die Trauernden, die Armen, die Verfolgten.

Glücklich sind sie nicht, weil es ihnen schlecht geht, sondern weil Gott gerade ihnen besonders nahe sein will, weil über denen, die da im Dunkeln wandeln, der Stern hell aufleuchtet.

Mit der Aufforderung, «Lasst euer Licht leuchten» gibt Jesus eine sehr praktische Anweisung: Die Welt soll euer Licht leuchten sehen in guten Werken, die ihr vollbringt. Solche Worte mögen zwar manch gutem Reformator ein wenig gegen den Strich gehen. Aber Jesus war nun mal kein Protestant, sondern gläubiger Jude. Gute Werke gehören zu seinem Glauben so selbstverständlich wie das tägliche Gebet. Selbstverständlich geht es bei diesen guten Werken nicht darum, sich irgendwelche Bonuspunkte zur Erleuchtung zu verdienen oder sich selbst zu verwirklichen, sondern darum, die Liebe, die uns geschenkt wurde, weiterzugeben. Gnade eben, Nächstenliebe, die sich nicht in frommen Worten, sondern in tatkräftiger Unterstützung zeigt.

Woran erkennen wir eigentlich Christen und Christinnen? Das Kreuz um den Hals, der Fisch auf dem Auto oder die Bibel in der Hand sind wie alle Accessoires Stil- und Geschmackssache. Es geht auch nicht darum, stets die Sonne weiss nicht woher leuchten zu lassen und krampfhaft so zu tun, als ob das Leben als Christ immer eitel Sonnenschein wäre. Ist es nämlich nicht. Dafür gibt auch der Glaube keine Garantie. Obschon, ein wenig erlöster dürften wir schon aussehen, wir Christinnen und Christen! Zur Frohen Botschaft passt auf die Dauer kein Gesicht mit kunstvoll gelegten Trauerfalten. Etwas weniger abgekämpft dreinschauen! Denn es sind ja schliesslich nicht wir, die die Welt erlösen müssen, Jesus hat das bereits für uns getan.

Ich würde mir wirklich wünschen, dass wir als Christinnen und Christen am Licht erkennbar sind, mehr an undogmatischen Taten als an starren Meinungen. Ich wünsche mir, dass wir uns nicht jeder für sich allein abmühen, bis wir ausbrennen, sondern dass wir trotz aller Verschiedenheit das Licht zusammentragen.

Ich wünsche mir, dass wir uns frei machen von der Vorstellung, perfekt sein zu müssen. Es gibt Momente, in denen ich persönlich beim besten Willen nicht mit grösserer Kraft als eine 15-Watt-Birne leuchten kann, und andere, wo ich das Gefühl habe, mit der Sonne um die Wette zu strahlen. Je nachdem reicht es knapp für ein Lächeln oder sogar für mehr Licht dazwischen.

Ich wünsche mir, dass unsere Taten für sich sprechen, so dass wir nicht mit Gewalt missionieren müssen. Sondern, dass uns irgendwann die Menschen von selbst anfangen zu fragen: Woher kommt eure Hoffnung? Worauf gründet eure Zuversicht? Was ist euer Geheimnis?

Und dann, meine Lieben, lasst uns nicht mit aufgesetzt wirkenden Glaubensformeln antworten, sondern unverkrampft mit einem Bekenntnis, wie dem von Michael Zielonka, mit dem ich für heute die Predigt schliessen will. Es heisst «Zärtlicher Glaube»:

Zärtlicher Glaube

Wir glauben an den Gott, der unsere Seelen
zum Beten verführte,
unseren Mund zum Lachen
und unsere Herzen zum Singen.
Dadurch formten sich unsere Lippen zum Kuß
Und unsere Füße zum Tanz.
Unsere Seele rückte bis in die Fingerspitzen vor,
und diese entschlossen sich zur Liebkosung.
Unerhofftes Licht ringelte sich zum Glück,
das Morgenrot zum Menschenort:
Alle Ichs jubeln im Wir.

Michael Zielonka, in: Im Brennglas der Worte. Zeitgenössische Lyrik als Element der Liturgie, hg. v. Erhard Domay, Vera-Sabine Winkler, Gütersloh 2002.

Kanzelsegen/Musik/Fürbitte/Musik

Sendung und Segen

Ihr wart früher Finsternis,
nun aber seid ihr in dem Licht des Herrn.
Lebt als Kinder des Lichts;
die Frucht des Lichts
ist lauter Güte und Gerechtigkeit und Wahrheit.
(Eph 5,8–9 in eigener Übersetzung)

Predigt für einen besonderen Anlass

Der Leiter Kommunikation Aids-Hilfe Schweiz Jan Müller hat die Predigt gelesen und schreibt:

Sohn eines Dorfpfarrers zu sein war oft etwas Aussergewöhnliches. Nicht immer freiwillig lebt man mitten in einer Kirchgemeinde. Am Ostersonntag hörte ich meinem Vater bei der Predigt zu. An Weihnachten schaute ich das Weihnachtsspiel, bei welchem meine Mutter Regie führte. Als kleiner Junge fand ich das Kirchgemeindeleben grossartig. Es gefiel mir, mit so vielen verschiedenen Menschen ins Gespräch zu kommen. Sie sprachen mit mir als junger Bub über Gott und die Welt. Sie freuten sich über meine neugierigen Fragen. Sie erzählten mir unglaublich Eindrückliches aus ihren Leben. Wenn ich mich zurückerinnere an diese Lebensgeschichten, fällt mir etwas auf: Es waren nicht ausschliesslich die einzelnen Erzählungen, die mich beeindruckten. Es war die enorme Vielfalt an Lebensgeschichten, die ich hören durfte. Jeder Mensch ist anders. Und das ist wunderbar und gut so. Ich glaube, dass es genau diese Vielfalt an Menschen war, die mich am Kirchgemeindeleben fasziniert hat. Denn wo Nächstenliebe wirklich gelebt wird, gibt es kein Richtig oder Falsch.

Die Nächstenliebe ist es auch, die für mich zentral ist in der Predigt von Saara Folini: «Die Welt soll euer Licht leuchten sehen in guten Werken, die ihr vollbringt», eine Aufforderung, die Liebe weiterzugeben, die uns geschenkt wurde. Nächstenliebe eben. Doch dieses Licht muss nicht erst verdient werden. Es ist ein Geschenk ohne erforderliche Gegenleistung. In einer Welt, in der Leistung und Erfolg zählen, ist diese Interpretation ein regelrechter Kontrapunkt. Vielleicht sogar ein starkes Votum gegen die vorherrschende Leistungsgesellschaft und das weithin verbreitete Statusdenken? Möglicherweise! So betont Folini, dass jeder Mensch wertvoll ist und jeder Mensch Gutes tun kann, jeder Mensch ist ein «Licht».

Als Leiter Kommunikation der Aids-Hilfe Schweiz denke ich an Menschen, die mit HIV leben oder an Aids verstorben sind. Fühlen oder fühlten sie sich vielleicht manchmal in den Schatten gestellt? Im Jahr 1985 als die Aids-Hilfe Schweiz gegründet wurde, war das Schreckgespenst «Aids» in aller Munde. Es war der Höhepunkt der HIV-Pandemie in der Schweiz und in mancherlei Hinsicht eine dunkle Zeit. Die Tragik begann bei den vielen Menschen, die sterben mussten und endete nicht bei den Menschen, die noch lebten. Denn Menschen, die mit HIV lebten, wurden diskriminiert und isoliert. Sie wurden beschuldigt, selbst für ihr Leiden verantwortlich zu sein. Die Tatsache, dass von der «Schwulenseuche» oder «Schwulenpest» gesprochen wurde, spricht für sich. Viele der betroffenen Menschen fühlten sich vom Licht abgeschnitten. Da frage ich mich, wo war hier die bedingungslose Nächstenliebe der Mitmenschen? Wie ist die Schuldfrage dieser Zeit vereinbar mit dem Versprechen, dass jeder Mensch wertvoll ist?

«Wo Schatten ist, ist auch Licht», heisst es so schön. So war es auch damals. Seit 1988 findet jedes Jahr am 1. Dezember der Welt-Aids-Tag statt. An diesem Tag wird dazu aufgerufen, den an Aids Verstorbenen zu gedenken und Solidarität zu zeigen mit den Menschen, die mit HIV leben. Rund um die Welt bringt der Kampf gegen HIV unterschiedlichste Menschen zusammen. Ihre Solidarität sorgte dafür, dass die an Aids Erkrankten oder Verstorbenen nicht vergessen wurden und das Bewusstsein für das Virus und die Empathie für die Betroffenen wuchsen. Ein besonders eindrückliches Zeichen der Solidarität sind jährlich stattfindende Fackelumzüge. Wie in der «Kirche der brennenden Lampen» kommen viele Menschen zusammen, zünden ihr Licht an und zeigen damit, dass niemand im Dunkeln bleiben muss. Das zeigt, wenn eine Gemeinschaft zusammensteht und sich solidarisiert, können betroffene Menschen Momente des Lichts finden.

Seit dem Höhepunkt der HIV-Pandemie 1987 hat sich einiges verändert. Die Zahlen der Neuansteckungen gehen zurück und ein positives HIV-Testresultat ist kein Todesurteil mehr. Nicht zuletzt, weil die Medizin Fortschritte erzielt hat. Wer die Präventionskampagnen der Aids-Hilfe Schweiz betrachtet, wird schnell feststellen, dass sich auch hier viel geändert hat. Das Wissen um die Risiken ist gut, soll aber keine Angst machen. So ist es heute das erklärte Ziel der Aids-Hilfe Schweiz, dass alle Menschen ein Recht auf ein befriedigendes Sexualleben haben. Ein Paradigmenwechsel? Durchaus! Die Präventionsbotschaften der Aids-Hilfe Schweiz drehen sich heute um Selbstbestimmung, Freude und Leidenschaft.

Was schön tönt, hat seine Gründe. So zeigt sich in der Prävention, dass man nicht viel erreicht mit dem erhobenen Zeigefinger. Viel wichtiger ist die Kommunikation auf Augenhöhe mit den Zielgruppen und das Aufzeigen von Möglichkeiten, wie man sich effektiv vor sexuell übertragbaren Krankheiten schützen kann. Dadurch gewinnt die Aids-Hilfe Schweiz an Glaubwürdigkeit bei den entsprechenden Zielgruppen, was wiederum grundlegend ist für ihre Präventionsarbeit. Doch nicht nur dies, es ist auch ein neues Gesundheitsverständnis! Denn es ist nicht ausschliesslich entscheidend, ob man genügend geleistet hat für die eigene Gesundheit. Einerseits macht es Sinn, auf einen ausgewogenen Lebensstil, genügend Bewegung und gesunde Ernährung zu achten. Doch ich möchte festhalten, dass eine gute Gesundheit nicht einzig eine Frage der Leistung oder des Erfolgs ist. Der Lauf des Lebens und die eigene Gesundheit sind nicht kontrollierbar, wir können uns Gesundheit nicht verdienen. Gewisse Dinge können wir beeinflussen, vieles jedoch bleibt unberechenbar. Und in diesem Moment wird es hinfällig, von Schuld zu sprechen.

Gesundheit ist auch ein Resultat einer Gesellschaft, in der jeder Mensch wertvoll ist und in der sich niemand zuerst das Licht verdienen muss. So zeigen neue Studien, dass Freundschaften entscheidend sind für die Fähigkeit, sich um die eigene Gesundheit zu kümmern. Es ist zentral, Beziehungen zu pflegen und sich auf andere Menschen einzulassen. Denn wer liebt und geliebt wird, hat einen guten Grund, auf seine eigene Gesundheit zu achten. Vielen ist nicht bewusst, dass das Streben nach Perfektion – im Aussehen, im Beruf oder in Beziehungen – die eigene Angst vor Ablehnung verstärkt. Soziale Verbundenheit und das Gefühl, Teil einer Gemeinschaft zu sein, sind die besten Mittel für ein gesundes, gutes Leben. Dies fordert eine Gemeinschaft, eine Gesellschaft und eine Welt, in der Menschen willkommen geheissen werden. Mit gegenseitiger Akzeptanz, Nachsicht und Rücksicht. Mit gelebter Nächstenliebe, die Licht in die Welt trägt und in einzelne Herzen. Damit wir Menschen gesunden.

Die Pfarrerin Esther Cartwright gestaltet für Martha Z. einen Abschiedsgottesdienst: «Eine Blüte geht auf ...»

Grusswort/Abkündigung

Mir sind versammlet da i de Chile
im Name vo Gott, Ursprung und Ziil vo eusem Läbe
Im Name vo Jesus Christus,
Grund vo eusere Hoffnig
und im Name vom Heilige Geischt,
Quelle vo Troscht und Chraft.
Amen.

Gott schänkt eus s Läbe – und i sini Hand chehrt s wider zrugg.
Gott staht eus bi im Abschiidnäh. Und mir stellet das Abschiidnäh under die bekannte Wort vom Dietrich Bonhoeffer, wo ich de Martha Z. währet ihrem Stärbe immer wider zuegseit han und wo jetzt au für eus alli möget gälte:

Von guten Mächten wunderbar geborgen
Erwarten wir getrost, was kommen mag.
Gott ist mit uns am Abend und am Morgen
Und ganz gewiss an jedem neuen Tag.

Mir sind zämächo, will sich vor einere Wuche de irdischi Läbeschreis vo de Martha Z. gschlosse hät. Sie hät rund zwei Mönet nach ihrem 84. Geburtstag für immer ihri Auge zuetah. Liebevoll begleitet und betreut vo de Annemarie und em Kurt isch sie i di anderi Wält ufbroche. Sie hät sich das so sehr gwünscht: Diheime chöne z stärbe. Dass ihr zwei ihre das ermöglichet händ, dadefür isch eu d Martha unendlich dankbar gsi.

Villicht chönd di einte oder andere no gar nöd richtig fasse, dass d Martha nüme under eus isch. Ihre Tod isch sehr schnell cho. Churz vor de Wiehnacht isch bi ihre Buchspeicheldrüese-Chrebs diagnostiziert worde. Vo Afang aa hät sie gseit: «Ich will nüt mache». Und denn hät sie uf ihri Art Abschiid gno vo ihrne Liebe und vo de Wält.

Vili Träne hät sie briegget am Afang. Es isch ihre schwär acho.

Sie hät denn mit eu zämä no es paar schöni Usflüg chöne mache: nomal rund um de See ume, no es letschts Mal go Pizza esse und in Wald usse. Aber denn isch sie schnäll immer schwächer und zerbrächlicher worde, mängisch au unruhig, aber d Träne sind versiegt und sie hät immer wider gseit: «Es gaht mir guet. Alles isch i Ordnig.» Und so isch sie am letschte Dunnschtig – am Geburtstag vo ihrer verstorbene Tochter, de Beatrice – ganz fridlich gstorbe.

Mir lueget hüt mitenand uf es langs Läbe zrugg. So vil Erinnerige sind jetzt da, sind ganz lebändig. Vil warmi Erinnerige, gueti Erinnerige sind da. Aber es hät dezwüschet au emal schwirigeri Erlebnis mit ihre, wo au z bisse, z chöie gäh händ. Au so Erinnerige ghöret zumene Läbe dezue. Sunne- und Schattesiite: Das macht euses Läbe, jedes Läbe, us.

I eusem Gschpröch am letschte Dsischtig han ich näbet eurer Truur ganz vil Dankbarkeit gschpürt. Dankbarkeit für das, wo d Martha, d Muetter und d Schwigermuetter, eu bedütet und gschänkt hät. […].

Und so wömer em Schöpfer vo ihrem Läbe danke säge für alles, wo eus d Martha Z. gschänkt hät und mer singet: Grosser Gott, wir loben dich.

Gemeinde: Lied RG 247, 1.10.11: Grosser Gott

Gebet

Lebändige Gott
Eusi Erinnerige a d Martha sind jetzt ganz stark.
Mir gsehnd sie nomal vor eus.
So wie sie gsi isch.
Mir ghöret nomal ihri Stimm und nomal ihres Lache.
So viles verbindet eus mit ihre.

Barmhärzige Gott,
Du gsehsch, was eus bewegt.
Du kännsch eusi Gfühl, jetzt i dem Moment …

Lueg du, Gott, uf eusi Truur und euse Schmärz.

Nimm du, Gott, eus ab, was mer nöd verstönd
und womer nöd z schlag chömed demit.

Für so viles sind mer dankbar ..., du weisch es ...
Alli Erinnerige, wo eus wertvoll sind ..., du kännsch sie alli ...
All die Liebi, wo mer gschpüret ..., du weisch um sie ...

Lass eus jetzt ganz da sii ...
lass eus ruhig wärde ...
lass eus erchänne, was wesentlich isch ...
lass eus unterscheide, was eus würkli wichtig isch
und was mer getroscht chönd loslah und i dini Händ legge.

Danke, Gott, du treisch eus jetzt dur die Stund,
und bisch mit ois i de Ziit vom Abschiednäh.
Amen.

Predigt

Liebi Annemarie und Kurt, liebi Truurfamilie, liebi Truurgmeind

Währet em Stärbe vo de Martha isch näbet ihrem Bett am Bode unne e grossi Vase gstande mit fiine Zwiig drin. D Knoschpe vo de Blüete und vo de Bletter sind no fescht verschlosse gsi. Winterzwiig ebe.
Am Tag, wo d Martha e paar Stund schpöter i de Nacht gstorbe isch, isch di erschti Blüete ufgange. Wiiss und ganz fiin, ganz zart. Und nume ei einzigi.

Vorbote vo ihrem Tod?
Zeiche vom Himmel für d Hoffnig uf es neus Ufblüeh nach em Tod?

Ich weiss es nöd – aber wiiss und fiin und ganz zart hät die Blüete glüchtet und zmitzt im Stärbe inne verzellt vonere Chraft, vonere Läbeschraft, wo da isch und bliibt, au wänn de Tod chunt. Und villicht isch es au nöd en Zuefall, dass d Martha am Geburtstag vo de Beatrice, vo ihrer Tochter, gstorbe isch. Geburt und Tod – Läbe schenke und s Läbe zrugg gäh – das isch wie en Chreislauf – ghebet i grosse Händ. Drum wött ich es Bibelwort us em 31. Psalm über s Läbe vo de Martha Z. stelle:

Meine Zeit steht in deinen Händen.
Lass über mir dein Antlitz leuchten und hilf mir in deiner Güte.
Lass mich nicht zugrunde gehen, denn ich rufe dich an. (eigene Übersetzung)

Meine Zeit steht in deinen Händen.
D Erdeziit vo de Martha Z. hät am 3. November YYYY agfange. Es muess e schöni Chindheit und Jugendziit gsi si i dem Buurehuus z R., zämä mit ihrne Schwöschtere und em Brüeder. Scho früeh – es sind Chriegsziite gsi – hät sie müesse apacke und uf em Hof mitschaffe.
Di enge Familiebande us de Chindheit sind blibe. Wänn d Schwöschtere i de letschte Jahr traditionell e Feriewuche bi ihre verbracht händ, seigi s Liecht i de Stube chum emal vor Mitternacht abglöscht worde. So vil heiget die Fraue enand z verzelle gha. Und glücklichi Erinnerige git s sicher au a die vile Ferie-Täg in B. oder as Chriesigünne i de alte Heimet.

Wo d Martha als jungi Frau uf W. cho isch zum bi Verwandte ushälfe, hät sie gli emal de Karl Z. uf em Tanz im Leue kenneglärnt. Und denn hänsch da i de Chile ghüratet. 53 Jahr sinds mitenand verhüratet gsi, händ mitenand zwei Chind gha und ufzoge, händ mitenand buuret, mitenand sinds usgfahre, händ vil Bsuech gha im Garte hinne – d Martha immer echli im Schatte vom lüütseelige Karl – aber es sind glücklichi und zfrideni Erdeziite gsi für d Martha.
D Martha hät churz nach em Tod vom Karl vor sechs Jahr für ihri Familie ganz en churze Läbesrückblick ufgschribe. De hört grad nach de Geburt vo de Chind uf und zeiget so villicht au, was *ihre* s Wichtigste gsi isch i ihrem Läbe. Sie hät über de Kurt und d Beatrice gschriebe:
«*Wir sind sehr froh und glücklich, dass es die beiden gibt, und wir lieben sie sehr.*»

I dem Läbesrückblick schriibt sie nüt devo. Aber di chlini Beatrice hät wägä ihrer cerebrale Behinderig vil Zuewändig und au Arbet, en riisige Iisatz, brucht. Bim Zruggluege chamer nume stuune, wie d Martha das alles gmacht hät näbet em Buure, näbet ihrem grosse Garte, näbet em Huushalt.

Und sicher hät das die zwei Fraue, Muetter und Tochter, für s Läbe zämäg schweisst. Vil hänsch vo det a teilt und sind usgreist mitenand. Und ich chan mir vorstelle: dass beidi Chind im grosse Huus a de Bahnhofschtrass wohne blibe sind, muess schön gsi sie für d Eltere.

D Martha hät mir es paar Wuche vor ihrem Tod verzellt – sie heigi e schöns Läbe gha – aber es heigi au Schwirigs drin gah. Öppis vom Schönschte seiget di erschte Schritt vo de Beatrice gsi, wo sie gseh heigi: De ganzi Ufwand lohni sich. Und denn s ganz Schwiirige: d Chranket und de Tod vo ihrem Maa, em Karl und denn vo de Beatrice, es halbs Jahr spöter.

Meine Zeit steht in deinen Händen.
Das hät sie nachher lang nüme chöne vertrouensvoll sägä – so wie s vorhär ganz eifach zu ihrem Läbe und Glaube dezue ghört hät. Sie hät ghaderet oder wie s d Martha sälber gseit hät: Sie isch mit «dem da obe» im Clinch gläge. Und Träne sind immer wider us ihrne Auge gflosse. Mängisch hät sie nüme chöne ufhöre mit Briegge.

Mit dem da obe im Clinch ligge.
Mir gfallt de Usdruck und es hät mir Iidruck gmacht, dass sie s hät chöne sägä und nöd öppe en Glaube vorgschpilt hät, wo nöd gsi isch.

Und no vil meh beiidruckt mich: Sie hät vo «dem da obe» nöd lah.
Sie hät Gott – nach dem Schwärä, wo sie erläbt hät – Maa und Tochter so churz hinderenand z verlüüre – sie hät Gott nöd eifach uf d Siite gstellt – wie das anderi gmacht hettet. Sie hät Gott nöd verlah. Sie hät en nöd ufgäh. Nei, sie isch wiiter mit Gott, «mit dem da obe», im Gschpröch gsi. Im Striitgschpröch. Im Clinch ebe.

Dem säg ich: Gott Ernscht näh. Gott unendlich Ernscht näh. Würkli das gälte lah: *Meine Zeit steht in deinen Händen.* Und au die vo de andere, vo denä, womer gärn händ.

Das seit sich ja so eifach, wänn s eim guet gaht – und isch so schwirig aznäh, wänn s Schwäre chunt und wämmer müend Abschiid näh. D Martha hät um das grunge – mit vil Bitterkeit au, mit vil Frage a de Gott. Aber sie isch im Gschpröch, im Striitgschpröch mit Gott bliibe. Und dademit hät sie «dem da obe» unendlich vil zuetrout. Sie hät em zuetrout, ihri Wuet und ihri Verzwiiflig z ghöre und mitzträge und vor allem hät sie em zuetrout, dass Gott – im Letschte – die Verzwiiflig au chan verwandle.

Und Gott hät sie nöd elei glah.
De Kurt und d Annemarie sind immer für sie da gsi – treu um sie besorgt – au wänn s mängmal schwirig gsi isch.
Und au ihri Gschwüschtere und vil Mensche us eusem Dorf händ immer wider bi ihre a de Türe klopfet. Wie chliini und grossi Engel, händs, händ *Sie* versuecht, de Martha wider Bode under de Füess z gäh und Chraft und Zuevesicht zum wiiterläbe.

Und wie guet hät sie näbet de Mensche au no ihre gliebti und wunderschöni Garte gha. Ussäe, warte bis s Keime afangt, piggiere, zueluege bim Wachse, jätä, Wasser gäh und dünge, ernte oder Strüüss binde, abschniide und usriisse.
De Chreislauf vo de Natur – jedi Gärtneri, jede Gärtner weiss: S Wachse und Gedeihe, da chamer zwar viles dezue biiträge, aber im Letschte isch es es Gschenk, wänn d Margrite, d Akalei, Zinie und de Rittersporn blüend.

Meine Zeit steht in deinen Händen.
Wo sie d Chrebsdiagnose churz vor de Wiehnacht übercho hät, hät sie dem Vers nahglebt und Ja gseit zum Sterbe. Zerscht dur Angscht und Träne dure, aber immer meh sind die versiegt und sie hät langsam s Vertroue i «de da obe» wider gfunde. Und so hämmer mängmal i de letschte Täg vo ihrem Läbe – uf ihre Wunsch hii – mitenand s Unservater bätät und wänn ich ihre de Spruch vom Bonhoeffer gseit han – dass mir wunderbar geborge sind vo de guete Mächt – denn isch sie meischtens ruhiger worde.

Ja, Meine Zeit steht in deinen Händen.
Lass über mir dein Antlitz leuchten und hilf mir in deiner Güte.
Lass mich nicht zugrunde gehen, denn ich rufe dich an.

Und so chömer jetzt d Martha ganz vertrouensvoll i d Händ vo Gott legge. Sie isch nöd zgrund gange. D Blüete am Zwiig, wo es paar Stund vor ihrem Tod ufgange isch, verzellt öppis anders. S Neue für d Martha, wie immer das usgseht, isch abroche, ufgange. Fiin und zart und schön.

Und au für eus gilt – wo mir jetzt wiitergah müend ohni d Martha – aber mit allne Erinnerige a sie: au für eus gilt:
Meine Zeit steht in deinen Händen.
Amen.

Fürbittegebet, Stille und Unservater

Lebändige Gott
mir wönd versueche, d Martha gah zlah i dis Liecht und i din Fride inne.
Bi dir isch sie jetzt ganz geborge.
Lass eus druf vertroue: Es isch guet, wie s jetzt isch.
Alli Erdeschwäri, alle Schmärz, alli Müehsal sind vo ihre abgfalle.

Bring du ihre Wäg zur Vollendig.
Mach ganz, was unfertig gsi isch.
Mach heil, was verletzt gsi isch.
Hilf du das z vergäh, wo no Versöhnig brucht.
Mach frei, was no bunde isch
und lass i dinere Liebi alles Platz finde, wo d Martha usgmacht hät.

Euse Weg gaht wiiter. Zrugg in Alltag.
Zrugg in Alltag ohni sie.
Sie wird mängmal fähle.
Hilf du em Kurt und de Annemarie, de Familie
und allne Fründinne und Fründe, wo um d Martha truuret.
Schtärch und tröscht du,
lass eus gmeinsam um sie truure
und schenk Chraft zum Wiitergah.

Imene Moment vo de Stilli
wömmer eus jetzt vo de Martha verabschiide.
Ihre no es guets Wort mitgäh,
e Bitt um Versöhnig, en Dank, es Wort vo de Liebi,
eifach das, wo jetzt i eusem Härz z vorderscht isch.

Stille und Unservater

Es folgen Schlusslied, Sendung und Segen.

Die Ethnologin Cornelia Vogelsanger kommentiert: Das Gesagte und das Ungesagte

Die Situation ist für mich ungewohnt: Ich sitze am Computer und lese eine reformierte Abdankungspredigt, die mir Esther Cartwright zugesandt hat. Diesen Text soll ich als Ethnologin kommentieren, so lautet der Auftrag. Es geht um die Sprache: Wird hier eine Sprache geredet, die hilfreich und klar ist? Versteht die Trauergemeinde, was die Pfarrerin sagt?

Einige Vorbemerkungen von meiner Seite:

Ich bin Ethnologin geworden, weil mich die Vielfalt der menschlichen Kulturen seit jeher anzieht und inspiriert. Das Fremde im Eigenen, das Eigene im Fremden entdecken, das wird mir nie langweilig. Mein besonderes Interesse gilt den Ritualen, die in Zeiten der Veränderung und der Krise in jeder menschlichen Gemeinschaft gefeiert werden: den *rites de passage*. Das Wort Passage bezeichnet einen Durchgang, eine Reise von hier nach dort. Etwas Vertrautes wird verlassen, das Zukünftige ist noch verborgen. Bei manchen Veränderungen überwiegt die Freude auf das Neue: Ein Kind wird geboren, eine Ehe kommt zu Stande. In anderen Zeiten geht es um Abschied, Verlust, Leid und Tod. Gemeinsam haben alle Passagen die Unsicherheit. Wenn alles aus den Fugen geht, möchten sich Menschen neu vergewissern, was jetzt noch gilt, worauf sie sich verlassen können: Auf soziale Beziehungen? Auf Traditionen, die tragen? Auf Hilfe aus der unsichtbaren Welt?

Die christliche Beerdigung ist ein Übergangsritual, das ich lese wie einen Text. Das gesamte Ritual ist mein «Text», nicht nur das gesprochene Wort. Im Ritual werden symbolische Handlungen (Riten) verschiedenster Art in eine Ordnung gebracht. Das Ritual ist ein Gefäss – man könnte auch sagen: ein Fahrzeug für die Reise von hier nach dort. Gesprochenes und Unausgesprochenes, Materielles und Immaterielles wirken zusammen und ergeben eine Richtung, einen Sinn: der Ort, die anwesenden Personen, Klänge (Glocken, Gesänge, Worte). Licht und Dunkel. Stille und Rede, Singen, Beten, Gesten, Kleidung, Bewegung: Alles zusammen bildet eine Form, ist eine Sprache. Will ich als Ethnologin diese Sprache verstehen, muss ich an der Feier teilnehmen mit der Bereitschaft, mich berühren oder auch irritieren zu lassen, und gleichzeitig beobachte ich das Geschehen von aussen.

Noch bevor ich mit Lesen beginne, fallen mir Wörter ein, die in der reformierten landeskirchlichen Fachsprache üblich sind, wenn es um den Tod geht: Abdankung, Abkündigung, Abschied. Die Silbe ab- bezeichnet immer eine Trennung, etwas wird abgetan, abgeschlossen, abgeschnitten; ab- bezeichnet auch eine Bewegung nach unten (Abgrund, es geht bergab mit ihm). Ab- gibt oft einem Wort eine negative Bedeutung (Abwesenheit, Ableben, abtrünnig, Abfall, Abgott usw.). Mir fällt auf: Der traditionelle Sprachgebrauch der reformierten Kirche betont die nüchterne Tatsache des physischen Todes. Das mag man als ehrlich empfinden, aber ist dies die ganze Wahrheit? Ist es das, was die Kirche den Menschen in der Krise, der Trauer sagen möchte?

Mir fällt eine Bekannte in Indien ein, sie liegt derzeit gerade im Sterben; vor Jahren teilte sie mir den Tod ihrer Mutter mit: «She has crossed over». Eine andere Perspektive.

Und nun begebe ich mich lesend in die reformierte Kirche eines Schweizer Dorfes und nehme (virtuell) an der Abdankung der 84-jährigen Bäuerin Martha teil. Ich achte auf die Sprache und ebenso auf alles, was nicht ausgesprochen wird, was ich aber beim Lesen vor mir sehe, weil ich – und das ist für mich das Ungewohnte an meiner Aufgabe – mit diesem Ritual und dieser Sprache sehr vertraut bin. (Die angesagten Lieder könnte ich auswendig mitsingen, ich kenne die Bibelworte. Ich bin in der reformierten Kirche gross geworden und lebe heute, als langjährige Städterin, in einem Schweizer Dorf.)

Die Pfarrerin steht vor der Gemeinde und beginnt zu reden.
Zu meiner Überraschung beginnt sie mit der trinitarischen Formel und stellt damit sogleich klar: Sie spricht nicht im eigenen Namen, sondern sie spricht in einem Auftrag, im Rahmen der reformierten und auch einer viel älteren christlichen Tradition.

Bereits im Eröffnungssatz ist das Wort Gott gefallen, das G-Wort, für viele Menschen heute ein Tabu. Das Wort war allerdings zu erwarten, weil wir in einer Kirche versammelt sind. Muss sich hier ein Mensch, der nicht an Gott glaubt oder mit der Trinität nichts anfangen kann, ausgeschlossen oder gar vergewaltigt fühlen? Werde ich zu einem Bekenntnis genötigt?

Ich empfinde es so, dass ich in einen Raum eingeladen werde, der sehr gross ist und allen offensteht. Die Pfarrerin hat in die trinitarische Formel einige deutende Worte einfliessen lassen: «Ursprung und Ziel», «Hoffnung», «Trost», «Kraft». Das sind nicht unbedingt meine Worte, aber ich kann mich darauf einlassen. (Weggelassen hat sie die Worte «Vater» und «Sohn».)

Mit diesem ersten Satz hat sie die Steuerung des Fahrzeugs übernommen, ich lehne mich innerlich etwas zurück und beginne etwas wie Vertrauen (in die Reiseleitung) zu spüren.

Sie spricht Dialekt, unsere gemeinsame Alltagssprache. Alle im Dorf verstehen Mundart, auch die anwesenden Auswärtigen. (Wäre dies nicht der Fall, würde die Pfarrerin darauf Rücksicht nehmen.) In der Mundart erzählt man einander Banalitäten und auch die zartesten Herzensdinge. Diese Sprache ist nicht förmlich oder gepflegt, sie ist auch nicht abgehoben. Wir geben heutzutage wenig Acht auf unsere Mundart, wir übernehmen Wörter und Phrasen aus den Medien, aus dem Amtsdeutsch – und auch aus der Kirchensprache. Die Dialekte gleichen sich an, die Sprache ist im Fluss, wir reden heute alle eine Mischsprache.

Auch die Pfarrerin ist keine Dialektpuristin, aber sie weiss ihre Worte genau zu setzen, und sie scheint mit ihrer Gemeinde im Gespräch zu sein. Mir fällt ihre Sorgfalt auf, in dem, was sie sagt wie auch in dem, was sie weglässt.

In diesem ersten Satz fällt mir auch eine grammatikalische Eigenheit unseres Dialekts auf: Wir fügen sämtlichen Hauptwörtern Artikel bei, und ebenfalls sämtlichen Personen, aber es gibt zwei Ausnahmen: Gott und Jesus. Da lassen wir den Artikel konsequent weg. Ist Gott ein Name? Ist Gott eine Person? Die Stellung von Gott und Jesus im Dialekt fasziniert mich, da ist etwas Sperriges, eine Schwelle. Ich erinnere mich jetzt, dass mich diese sprachliche Schwelle schon als Kind verlegen machte, mich ins Stolpern brachte, mich auch hinderte, von Gott zu sprechen. Gott ist nicht niederschwellig, das nahm ich mit der Mundart auf. Er ist auch nicht verfügbar. Unsere Ahnen haben da etwas Wichtiges in Sprache gefasst.

Ich folge weiter dem Text, der das Lebensbild von Martha entwirft: Familie, Liebe, Sorge und Arbeit auf einem Bauernhof über 53 Jahre. Ihr Garten. Glückliche und auch unglückliche Jahre. Die reformierten Beerdigungsriten mögen karg sein, aber das Leben der Verstorbenen wird ausführlich gewürdigt. Um Loben und Schönreden sollte es dabei nie gehen, aber die Nähe und Vertrautheit, die jetzt in der Rede der Pfarrerin spürbar wird, ist rar. Hier spricht eine erfahrene Seelsorgerin, und mir wird klar, dass sie die Verstorbene und ihre Angehörigen nicht nur bei der Trauerfeier begleitet, sondern dass die gemeinsame Reise schon Jahre dauert und mit diesem Gottesdienst nicht enden wird. Die Wärme ihrer Worte schliesst die versammelte Gemeinde mit ein.

Meine Zeit steht in deinen Händen …
Unter diesem bekannten Text aus dem 31. Psalm betrachtet nun die Pfarrerin die «Erdenzeit» von Martha. Das Bibelwort spricht sie auf Hochdeutsch, wie es viele Menschen im Ohr haben. Sie legt es nicht aus, sondern lässt es auf andere Art lebendig werden: durch Wiederholung. Fünfmal zitiert sie es im Lauf ihrer Betrachtung von Marthas Lebenslauf und legt so einen Rhythmus über diese Lebensgeschichte. Die Wirkung ist kontemplativ; das Wort sinkt ein.

Sie spricht das deutlich aus, was niemand gerne hört (auch ich nicht): Trauer und Verlust, viele Tränen, eine schlimme Krebsdiagnose, Bitterkeit, Verzweiflung.

Martha litt zeitweilig am Leben, für ihre Nächsten war das belastend. Viele im Dorf wissen das, und es muss hier nochmals zur Sprache kommen. Sonst bleibt es hängen.

Anderseits bleibt in dieser Rede Manches ungesagt und erhält genau dadurch eine starke Präsenz. Wenn von der «Erdenzeit», von «meiner Zeit» die Rede ist, höre ich das, was nicht gesagt wird, deutlicher: Es gibt eine andere Zeit, über die ich nicht verfüge.

Mir gefällt, dass diese Pfarrerin wenig erklärt und dass sie nichts beschönigt, dass sie leere Behauptungen vermeidet. Sie traut ihrer Gemeinde viel zu, scheint mir.

Martha, die ich nie gekannt habe, wird lebendig vor mir. Ihr Leben ist nach dem Tod ihres Mannes und wenig später ihrer Tochter zerbrochen, sie hadert, sie leidet, sie lehnt sich auf. Sie «liege im Clinch mit dem da oben», sagt sie der Seelsorgerin. Diese nimmt die Aussage ohne Vorbehalt an.

Marthas Geschichte nimmt nochmals eine Wendung. Gegen Ende ihres Lebens legt sich der innere Aufruhr; dankbar für die Liebe und Fürsorge ihrer Nächsten, geniesst sie ihre letzten irdischen Freuden. Rasch nehmen ihre Kräfte ab, der Tod kommt unerwartet schnell und wird ihr leicht. An ihrem letzten Tag – es ist der Geburtstag ihrer verstorbenen Tochter – geht im Sterbezimmer dieser alten Gärtnerin eine Blüte auf, die erste Winterblüte an einem Zweig mit bisher verschlossenen Knospen – für die Pfarrerin ein Zeichen der Verwandlung.

Ich gehe nochmals durch den Text, und jetzt fällt mir erst auf, mit welcher Leichtigkeit und Selbstverständlichkeit die Pfarrerin während des Gottesdienstes das Gegenüber immer wieder wechselt: Bald spricht sie die Gemeinde an, bald Gott (im Gebet), bald die Trauerfamilie. Sie wechselt hin und her, sie redet mit allen Seiten: per Du, per Sie, per Ihr, per Wir.

Warum erinnert sie mich jetzt an einen Schamanen, den ich vor vielen Jahren in Kalimantan traf? Der katholische Priester des Dorfes hatte mich zu ihm gebracht. Hinter seiner Hütte sass der Mann am Boden, vor einem Steinkreis, und begann mit uns ein Gespräch über die Ursachen von Krankheiten. Zwischen der unsichtbaren Welt, der Natur und den Menschen hin und her zu übersetzen und zu vermitteln, das war sein Job im Dorf. Wer einen solchen Job innehat, muss ein feines Ohr haben und allen Seiten gut zuhören. Der Indonesier war der erste Schamane, den ich persönlich kennenlernte, und an ihm begriff ich, dass er kein Priester war und kein «Medizinmann», obwohl er auch mit Riten und Heilkräutern umging.

Seine Kernkompetenz aber war die Kommunikation. Viele Probleme in der Gemeinschaft löste er und manche Krankheit heilte er durch gute Kommunikation. Mir kam es vor, dass er Fäden zwischen den Welten spannte und sie verwob. Er war ein glaubwürdiger Vermittler, und man vertraute ihm.

G-Wort

Claudia Kohli Reichenbach und Ralph Kunz im Gespräch mit Andreas Mauz

Wie können wir von Gott sprechen? Sind die Worte «Gott» bzw. «Christus» in der Tat «zu einer Art hochrangiger Verschlussformel geworden [...], bei deren Benutzung die Jalousien regelmässig heruntergehen»[4], wie Matthias Kroeger einmal behauptete. Ist das G-Wort tabu, vergewaltigt es gar? Wir diskutieren über unsere Erfahrungen im privaten Umfeld und darüber, was passiert, wenn ich sage, ich sei Theologin, Theologe. Wir alle haben unsere Geschichten mit Überraschungsmomenten, mit interessierten Rückfragen, tiefgreifenden Diskussionen. «Gleichzeitig sind wir immer auch absturzgefährdet, wenn wir von Gott reden», fügt Claudia Kohli an. Wir landen im Gespräch bei Karl Barths Spitzensätzen vom Dilemma der Rede von Gott: «Wir sollen als Theologen von Gott reden. Wir sind aber Menschen und können als solche nicht von Gott reden. Wir sollen beides, *unser Sollen und unser Nicht-Können,* wissen, und eben damit Gott die Ehre geben.»[5]

Wie können wir von Gott sprechen? «Ich gönne mir das Wort Gott»[6], zitiert Andreas Mauz den Schriftsteller Andreas Maier. «Ich gönne mir das Wort! Ich will das Wort Gott verfügbar haben», erläutert Mauz. «Ich will nicht mit verdrehten Augen sagen, frühere Jahrhunderte hätten sich in pathologischer Weise auf ein höheres Wesen bezogen. Ich will es im aktiven Wortschatz haben. Auch weil ein Genussmoment damit verbunden ist.» Augustinus winkt uns bei diesem Gedanken von weitem zu.

---

[4] Matthias Kroeger, Im religiösen Umbruch der Welt: Der fällige Ruck in den Köpfen der Kirche, Stuttgart ²2005, 75.
[5] Karl Barth, Das Wort Gottes und die Theologie. Gesammelte Vorträge, München 1929, 158. (Vortrag von 1922, Das Wort Gottes als Aufgabe der Theologie).
[6] Andreas Meier in einem Interview mit der Wochenzeitschrift *Die ZEIT*. Das Zitat hat folgendem Buch den Titel gegeben: Georg Langenhorst, «Ich gönne mir das Wort Gott». Gott und Religion in der Literatur des 21. Jahrhunderts, Freiburg i. Br. 2009.

Menschen machen ihre Gebete öffentlich

Am Morgen[1]

Gott
gerade heute
an diesem frischen Tag
ist alles möglich
Freude
und Trauer
im Jetzt
ohne Begrenzung
durchs Gestern
und durchs Morgen
Amen

Heinz Schmid, 1955, Theaterpädagoge und Laienprediger, Rombach

Erwarten[2]

Ich bin zu Hause
und doch ständig unterwegs

Ich bin wach
aber ich wache nicht

Ich bin nüchtern
und geh doch trunken durch den Tag

Ich bin auf Standby
aber nicht guter Hoffnung

---

[1] In: Sabine Brändlin (Hg.), glaubensstark. Männergebete aus dem Aargau, Zürich 2015, 18.
[2] A. a. O., 15.

Ich erwarte viel von mir und den anderen
aber dich, Gott, erwarte ich nicht

Nicht heute
habe so viel zu tun

Zum Glück gibst du nicht auf
und wartest
bis ich zu Hause bin

Amen

Heinz Schmid, 1955, Theaterpädagoge und Laienprediger, Rombach

Gebet einer Mutter[3]

An den Dreiweihern in St. Gallen

Ausatmen, hier. Und deine Nähe suchen.
Fern von Legobausteinen und Puppenkleidern.
Fern von Windeln, Wutanfällen und Wieso-Fragen.

Ruhig werden, jetzt. Und deine Stille hören.
Ohne Mami-Rufe.
Ohne Jammergeräusche und Trotzschreie.

Loslassen, nun. Und deine Vergebung suchen.

Für unkontrolliertes Zurückschreien.
Für geworfene Legosteine und unbeantwortete
Fragen.

So tief ist meine Liebe. So schwach sind meine
Nerven.
Ausatmen will ich. Ruhig werden. Loslassen.
Hier, jetzt und nun.

---

[3] Heinz M. Fäh / Carl Boetschi (Hg.), Wenn ich rufe. Das reformierte St. Galler Gebetbuch, Zürich 2017, 16.

Den Berg hinauf[4]

Schritt um Schritt den Berg hinauf,
im ersten Sonnenlicht.
Ich spüre mich, meinen Atem.

Ach, wie schön ist es hier!
Steinwild ist schon unterwegs.
Es fühlt sich beobachtet von mir.

Schritt um Schritt den Berg hinauf.
Mein Herz klopft, ich schwitze.
Kurze Rast, ein Schluck aus der Flasche.

Ich komme gut voran.
Der Horizont weitet sich.
Die Luft wird dünner.

Gott, wie schön ist es hier oben!
«Was ist der Mensch, dass du seiner gedenkst?» (Ps 8,5)
Sorgen des Alltags verblassen.

Ich danke dir für diese Auszeit!
Spüre wieder Kraft
für die kommende Zeit.

---

[4] A. a. O., 24.

Eingangsgebet im Gottesdienst (direkt nach der Lesung von Ps 23,5)

Gott sei Dank: Es ist Sonntag!
Die tätigen Hände – wir lassen sie ruhen.
und wir bitten Dich, guter Gott:
Besänftige unseren Sinn.
Die werktags fleckig gewordenen
Tischtücher in unseren Herzen
bleiche in Deiner
die Gedanken lichtenden Stimme,
auf dass die frisch gedeckten Tische
uns verzaubern
wie noch unbetretener Neuschnee.

Amen.

Beate Krethlow, Theologiestudentin

Fürbittegebet im Gottesdienst

Gott, für Menschen
beten wir, die noch nicht wissen,
ob sie heute überhaupt
ein Mittagessen kochen sollen,
weil sie allein zu Tisch sitzen,
und denken, es habe keinen Sinn
nur für eine Person zu kochen.
Jesus, wir bitten Dich: *Dort* sitze an den Tisch!
– Sei es durch überraschenden Besuch einer Enkelin
oder einen Sonnenstrahl, der auf die Tischdecke zündet
und ein Schattenspiel erstehen lässt.

Kurze Stille

Gott, für Menschen
beten wir, die noch nicht wissen,
ob sie heute überhaupt
etwas zu essen erübrigen können.
Jesus, wir bitten Dich: *Dort* decke den Tisch!

Mehre das Brot und mehre Menschen,
die nicht müde werden, dem Wunder
die Hand hinzuhalten.*

Kurze Stille

Gott, für Menschen
beten wir, die noch nicht wissen,
ob der Partner, Vater, Sohn
an Weihnachten überhaupt noch
kämpfen wird.
Jesus, wir bitten Dich: Dort stelle Tische auf!
Den ukrainischen wie den russischen Menschen
– Tische, an denen es «Feinde» nicht mehr gibt.

Kurze Stille

Gott, für Menschen
beten wir, die noch nicht wissen,
ob sie Weihnachten dieses Jahr
überhaupt noch mitfeiern mögen,
weil ihnen über dem Welttreiben
der Appetit längst vergangen ist,
die auch und gerade
in Gemeinschaft einsam sind.
Jesus, wir bitten Dich für die,
die nicht mehr durchhalten können:
Halte sie – durch und durch.

Kurze Stille

Und nicht zuletzt, Gott,
beten wir für die Spatzen,
Blaumeisen, Kleiber,
Zaunkönige, Rotkehlchen
und all die anderen Vögel,
die diesen Winter bei uns sind.
Jesus, wir bitten Dich:
Lass sie genug Futter finden!
Und stärke den Boden, das Wasser, die Luft

und alles, was darin – noch – kreucht und fleucht,
was nährt und aufblitzender Edelstein uns ist
im Vorbeiflug eines Eisvogels.

Amen.

Beate Krethlow, Theologiestudentin

*In Anlehnung an das Gedicht «Nicht müde werden» von Hilde Domin: «Nicht müde werden I sondern dem Wunder I leise I wie einem Vogel I die Hand hinhalten.»[5]

---

[5] Hilde Domin, Sämtliche Gedichte, hg. v. Nikola Herweg und Melanie Reinhold, Frankfurt a. M. ²2016, 142.

Menschen machen ihre Gebete öffentlich

Gott,
Liebende,
Grund des Seins und Quelle des Lebens:
Die Gedanken schwirren noch herum
wie aufgescheuchte Vögel,
doch langsam finden sie Ruhe;
finden zusammen
wir auch wir zusammengekommen sind
aus allen Richtungen.
Wir kommen wie wir sind
und mit dem, was wir haben
in der Hoffnung, dass es genug ist.
Und es reicht Dir, Gott,
mit einem Lächeln schaust Du auf uns hinab,
schaust Du uns von der Seite an,
heisst uns willkommen
Unsere aufgewühlten Herzen
kommen langsam zur Ruhe,
Dank und Lob steigt an unsere Lippen,
für Klage soll auch Raum sein,
der ganze Mensch ist willkommen bei dir:
der Gottesdienst kann beginnen.
Amen.

Ari Lee, Theologiestudent (www.arilee.org)

Sie schicken mir Fäuste, ich küsse sie*

Wir werden getötet den ganzen Tag;
wir sind geachtet wie Schlachtschafe

mit Pfefferspray in der Tasche
von morgens bis abends
geht das Schlachtschaf durch die Welt
nicht mehr still und leise
sich zur Wehr setzen ist keine Option
sondern ein Muss

Mein Zelt möchte ich aufschlagen
in einer anderen Dimension
voll Licht und Wärme
nur für einen Augenblick
Den Blick wagen auf eine Anderswelt
die noch nicht ist
aber im Werden ist
die in den Geburtswehen steckt
in permanenter Verspätung

Und doch ist im Hier und Jetzt
Wo dieses Licht Funken schlägt
ein Funke aus dem noch-nicht da
der trotzigen Trost und Hoffnung bringt
um erhobenen Hauptes weiterzudrängen
und sich die Wunden zu lecken

Wir werden getötet den ganzen Tag;
wir sind geachtet wie Schlachtschafe –
und stehen doch wieder auf.

Ari Lee, Theologiestudent (www.arilee.org)

*Diese Zeile habe ich mir für meinen Titel von Kim de l'Horizon geborgt (vgl. www.nzz.ch/feuilleton/kim-de-lhorizon-ueli-maurer-geht-auf-gespraechsangebot-nicht-ein-ld.1708280 [19.03.2024]).

Gott des Lebens[6]

Der Du die Welt und die Menschheit durch Deinen Sohn versöhnt hast, Erbarme Dich Deiner Geschöpfe, die weiterhin Krieg und Tod verbreiten. Wieder wird die Zivilbevölkerung als Geisel genommen und zum direkten Opfer des Machthungers einiger weniger,
Erbarme Dich unser.

Beschütze Dein Volk, wo immer es sich befindet, lass hier und dort die Stimme Deiner Kirche erheben, damit dieser Wahnsinn und diese Verblendung aufhören. Gib uns allen die Kraft und den Mut, nicht in Hass, Ungerechtigkeit und Gewalt zu verfallen. Bewahre uns davor, oberflächlich zu urteilen, lass uns solidarisch mit den Opfern sein.
Gib uns die Kraft, in der Wahrheit Deines Friedens zu leben.

Wir bitten Dich für die Menschen in Russland und in der Ukraine, für deren Regierende, für die Gläubigen und Verantwortlichen ihrer Kirchen und Religionsgemeinschaften. Stärke ihre Solidarität und Grossherzigkeit.
Wir bitten Dich für unsere Regierungen in Europa und in der Welt, damit sie alles daran setzen, diese Aggression zu beenden.
Festige das Band des Friedens und der Achtung zwischen den Christinnen und Christen. Schütze sie vor Vorurteilen, Manipulationen und Instrumentalisierung.
Gib ihnen Deinen Frieden,
Gott, wir bitten Dich, schütze Dein Volk in der Ukraine und in Russland.

Im Namen Christi,
Amen

---

[6] Evangelisch-reformierte Kirche Schweiz, Gebet vom 23. Februar 2022, www.evref.ch/dreieiniger-gott/ (01.11.2023).

Die Satirikerin Patti Basler liest mit

Als Kind kannte ich Kühe, Katzen, Katholizismus. Ultramontan und universell waren die Gebete, die mir Grossmutter beibrachte. Auswendig gelernt, *by heart*, *par coeur*, wie man es in Fremdsprachen ausdrückt. Wirklich ins Herz gingen sie selten. Herzlich daran war das ritualisierte Beisammensein, dieses überwältigende Gemeinschaftsgefühl, wenn die ganze Kirchgemeinde das Vaterunser und Ave Maria betete. Gebete waren für mich wie Lieder, es gab eine Hitparade: Am liebsten mochte ich «Jesuskindlein komm zu mir, mach ein frommes Kind aus mir», als würde ich ein kleines Geschwisterchen mit Superkräften erbitten. Die transzendente Hoffnung auf ein Paradies schwang immer mit, wenn man im Diesseits nur fromm genug war. Das muntere «Am Morgen» von Heinz Schmid hätte da nicht gepasst, ein Carpe diem für Christen, ein konfessioneller Kalenderspruch, wie jene auf Instagram und anderen Internet-Portalen, wo um Gefolgschaft gebuhlt wird. Die kurzfristige Followerzahl ist dort oft wichtiger als der Inhalt. Jesus hatte zwar nur zwölf Follower und wurde dennoch einer der wichtigsten Influencer der Geschichte.

Auch das gar zuversichtliche «Erwarten», dass Gott sich der Seele schon annehmen werde, wenn sie nach Hause zu ihm komme, passte nicht zum Katholizismus meiner Kindheit. Das rituelle Gebet verhinderte zwar das Vergessen von Gott, ermöglichte aber keinen individuellen Bezug. Selbst das Beichten war ein Ritual, der Beichtstuhl ein Märchenkabinett, in welchem Kinder jedes Mal dieselben erfundenen Sünden zum Besten gaben. Um danach Absolution zu erlangen durch das Beten von Rosenkränzen.

Die älteren Frauen beteten freiwillig Rosenkränze, mehr *machinalement* als *par coeur*, obwohl dies Synonyme sind. Aus psychologischer Sicht handelt es sich um eine Art Meditation, wie man sie in vielen Konfessionen kennt. Versinken im Gebet mithilfe von hinduistischen Perlenschnüren, islamischen Gebetsketten, buddhistischen Gebetsmühlen. Meditation. Oder Me-Time. Für Menschen wie meine Grossmutter. Frauen, die in ihren starren Geschlechter-Zuschreibungen und Erwartungen verhaftet waren, Frauen, von denen Aufopferung erwartet wurde, Opferlämmer, Schlachtschafe, so dass sie nur im Gebet zu sich finden durften. Selbst hier beteten sie um Vergebung, wie auch wir vergeben unseren Schuldigern, Heilige Maria, bitt für uns Sünder.

Heute ist selbst das «Gebet einer Mutter» mit Schuld behaftet. Die Me-Time, das Meditieren ohne Kindergeschrei darf offenbar nicht zum Selbstzweck werden.

Nebst Vergebung für die pädagogischen Sünden wird Stärkung der Nerven erhofft. Der Wille ist stark, das Fleisch ist schwach. Stark wie Stahlseile bleiben die Bande der Mutterliebe. Und die Drähte des unsichtbaren Gittergeflechts, das die Mutter in der ihr zugedachten Rolle festzuhalten scheint. Sie bittet nicht um Kita-Plätze, nicht um einen erfüllenden Beruf oder einen präsenten Kindsvater. Das Beten ist ein individueller Dialog mit Gott, fast pietistisch wie bei Johanna Spyris *Heidi,* ein sich Fügen, und ein Erbitten der Stärke, um die Rolle auszufüllen. Auch Heidi schreitet nach seinem symbolischen Tod in der Stadt wieder den Berg hinauf und dankt bei dieser Auferstehung Gott, als schritte es direkt in den Himmel. Das Gebet «Den Berg hinauf» könnte wörtlich in diesem berühmtesten Schweizer Kinderbuch stehen.

Den Wunsch nach gesellschaftlicher Veränderung sucht man in Spyris Geschichten und Gebeten selten. Selbst in einem heutigen, gesellschaftskritisch anmutenden «Eingangsgebet» sucht man vergebens nach einem lauten sozialen Aufschrei. Das Einfordern der Auszeit, Gott sei Dank, es ist Sonntag, haben wir an die Gewerkschaften ausgelagert. Oder an Gott. Wir erbitten Gesellschaft am Tisch der Einsamen, obwohl wir selbst die Gesellschaft sein könnten. Wir bitten für die Vögel, obwohl wir selber die Natur und das Klima retten können. Dort aber halten wir es lieber mit dem Katholizismus und erkaufen uns den Ablass in Form von nutzlosen CO_2-Zertifikaten. Wir bitten für den Kleiber, statt für die Klimakleber. Denn jeder Störenfried erscheint uns als Persona non Greta. Gott bleibt allein «Grund und Quelle des Lebens».

Nur bei Kim de l'Horizon findet sich ein kategorischer Imperativ, der tiefer geht als Kalendersprüche oder Spyri-Geschichten. Messianisch die Faust küssend, den Feind liebend, die andere Wange hinhaltend, im Wissen, welches mir meine Grossmutter schon vorbetete: «Nicht alles was sich reimt ist ein Gedicht, nicht alles was zwei Backen hat, ist ein Gesicht.» Die Hinterteile der Gesellschaft, Schlächter und Metzgerinnen, sie werden nicht benannt. Doch die Anklage steht im Raum. Direkt neben der Hoffnung, welche ironischerweise keine jenseitige, transzendente ist, sondern eine Hoffnung im tiefen cis, im Diesseits. War nicht Jesus eigentlich die erste Trans-Person, ein Gott im Körper eines Menschen? Geschlechtslos oder zumindest asexuell?

Im gesellschaftlichen Kontext müsste vielleicht der Begriff «Gebet» ohnehin neu interpretiert werden.

Gott, «Gebet!» als Befehl zu lesen
Gebet, ihr alle, Respekt, jedem Wesen

Gebet den Armen, was wir ihnen genommen
Gebet der Natur zurück, was wir von ihr bekommen
Das Konzept des Gebens, Gott, das kennst du genau
Ich bitte dich darum, von Frau zu Frau
Amen

Abziehbilder

Claudia Kohli Reichenbach und Ralph Kunz im Gespräch mit Andreas Mauz

Im Gespräch mit Andreas Mauz stellen wir fest: In Repliken auf Predigten bzw. Gebete werden Blickpunkte bisweilen sehr zugespitzt aufgegriffen, nämlich so, dass sie leichter angreifbar sind. In der Rhetorik nennt man diese Art der Argumentation Strohmann-Trugschluss, *straw man fallacy*. «Selektive Zitate ohne Kontext werden da zum Sprungbrett für die eigene Gegenposition, die referierte Predigt wird zum Abziehbild der faktisch vorgetragenen», analysiert Andreas Mauz. Konstruktive und faire Kritik verlangt aber, dass dies vermieden wird. «Ich bin ein grosser Freund von scharfer Kritik», erläutert Mauz. Gerade hier zeige sich: Es steht etwas auf dem Spiel; es kommt darauf an, ob man es so oder anders sieht, so oder anders macht. «Daher müssen wir Kritik üben, wir müssen sie aus- und einüben. Das Einüben betrifft zuerst und vor allem das Annehmen von Kritik. Es betrifft aber auch unsere Kritik an Anderen: Je schärfer ich jemand kritisiere, desto genauer muss ich seine Position erfassen und auch ihre Stärken betonen. Ich bin in der Pflicht, zuerst ganz beim Anderen zu sein und nachzubuchstabieren, was er meint. Aber das macht Arbeit, und es macht unter Umständen die Abgrenzung schwieriger. Es ist einfacher, ein Abziehbild zu zeichnen, von dem man sich leicht distanzieren kann.»

Von vornherein auf Abgrenzung zu gehen ist ein Thema, dem auf anderer Ebene auch der Beitrag von Markus Dütschler gilt. Die Schuhputzmaschine am Eingang eines kirchlichen Gebäudes wird in einem journalistischen Beitrag symbolisch maximal stark aufgeladen. Die fachlichen Bemühungen um die Klärung eines Konflikts werden nicht mehr differenziert dargestellt; in der Argumentationslinie bleibt nur noch der Dreck hängen.

Kirchliche Akteur:innen kennen die Herausforderung. Oft müssen sie sich zuerst diverser Abziehbilder entledigen, bevor sie sich im Hier und Jetzt zu Wort melden können. Neulich betrat Claudia Kohli als Pfarrerin die Wohnung einer Trauerfamilie. Noch ehe sie einen ersten ganzen Satz aussprechen konnte, machte ihr die Familie klar: Sie habe in der Trauerfeier nur eine Statist:innenrolle einzunehmen. Sie mögen keinen kirchlichen Staub, deklarierten sie, darum: bitte keine Lieder und langen Gebete, keine ausführliche Predigt. Zum Glück macht es Freude,

Abziehbilder zu entfernen. Nicht selten lassen sie sich leicht von der Oberfläche ablösen.

Gesungene Sprache
Der Altphilologe Theo Wirth und der Kirchenlied-Dichter Georg Schmid schreiben sich Briefe

Lieber Georg

Die drei Lieder, zu denen ich einige Gedanken vorlegen möchte, heissen: «Trotzdem glauben – trotzdem singen» (1), «Glaube muss dir nicht gelingen» (2) und «Praktisch glauben» (3), zu den letzten beiden nur kurz.[1]

---

[1] Georg Schmid / Klaus Schöbel, trotzdem glauben – trotzdem singen. 31 Songs und Lieder für Gemeinde, Chor und Einzelstimmen nach Texten von Georg Schmid, München 2022, 4, 26 u. 32 © Strube Verlag (für die vorliegende Publikation wurde der Text von «Praktisch glauben» stark überarbeitet).

1. Trotzdem glauben – trotzdem singen

1
Wüsten wachsen, Arten sterben,
Meere steigen, Menschen flieh'n.
Aus Gefahren kriecht Verderben.
Leben ist nur ausgelieh'n.
Kalte Endzeitperspektive
sieht nur Zufall und Zerfall.
Gott? Ein Balsam für Naive.
Erde wird zum Nichts im All.

Refrain
Trotzdem glauben, trotzdem singen.
Nicht nur sehen, was wir seh'n.
Schaffen, hoffen, lieben, ringen.
Unsre Welt kann uns misslingen.
Deine wird nicht untergeh'n.

2
Seuchen wüten, Sitte serbelt.
Jeder gibt dem andern Schuld.
Mythen blüh'n und Logik scherbelt,
Hirngespinste werden Kult.
Eigennutz – die letzte Losung,
wenn das grosse Ende naht.
Und als einzige Liebkosung
Ironie, senil und fad.

Refrain
Trotzdem glauben, trotzdem singen.
Nicht nur sehen, was wir seh'n.
Schaffen, hoffen, lieben, ringen.
Unsre Welt kann uns misslingen.
Deine wird nicht untergeh'n.

3
Weltverabschiedungsgesänge
schildern nur, was jetzt geschieht.
Jenseits aller Untergänge
schenkt uns Gott ein neues Lied.

Refrain
Schaffen, hoffen, lieben, ringen.
Unsre Welt kann uns misslingen.
Deine wird nicht untergeh'n.

Formal, in metrischer Hinsicht, hast du das Lied (1) recht komplex aufgebaut; die Strophen 1 und 2 bestehen viermal aus dem Grundelement x́x x́x x́x x́x (a) und seiner verkürzten Wiederholung x́x x́x x́x x́ (b), also viermal a+b; der Refrain bringt zunächst a+b, dann aber wird variiert und es erscheint, überraschend, a+a+b: Der letzte Teil des Refrains und damit der Strophe fällt also aus dem Rahmen, wird speziell betont. Strophe 3 ist verkürzt und bringt nur zweimal a+b; die 3. Strophe fällt also ihrerseits aus dem Rahmen, ist betont. – Die beiden Grundelemente a und (verkürzt) b sind sogenannte trochäische Dimeter und als solche ebenfalls in zwei Teile teilbar, in zwei trochäische Metren: x́x x́x / x́x x́x. Diese Aufspaltung machst du dir intensiv zunutze, formal und inhaltlich (s. u.):

Eng mit den metrischen Formen verbindest du auffällige sprachlich-formale Mittel, etwa Alliterationen. Zwei Beispiele: «W̱üsten w̱achsen» oder «S̱euchen wüten, S̱itte s̱erbelt». Sehr auffallend sind auch mehrere Parallelismen vom Typ «Wüsten wachsen, Arten sterben» (zweimal x́x x́x, also = a), die jeweils aus (stets zweisilbigem) Substantiv sowie Verb bestehen und ein Metrum ausfüllen; sie erzielen ein hartes Staccato von Kürzestsätzen. Dass sich solche Alliterationen und Parallelismen nur in Strophe 1 und 2, nicht aber in 3 finden, passt zur Besonderheit der Strophe 3. In deren Anfang fällt dann umso mehr das ellenlange Einzelwort «Weltverabschiedungsgesänge» auf, als Gegensatz, das mit seinen acht Silben allein einen ganzen Dimeter des Typs a ausfüllt.

Inhaltlich: Wenn man auf diesem Hintergrund deine Inhalte auf sich wirken lässt, spürt man sogleich, wie hier Form und Aussage eins sind. Die Strophen 1 und 2 werfen in eindringlichster Weise die heutigen Krisen den Singenden vor die Augen; Strophe 1 ist noch extremer, mit den vier z. T. alliterierenden Staccatos moderner Katastrophen in den viersilbigen Parallelismen fahren schon ganz zu Anfang vier heftige Schläge in Form der Kürzestsätze nieder, beginnend mit «Wüsten wachsen, Arten sterben». Variiert werden sie durch doppelt so lang formulierte weitere Schrecken, die am Ende beider Strophen in die grosse Endzeitkatastrophe, wie sie die Kosmologie uns in Aussicht stellt, ausklingen: «Kalte Endzeitperspektive sieht nur Zufall und Zerfall»: Meisterlich, wie du in zwei alliterierenden und beinahe lautgleichen Zweisilblern die ganze Evolution und deren kosmisches Ende in eins zusammenziehst, in unüberbietbarer Knappheit. Strophe 2 endet, bevor die auch inhaltlich ganz andere Strophe 3 beginnt, aufsteigend und hinüberführend, mit dem einzigen Lichtblick – der aber nur ein scheinbarer ist: «Und als einzige Liebkosung: Ironie, senil und fad.» Diese Stelle scheint mir jedoch nicht geglückt: Warum solche Ironie senil und fad sein muss, ist mir unerfindlich, und neben Ironie gibt es noch ganz andere Möglichkeiten einer eigenen Haltung und Anschauung.

Zu den beiden Strophen gehört ein zweiteiliger Refrain. Er beginnt wie die Strophen mit einem viersilbigen Parallelismus – aber mit was für einem Inhalt! Mit dem titelgebenden «Trotzdem glauben – trotzdem singen» formulierst du den schärfsten Gegensatz zum bewusst hochgesteigerten Katastrophenszenario. Der zweite Teil des Refrains führt über in einen positiven Rat zur Lebensführung «trotz allem» angesichts von Gottes ewiger Welt.

Die Strophe 3 – wohl nicht zufällig arbeitest du mit der Dreizahl – zeigt schon mit ihrer veränderten Form an, dass das zweifache Negativum bzw. Positivum verlassen wird, das belegt ja auch deine einleitende Wortschöpfung «Weltverabschiedungsgesänge», die das Gegenteil der bisherigen kurzatmigen Staccatosätze bildet. Das Lied klingt nun endgültig ins Gute aus, in das neue Lied, das Gott uns schenkt, und deshalb beginnt der Refrain nicht mehr mit dem trotzigen «Trotzdem», sondern mit «Schaffen, hoffen, lieben, ringen.»

Im Vorwort des zuletzt erschienenen Heftes hast du geschrieben: «Biblische Poesie erlebt und besingt Wandlung, unüberhörbar z. B. in den sog. Klagepsalmen, die verzweifelnd ansetzen und lobend enden. [...] Schenken auch unsere Lieder dieser Erfahrung noch Worte und Klang?»[2] Das tut dein Lied.

Für mich ist dieses Lied eine formal und inhaltlich geglückte zeitgenössische Entfaltung des altchristlichen Grundthemas *credo, quia absurdum* und es steht damit in einem zentralen christlichen Kontext. Allerdings kann ich nicht verhehlen, dass «trotzdem» glauben und singen inhaltslos bleibt und einen mit einem etwas schalen Geschmack einsam zurücklässt. Daher möchte ich noch einen Blick auf das Lied (2) und (3) werfen.

---

[2] A. a. O., 2.

Gesungene Sprache

Glaube muss dir nicht gelingen
(Pfingsten 2020)

T/M: Georg Schmid / Klaus Schöbel

2. Glaube muss dir nicht gelingen

(Pfingsten 2020)

Übervoll mit Kram und Krempel
planst du dies, erwägst du das.
Wie wird je dein Geist ein Tempel
für des Himmels Übermass.

Schaffe Raum in deiner Hütte,
wirf den Trödel kühn hinaus.
Alles Kümmerliche schütte
unbekümmert vor dein Haus.

Glaube muss dir nicht gelingen.
Meide nur, was schräg und schrill.
Gottes Geist musst du nicht zwingen.
Er erfüllt, was leer und still.

Lied (2) bringt mich hier zwei Schritte weiter. Das trotzig-harte «Trotzdem glauben» wird zu einem «Glaube muss dir nicht gelingen», tröstlich und menschlich-verständnisvoll. Du reduzierst die Inhaltslosigkeit des Wortes «Glaube» von (1) zudem mit dem Rat, allen «Kram und Krempel» (Alliteration) wegzuwerfen, «alles Kümmerliche [...] unbekümmert» (Wortspiel) vor das Haus zu schütten und einen mutigen Neuanfang im Zeichen von Pfingsten zu wagen.

Doch es sei gesagt: Lied (2) steht in einem Gegensatz zu Lied (1), weil dessen nicht zu bestreitende alternativlose Aufforderung plötzlich «fakultativ» wird.

Praktisch Glauben

Gesungene Sprache

3. Praktisch glauben

Gelobt sei Gott, der nackte Neugier meidet,
der meinen Fragen gute Grenzen setzt,
der seine Macht in sein Geheimnis kleidet
und seine Einsicht nie mit mir vernetzt.

Das Leben, wie es ist, stellt viele Fragen:
ob denn ein guter Gott die Welt regiert,
und ob die Liebe, die wir gläubig wagen,
sich nicht in Oberflächlichkeit verliert.

Hat Jesu Botschaft schon die Welt verwandelt?
Wir hör'n sie bald zwei Tausend Jahre schon.
Wenn jeder hört und hört und niemand handelt,
wird starke Botschaft laue Diskussion.

Das lange Rätseln ist nicht meine Sache.
Der Sinn des Weges zeigt sich dem, der geht.
Und Leben ist zuletzt, was ich draus mache,
und Glaube Fleiss und Liebe und Gebet.

Gelobt sei Gott, der nackte Neugier meidet,
der meinen Fragen gute Grenzen setzt,
der seine Macht in sein Geheimnis kleidet
und seine Einsicht nie mit mir vernetzt.

Lied (3), «Gelobt sei Gott»: Ein Zitat, Beginn von Lied 160 des Gesangbuchs der ev.-ref. Kirchen der deutschsprachigen Schweiz, lässt auch dieses Lied beginnen, aber hernach kommt ganz anderes zur Sprache (Formales lasse ich hier weg; strukturalistische Betrachtung ergäbe einiges.): Gott, der sich nicht zeigt und «meinen Fragen gute Grenzen setzt», eine überraschende Wendung, die üblicherweise nicht positiv lautet. Doch auch du formulierst in der 2. Strophe eine der vielen Lebensfragen, «ob denn ein guter Gott die Welt regiert». Aber «Rätseln ist nicht meine Sache. [...] Leben ist zuletzt, was ich draus mache, und Glaube (ist) Fleiss und Liebe und Gebet.» Damit wird der Liedtitel «Praktisch glauben» fassbar und so auch der Sinn von Glauben, wie du ihn siehst, für mich in diesem Lied deutlich. Es geht nicht um hochgestochene Definitionen von Glauben, die hilflos bleiben, sondern um ganz praktisch-alltägliche Hinweise, die helfen: Lebe, geh deinen Weg, mit einem Glauben, der «Fleiss und Liebe und Gebet» ist – dass ein guter Gott da ist, ist selbstverständliche Voraussetzung.

Überrascht hat mich zunächst, warum für dich auch Fleiss zum Glauben gehört und nicht zu dem, was du vorher sagst, zum Gehen des Weges und zum Leben. Doch es hat seinen guten Sinn; mir kam sehr rasch das Kirchenlied 322 vor Augen: «Wir wolln uns gerne wagen [...], der Ruhe abzusagen, die's Tun vergisst [...] und unsre Steine tragen aufs Baugerüst.» Dieser Gedanke, dass wir (endlich) handeln müssen, findet sich etwas früher auch in deinem Lied.

So schliesst sich für mich ein Kreis, vom Ende des dritten zum Anfang des ersten Lieds, die Inhaltslosigkeit des Wortes «Glaube» füllt sich: Tun, Liebe, Gebet – ganz einfach, unprätentiös, «lebensfähig»; und ob auf diese Weise Glaube gelingt, ist im Sinne von Lied (2) nicht einmal so wichtig.
Theo

Lieber Theo,

herzlichsten Dank für Deine präzisen Beobachtungen und für Deinen luziden Kommentar. Du erkennst im ersten Lied das altchristliche *credo, quia absurdum* und in den letzten einen gerne akzeptierten Verzicht auf theologische Spekulation zugunsten der nötigen Aktion und einen beinahe fakultativen Glauben. Beides trifft den Nagel auf den Kopf. Und beides verbindet sich in einer eigenartigen «Logik des Glaubens», wie wir es nennen könnten. Der Beobachter apokalyptischer Szenarien – in der Ukraine befehligt die russischen Truppen im Moment (Oktober 2022) ein «General Harmageddon» – muss entweder Visionär sein, der wie der Seher Johannes im letzten Buch der Bibel das absurde irdische Geschehen mit dem himmlischen Plan verbinden kann («Nicht nur sehen, was wir sehen»), oder er muss in äusserster theologischer Bescheidenheit den Sinn des absurden Weltgeschehens dem Himmel überlassen. Den kühnen Visionären folgen oder auf jeden Blick in die ewige

Welt respektvoll verzichten, beides kann uns helfen, in apokalyptisch eingefärbten Zeiten die innere Ruhe und den klaren Verstand nicht zu verlieren und das vielleicht nur Wenige, aber jetzt noch Mögliche und Nötige zu tun.
Herzlich
Georg

Lieber Georg,

es freut mich, dass Du Dich in meinem Text «wiedererkennst». Ich möchte gerne noch zwei Dinge anfügen:

Von einem «beinahe fakultativen Glauben» wollte ich nicht sprechen, sondern von einem beinahe fakultativen *Gelingen* des Glaubens, gemäss Lied (2). Das ist ja doch etwas sehr anderes.

Dein Ausdruck «eigenartige Logik des Glaubens» scheint mir sehr treffend. Es ist für mich nichts anderes als wiederum das *credo, quia absurdum;* ein auf Gott hoffender Mensch kann sich wohl nur dank dieser Logik das heutige Geschehen irgendwie fassbar machen «und das vielleicht nur Wenige, aber jetzt noch Mögliche und Nötige [...] tun.» Wobei ich in Deinem Sinn das Wort «tun» am liebsten gross schreiben möchte, denn hier liegt für uns beide das Wichtige. «Fleiss und Liebe und Gebet».
Theo

Ausserhalb der Kirchenmauern

Beiträge aus dem RefLab

Die Kunsthistorikerin und Kulturjournalistin Johanna di Blasi schreibt:

Ein Lob der Schwäche[1]
Auf RefLab publiziert am 27. Februar 2023

Was heute eher belächelt oder gar totgesagt wird, könnte morgen angesagt sein. Wir lassen uns nicht beirren und bloggen über Begriffe, in denen sich gesunde Trotzkräfte verstecken.

Ich bin wieder schwach geworden: habe genascht; habe mich wieder nicht beherrscht; habe nicht abgewartet, bis mein Gegenüber ausgeredet hatte (wieso quasselt der oder die so redundant?); habe wieder «stretcher things» geschwänzt (internes Fitnessprogramm von RefLab & Fokus Theologie); hab ein Wurstsandwich gegessen; habe mich der Angst (die laut Janna ein «Arschloch» ist) überlassen oder dem selbstschwächenden Hirnkino. Das alles ist nicht schön. Und trotzdem ist es o. k., schwach zu sein.

Schwachsein ist o. k.

«Es ist o. k., dass ich schwach bin»: diese Einsicht ist mir als eine Art Eingebung bei einem Aufenthalt in einer psychosomatischen Klinik gekommen. Der Satz passte so gar nicht zum neoliberalen Mantra von Managern, denen ich damals unterstellt war. Sicherlich hatte jemand, ein Arzt oder ein Patient, etwas ähnliches gesagt. Aber es reicht ja meist nicht, dass jemand etwas Tiefes sagt, sondern man muss es auch tief fühlen.

---

[1] www.reflab.ch/ein-lob-der-schwaeche/ (01.11.2023).

«Es ist o. k., dass ich schwach bin.» Einfach so, ohne Kontext, wirkt diese Aussage freilich auf eine schwache Weise schwach, kaum interessant oder einfach blöd.

Stark wurde sie für mich in dem Moment, als mir einleuchtete, dass ich genau aus meiner Schwäche meine Stärke beziehen kann; und zwar durch mein Menschsein, zu dem Schwäche, Fragilität und Sterblichkeit gehören. Wir sind nun einmal «fragile little humans» («Twilight») – und ich will immer noch mehr Mensch sein und werden.

Wo ich schwach bin, liegt mein Gold vergraben

Ich versuche seither also ganz bewusst dort anzusetzen, wo meine Schwächen sind. Nicht, um mir als eine Art Manager meiner selbst ein noch härteres Optimierungsprogramm aufzuerlegen, als es meine damaligen Vorgesetzten in der Medienbranche versuchten. Sondern um noch mehr ich selbst und Mensch zu sein und zu werden. (Das ist auch das Mantra meines spirituellen Lehrers Niklaus Brantschen, den ich damals aber noch nicht kannte.)

Das spannende an der Übung ist: Man wird richtig neugierig auf seine Schwächen und erkennt darin mit Freude Potenziale zur Persönlichkeitsentfaltung; Entfaltung, wie viel schöner klingt das als «Optimierung», klingt nach Blüte, Märzenbecher, Mai und Schmetterling!

Was ist Ihre grösste Schwäche?

In Jobinterviews wird zwar stereotyp abgefragt: «Was ist Ihre grösste Schwäche?», aber weder gibt man seine tatsächlich grösste Schwäche in solchen Kontexten preis noch möchte sie jemand hören. Ratgeber empfehlen, eine Schwäche zu nennen, die in eine Stärke umgewandelt werden kann.

Tatsächliche Schwäche dagegen gehört in unserer Kultur zu den besonders verpönten, verschwiegenen und versteckten Eigenschaften. Alle wollen tough sein, smart, cool und fehlerlos.

Schwäche war nicht zu allen Zeiten gleichermassen verpönt. «Obwohl ich ein ‹Nichts› bin, kann ich es mit euren ach so großartigen Aposteln in jeder Hinsicht aufnehmen. Denn ich habe bewiesen, dass ich wirklich ein Apostel bin.», heisst es in 2Kor 11–12, wo Paulus das Motiv der starken Schwäche aufgreift.

In der Epoche der Empfindsamkeit zur Zeit der Aufklärung im 18. Jahrhundert wurde in literarischen Kreisen der Sinn für verinnerlichte moralische Empfindungen und das sittlich Rührende kultiviert. Die philosophisch-ethische Grundlage bildete die «Moral-Sense-Philosophie». Diese schrieb Menschen eine natürliche Anlage von Mitgefühl, Liebe und Zärtlichkeit zu.

Schwaches Denken

In der Postmoderne kam die philosophische Strömung des «schwachen Denkens» auf. «Il pensiero debole» lautet der Titel eines philosophischen Sammelbandes, den der italienische Philosoph Gianni Vattimo zusammen mit Pier Aldo Rovatti herausgegeben hat. Vattimos Postulat eines «schwachen Denkens», das nicht auf Beherrschbarkeitsphantasien basiert, entspringt der Einsicht, die Welt nie umfassend wahrnehmen zu können, und ist durchaus vom christlichen Motiv der Schwäche als Stärke inspiriert. Vattimo sagt:

«Es gibt keine objektiven, zeitlosen Strukturen. Martin Heidegger hatte recht, als er sagte, dass das Sein nicht als Gegenstand gedacht werden kann. Dasselbe meint auch Dietrich Bonhoeffer, wenn er sagt: ‹Einen Gott, den es gibt, gibt es nicht.›»

Offen bleiben und verletzlich!

Es gibt eine Aussage der polnischen Literaturnobelpreisträgerin Olga Tokarcuk, die sich mir eingeprägt hat:

«I believe that pain rules our world, it is important to write about pain and suffering, it is the key to other people, it's compassion.»

«Ich glaube, dass Schmerz unsere Welt regiert, es ist wichtig, über Schmerz und Leiden zu schreiben, es ist der Schlüssel zu anderen Menschen, es ist Mitgefühl.»

Wir merken ganz besonders in Kriegszeiten, wie Mitgefühl, Liebe und Zärtlichkeit als Zeichen der Schwäche angesehen, weggedrängt und weggeschrieben werden. Nur die Harten kommen in den Garten! Gleichzeitig aber werden die Verletzlichkeit und Zerbrechlichkeit von Menschen und die Schwachstellen von Gesellschaften überdeutlich.

Iron Man und die Überwindung des Todes[2]
Auf RefLab publiziert am 19. März 2023 von Luca Zacchei

Elon Musk, der umstrittene Tech-Unternehmer und Multimilliardär, stilisiert sich selbst als Superheld und identifiziert sich mit der (fast) unkaputtbaren Comicfigur des Iron Man. Passt der Selbst-Vergleich – mehr oder weniger als uns lieb sein kann?

Wer ist Iron Man?

Es gibt im Kosmos der Superhelden auch solche, die (allzu) menschliche Eigenschaften zeigen, diese aber mit überlegener Technologie kompensieren können. Dazu gehört zuvorderst *Iron Man,* der Mann aus Eisen. Erschaffen wurde die Figur 1963 in den USA von Stan Lee und Larry Lieber sowie den Zeichnern Don Heck und Jack Kirby.

Iron Man gehört zu den wenigen Superheld:innen, die man als «Selfmade» definieren könnte. Die Fähigkeiten des Iron Man sind laut Herkunftserzählung nicht genetisch oder durch Radioaktivität bedingt, sondern technologisch erschaffen und durch solides Family Backup, er stammt aus einer steinreichen Familiendynastie, begünstigt.

Iron Musk

Iron Man ist das Alter Ego des Multimilliardärs Anthony Edward «Tony» Stark. Dieser übernimmt den Familienbetrieb *Stark Industries,* nachdem seine Eltern bei einem Autounfall ums Leben gekommen sind. *Stark Industries* ist ein Technologiekonzern, der im Auftrag der US-Regierung und der Rüstungsindustrie Waffensysteme entwickelt.

> Tony Stark ist ein Macher und hält die Zügel seines Lebens in den Händen. Wo ein Problem ist, findet er eine technische Lösung.

Elon Musk hat es als Unternehmer binnen weniger Jahre zu gigantischem Ansehen und Reichtum gebracht. Er ist eine Ausnahmefigur, der heute Vieles zugetraut wird und die auch reichen Stoff für Skepsis und Misstrauen bietet. Und er leidet nicht an einem Mangel an Sendungsbewusstsein und Selbstvertrauen.

Er verkörpert *Iron Man* wie kein Zweiter. Passend dazu (und vielleicht auch nicht zufällig) ist sein Cameo-Auftritt in der Verfilmung *Iron Man 2.*

---

[2] www.reflab.ch/iron-man-und-die-ueberwindung-des-todes/ (01.11.2023).

Die transhumanistischen Heilsversprechen

Neben den bekannteren Projekten, die Elon Musk mitinitiiert hat, wie zum Beispiel das Bezahlsystem *PayPal,* das Weltraumprogramm *SpaceX* und den Elektroautokonzern *Tesla,* beteiligt sich der Multimilliardär auch an einer Reihe anderer Unternehmen, wie z. B. *Neuralink,* das Möglichkeiten zur Vernetzung des menschlichen Gehirns mit Maschinen anvisiert.

In Interviews spricht der Unternehmer von der Erwartung, den Tod überwinden und das menschliche Bewusstsein digitalisieren zu können.

> Der Homo Sapiens sei nur eine Zwischenstation zum posthumanen Wesen: Eine Verbindung von Mensch und Maschine, die Fähigkeiten von künstlicher und menschlicher Intelligenz verbindet.

Den Kampf gegen den russischen Aggressor hat Elon Musk mit seinem Satellitensystem *Starlink* in der Ukraine direkt mitbestimmt. Dass Geld für ihn keine grosse Rolle spielt, wenn es um die Umsetzung von Plänen geht, bewies er mit dem überteuerten *Twitter*-Kauf.

Mit all seinen Schattenseiten, wie dem katastrophalen Umgang mit seinen Angestellten, gehört Musk dennoch zu den Tech-Visionären unserer Zeit. Er bestimmt das Leben vieler Menschen mit und hat im Fall von *Tesla* eine ganze Industrie verändert.

Elon Man

Mit Tony Stark verbindet den technisch versierten und erfinderischen Geschäftsmann, dass er auch durchaus menschliche Schwächen an den Tag legt, etwa vom Narzissmus getrieben ist. Das Sich-allmächtig-Wähnen, also der Gottkomplex, spricht gerade nicht für ein selbstbewusstes und gefestigtes Inneres, sondern eher für das Verdrängen von Schwächen.

Wir können aber nicht wissen, welche Motive ihn antreiben.

Immerhin spricht Musk offen über sein Asperger-Syndrom, eine Form des Autismus. Beim Asperger-Syndrom ist insbesondere die nonverbale Kommunikationsfähigkeit (über Gestik, Mimik und Blickkontakt) und aus diesem Grund auch die soziale Interaktion beeinträchtigt. Gleichzeitig sind oft Fähigkeiten in Feldern wie Mathematik, Physik, Biologie oder Astronomie überdurchschnittlich.

Die Comic-Figur des *Iron Man* ist unverkennbar beeinflusst vom *Kalten Krieg,* dem Systemkampf zwischen kapitalistischer und kommunistischer Welt und der technologischen und militärischen Hochrüstung. Der *Sputnikschock* und die anschliessende Wissenschaftseuphorie beflügelten neue technologische Ideen. Diese

Geschichten waren nicht mehr (nur) für Kinder gedacht, sondern sprachen auch ältere Lesergruppen an. (*Vgl. S. 24)

Der Superheld war als Verteidiger Amerikas und der westlichen Lebenswelt unterwegs und eiserner Kämpfer gegen die kommunistische Ideologie und Welt. Die Nähe seines Namens zur Bezeichnung *Iron Curtain* (eiserner Vorhang) ist wohl nicht zufällig. (Vgl. S. 160)

Wofür kämpft aber Elon (Man) Musk?

«A Human Superhero»

- Du musst nicht sterben bzw. könntest mit der richtigen Technologie ewig leben.
- Was du jetzt nicht selbst (er)schaffen kannst, ist dank technologischem Fortschritt bald möglich.
- Deine menschlichen Begrenzungen können technologisch überwunden werden.

Dies sind einige Versprechen des sogenannten *Transhumanismus,* denen Musk verpflichtet erscheint und die bereits in den Comics von *Iron Man* vor 50 Jahren anklingen.

Das Verb «trasumanar» stammt aus dem ersten Gesang des «Paradiso» von Dante Alighieris «Göttlicher Komödie». Bei Dante steht allerdings nicht die Technologie im Vordergrund, sondern das Überschreiten menschlicher Grenzen, um eine mystische Verbindung zu Gott zu erlangen.

Für Tony Stark alias *Iron Man* ist die Technologie eher ein Hilfsmittel, um länger im *Diesseits* zu verweilen. Sein Herz würde ohne technische Hilfsmittel längst stillstehen. Der Mini-Reaktor in seiner Brust hält die Granatsplitter von seinem Herzen fern, die aus einem Einsatz mit einer Bombenexplosion stammen.

Gleichzeitig aber sorgt der Reaktor auch für gesundheitliche Schäden durch eine fortlaufende Palladiumvergiftung. Die Technologie ist für ihn Rettung und Gefährdung gleichzeitig.

«Bedingt durch eine Vielzahl existenzieller Krisen entwickelt sich Iron Man von einem ‹großen Kind›, das ein Leben als ‹verantwortungsloser Hedonist› geführt hat, über fünf aufeinander aufbauende Kinofilme zu einem charakterstarken Kämpfer für eine universelle Gerechtigkeit.» (*S. 24).

Wir werden sehen, was aus Elon Musk wird.

---

*Wissenschaftliche Literatur zu Superheld:innen und ihren Antagonisten ist im deutschsprachigen Raum dünn gesät. Es gibt bei Reclam eine Zusammenfassung von Dietmar Dath zu den wichtigsten «Superhelden». Die Zitate des Blogbeitrags basieren auf der Dissertationsschrift *«Superheld*innen – Gottheiten der Gegenwart?» von Nicolaus Wilder (2022),* die eine umfassende historisch-philosophische Übersicht bietet.

Ausserhalb der Kirchenmauern

Der Kommunikationsberater Jakob Bächtold nimmt die Beiträge unter die Lupe:
Das digitale Lagerfeuer im Leuchtkraft-Test

Die Kirche tut sich schwer mit digitaler Kommunikation. Gelingt mit einem neuen Anlauf der Sprung in die Sozialen Medien? Ein persönlicher Testbericht des «RefLabs» in drei Phasen.

Phase 1: Misstrauen

Schon wieder. Noch ein kirchliches Angebot auf Social Media. Noch ein Team, das voller Enthusiasmus aufbricht zu einem Gehversuch in der digitalen Welt. Meine Erfahrung sagt mir: Auf den Start wird bald der Sinkflug folgen. Bestenfalls gibt's ein paar Sprünge, höchstwahrscheinlich nur Gestolper.

Im Rahmen der Arbeit an einem Kommunikationskonzept für die Reformierte Kirche Winterthur habe ich im Jahr 2020 gesammelt, was die Kirchen auf digitalen Kommunikationskanälen anbieten. Selten fand ich eine Perle, meistens klickte ich mich durch digitales Mittelmass, das ausserhalb des Kirchenkuchens keine Wellen schlug. Dieselben Sätze, die ich vor Jahrzehnten schon im Kirchenboten gelesen hatte, nun farbig hinterlegt auf Facebook. So viele gut gemeinte Versuche, so viele Timelines, die nach kurzem Start rasch immer lückenhafter werden. Kein Wunder, bei Followerzahlen im zweistelligen Bereich und nur spärlich eingeheimsten Likes.

Mein Rat war damals: Kanäle bündeln, weniger ist mehr. Doch es starten munter weiter neue Angebote. Jetzt werde ich für dieses Buch aufs «RefLab» angesetzt. Dann schauen wir mal.

Phase 2: Hoffnung

Endlich. Gleich beim ersten Anklicken im Internet denke ich: Endlich ist die Kirche im Web so richtig angekommen. Sieht optisch gut aus, zieht inhaltlich rein. Auf Instagram kommt's sogar noch frischer daher. Mit einem Bild, mit zwei oder drei Worten, die Menschen ködern. Da scrolle ich mit wachsendem Interesse und bleibe gerne hängen.

Ein Lob der Schwäche? Der Eintrag vom 27. Februar holt mich auf der ersten Texttafel ganz persönlich ab, spricht mich direkt an. Ja, ungewollt genascht und zu wenig abgewartet habe ich auch schon. Es folgt eine kleine Predigt in sechs Kurztexten, schöne Portionen auf dem Handybildschirm. Der Satz «Wo ich schwach bin, liegt mein Gold vergraben.» bleibt bei mir haften und die Gedanken über Schwachstellen in der Gesellschaft drehen im Kopf weiter.

Hat Jesus Christus wirklich gelebt? Offen und ehrlich werde ich im Eintrag vom 28. Februar angesprochen, das Video erklärt mir kurz und bündig, was die Forschung zu dieser Frage zu sagen hat. Das will ich bis zum Schluss hören. Und nächste Woche komme ich tatsächlich zurück, um mir den Beitrag zur Auferstehung auch noch anzuschauen. Drei Optionen, zack, zack, zack. Der «historische Rand» von Karl Barth, die persönliche Meinung der Theologin: Da bleibt nach ein paar Minuten Film mehr zwischen meinen Ohren als nach manchem stündigen Gottesdienst.

Bestandsaufnahme zum Weltfrauentag? Auch da wird aus Skepsis Zuversicht: Acht mal wische ich Kurztexte über den Bildschirm, achtmal beginnt es zu rattern im Kopf. So einfach, so kurz, so direkt. Die Textformate mit den kurzen Tafeln mit drei bis fünf Sätzen werden zu meinen Lieblingen, vielleicht weil ich ein Lesemensch bin. Doch mit den Videos und Podcasts verbringe ich mindestens ebenso viel Zeit. Und schon wieder habe ich mehr als eine Dreiviertelstunde im «RefLab» verbracht.

Das, so finde ich, ist *state of the art*. So funktioniert intelligente Social-Media-Kommunikation. Der Themenmix, Aktuelles, Hintergründe, die Erzählformen, das Tempo, die Direktheit, die persönliche Art. Die Abrufzahlen, die Likes und Kommentare belegen es: So kommt die Kirche zu den digitalen Menschen.

Phase 3: Zweifel

Eben doch nicht ganz. Ist es Abnützung? Ist es, weil ich mit jedem Besuch auf dem Instagram-Kanal des «RefLabs» kritischer werde? Die Begeisterung flacht ab. Zu Elon Musk habe ich andernorts schon viel Aufregenderes gelesen als im Eintrag vom 19. März. Ebenso zum Schmetterlingseffekt und zu den Sternen. Den Untertitel: «Less noise – more conversation» fand ich schon von Beginn weg ziemlich flach. Nun nehme ich immer häufiger einzelne Beiträge als digital schön angerichtetes Hintergrundrauschen wahr. Weniger wäre mehr.

Insgesamt sehe ich die Qualität nach wie vor als hoch. Immer wieder überrascht mich ein Beitrag, gibt mir auf schöne Art zu denken. Dass dieses Team auch vor der Aktualität nicht zurückschreckt: Wunderbar! Das würde ich mir in den Kirchen viel häufiger wünschen. Doch dann hätte ich gerne Gedanken aus christlicher Perspektive zum Untergang der Credit Suisse. Dafür komme ich auf diesen Kanal. Einfach nur aufgewärmte Newsmeldungen bekomme ich anderswo genug.

Der grösste Zweifel ist aber: Erreichen diese Texte wirklich ein kirchenfernes Publikum, wie auf dem Zielplakat als Vorsatz angegeben? So peppig die Aufmachung und der Einstieg in die Beiträge, so akademisch-theologisch ist oft die Fortsetzung. Einige Kommentare lassen denn auch auf eine kirchlich geschulte Echogruppe schliessen.

Mich beschleicht der Verdacht, dass das Bild des digitalen Lagerfeuers genauer zutrifft, als es sollte: Um die Feuerstelle versammelt sich das eigene Dorf. Die Leistung, für die kirchliche Gemeinde ein Social-Media-Feuer zu entzünden, das schön brennt, gut wärmt und manchmal ein paar Funken stieben lässt, ist gross. Doch ob die Strahlkraft für ein Leuchtfeuer reicht, das weitherum gesehen würde? So wünsche ich mir, dass das «RefLab» weiter pröbelt, dass das Team mutig bleibt und immer Neues ausprobiert, damit ich gespannt weiterlesen, wischen und zuhören kann. Manchmal zweifelnd, manchmal glaubend, immer hoffend.

Sprachsuche

Claudia Kohli Reichenbach und Ralph Kunz im Gespräch mit Andreas Mauz

Wie entsteht beim Sprechen Resonanz? «Für mich sind diejenigen Texte am stärksten, die mich spüren lassen: Da geht jemand ganz von sich aus», sagt Andreas Mauz. «Es muss nicht eine besonders originelle Sprache sein. Aber ich möchte spüren, dass jemand seine Sprache hat oder nach ihr sucht. Eine Sprache, in der er oder sie sich selbst wiedererkennt – wie in einem Spiegel: Man muss sich wiedererkennen im eigenen Text.» «Dichter:innen und Schriftsteller:innen sind in diesem Punkt besonders sensibel», fügt Ralph Kunz an, «weil sie gewissermassen mit der eigenen Haut auf den Markt gehen.» «Texte klingen», unterstreicht Claudia Kohli, «wenn jemand ‹Ich› sagt», wobei sie Authentizität nicht als Zwang verstanden wissen möchte. Es gibt Predigende, die in ihrer Wortwahl nahe an der Sprache eines systematisch-dogmatischen Lehrbuchs sind, und doch klingt ihre Sprache, weil spürbar ist, dass es die ihre ist. «Letztlich geht es darum», fasst Mauz zusammen, «dass jemand Verantwortung übernimmt für das eigene Sprechen. Dazu gehört auch, dass ich signalisiere, wenn ich nichts zu sagen habe, weil ich etwas nicht verstehe und auf die Hilfe anderer angewiesen bin. Leitend in der eigenen Sprachsuche soll nicht sein, was gut ankommen könnte, sondern die Beglaubigung: dass ich mich in dem, wie ich schreibe und spreche, wiedererkenne. Nicht alle können und sollen poetisch predigen – es ist eine grosse Gabe, wenn das jemand kann –; wir müssen aber akzeptieren, dass dies nicht allen gegeben ist.»

Das Bewusstsein, dass ich etwas zu sagen habe, hilft der Sprache und hilft dem Verständnis. Ralph Kunz macht in unserem Gespräch den Vorschlag, verantwortungsvolles Reden, welches das *commitment* wagt, als prophetisch zu verstehen. Er sieht das Ästhetische und Prophetische als zwei Pole: «Während das Ästhetische stärker die Kompetenz und die Sprachfähigkeit betont, die man ein Stück weit auch lernen kann, weckt das Prophetische das Bewusstsein für den existenziellen Charakter des Sprechens. Ich bin erfasst worden und rede. Neben der handwerklichen Ebene gibt es diese andere Ebene.» Mauz nimmt Kunz' Fährte auf: «Damit rückt die Frage nach der prophetischen Sendung ins Blickfeld. Die Propheten hadern nach dem biblischen Zeugnis ja oft mit ihrer Verkündigungsaufgabe. Sie wollen sich ihr entziehen: ‹Nimm doch lieber den Aaron›, hat Mose gesagt, ‹der

kann besser reden als ich! Ich bin zwar gefragt, aber schicke doch jemand anders.›»
Wir sind uns einig: Zur prophetischen Sendung gehört auch, dass die Pfarrerin das Unservater fertig betet, selbst wenn sie nach der zweiten Bitte die Ohnmacht überrollt, weil in der vollen Kirche niemand mitbetet. Stellvertretend für die Trauergemeinde betet sie selbstbewusst weiter.

Teil II: schreibend glauben, glaubend schreiben

Wo die Worte fehlen
Gottesdienstsprache an der Grenze des Sagbaren

Christian Lehnert

Die Erinnerungen an jene Stunden, denn vermutlich waren es nur Stunden, konnte ich nie in eine konsistente Lebenserzählung einfügen. Sie überfielen mich, nicht als Schatten von etwas Gewesenem, sondern in plötzlicher auswegloser Gegenwart – pulsende Löcher in der Zeit. Diese von den Rändern her einzukreisen, gelang mit den Jahren. Die Krusten, die sich dabei bildeten, und die mich selbst ausmachten, waren mal mehr, mal weniger fest. Nie verloren sie ganz den Verdacht der Erfindung.

Heute, als ich auf dem Hügel stand und den letzten schwachen Abendschein um unser Haus betrachtete, die kargen Wiesen und Felder, die riesigen Wellenkämmen ähnelten und hinunter ins Tal rollten, empfand ich jene unversehens in mir aufreissende Leere als klar gezeichnete innere Grenze, einen seelischen Horizont. Ich starrte in die Dämmerung. Blauschwarze Umrisse, das Schieferdach, die Fichtenwipfel am Waldrand und die Felsen waren gerade noch kenntlich, auch der hölzerne Hausgiebel und die verschnittenen Weidenköpfe. Ich trieb in einer Flut, die doch ein Abgrund in mir war, eine unzugängliche, doch weidlich abgesicherte Zone.

Was war damals gewesen? Körniger Beton. Ich tastete ihn mit den Fingerkuppen. Die Geste klaffte auf, zittriger Schatten eines leisen Stöhnens. War die raue und feuchte Oberfläche des kalten Gussgesteins, in das ich eingeschlossen war, eine Innen- oder eine Aussenwahrnehmung? Empfand ich in der Berührung mich selbst an einer Grenze, oder etwas anderes, jenseits von mir, in seiner Beschaffenheit? War da etwas oder nichts? Nur ich? Allein in seinen Einbildungen? Vergessen in dieser verschlossenen Kammer? Ich kratzte mir am rauen Gestein die Nägel rissig, kaute sie ab, kratzte weiter.

Ich stand auf einer feuchten Bodenplatte. In den Stiefeln war es kalt, meine Zehen waren fühllos. Der Betongrund, der eigentlich einen sicheren Halt geben müsste, schien zu schwanken. Jeden Moment hätte er sich nach unten öffnen können, und dann wäre ich herausgerutscht, ein Menschenkörper im freien Fall. Dieser Absturz war nur aufgeschoben, auch jetzt auf dem Hügel, jederzeit konnte ich ins Leere kippen. Mir war schwindelig. Ich hockte mich hin und verlor schnell das

Gefühl für oben und unten, ein Schwebeteilchen, Windsamen, ein loser Flaum, der heftig kreiste.

Über die Hügelkuppe schwirrten Fledermäuse. Die Hufeisennasen schossen so nah heran, dass ich ihren Luftzug spürte und unwillkürlich den Kopf einzog. Sie frassen Fliegen, die mein Körpergeruch in Schwärmen anzog. Winzige geflügelte Schattenwesen, die zu Hunderten aus der Luft geschnappt wurden von Schattenwesen, und ich war mir nicht sicher, ob ich der Haltbarkeit meiner Menschenform hier oben wirklich trauen konnte. Nahmen die Fledermäuse mich als Hindernis wahr? Oder nur als einen Dunst, den ihre Echolotschreie mühelos durchdringen konnten und den sie selbst nur aus Vorsicht knapp umflogen?

Das Gefühl, in mir eine Erinnerung zu tragen, die ich nicht besass, die nicht zu mir gehörte, mich aber bestimmte, ja, die mich aus sich entliess, war erneut bestürzend. Ein heftiger Kopfschmerz durchzuckte mich.

Gestern hatte ich das Kind ins Bett gebracht und dabei gedacht: Ja, es beruhigt sich bei mir, es vertraut mir. Seine Hände fassten meine, hielten sich fest, und sein Kopf lag auf meinem Arm, während seine offenen Augen kaum merklich in den Traum glitten, sich schlossen.

Ich lauschte dem auffrischenden Wind, der ins Gras griff und in mein Schläfenhaar, und weiter wehte, als ich denken konnte. Er trug die Geräusche der nahen Autobahn heran, Motorengrollen, und zog weiter ohne Bleibe und weiter ohne Bestand und verlor sich an keinem Ende, denn er hatte keinen Anfang.

Was war damals gewesen? Fugen im Beton. Sie gaben dem Eingeschlossenen für Sekunden die Hoffnung einer möglichen Orientierung, als bestünde die Kammer aus einer Zusammensetzung von Teilen. Als seien diese angeordnet zu einem bestimmten Zweck. Ich konnte ihn in wenigen Sätzen bezeichnen. Aber was war da bezeichnet? Ich konnte Fakten sammeln. Erster Fakt: Sie hatten mich nach Verhören hierhergebracht. Zweiter Fakt: Ich hatte zu warten. Dritter Fakt: Ich war neunzehn Jahre alt. Vierter Fakt: Ich war Soldat der NVA. Weitere Fakten: Ich hatte in grösster Dummheit mit dem Handschuh in den Reif auf einem grossen Rohr ein paar Worte geschrieben: «Keine Macht für niemand.» Das war im Februar 1989. Die aufgehende Sonne hätte den Schriftzug bald gelöscht, aber ein Kranfahrer informierte die Polizei. Noch ein Fakt: Ich wusste nicht, was sie mit mir vorhatten. War ich hier, um auf eine militärgerichtliche Verurteilung zu warten? Oder war dies der Anfang der Vollstreckung eines Urteils, das in meiner Abwesenheit schon gefällt worden war? Oder war dies Teil eines perfiden Verhörs, das explizit erst folgen würde? Von der näheren Aussenwelt der Zelle fehlte mir jede Vorstellung. Ich war mit verbundenen Augen hierhergeführt worden, zuletzt über einen gekachelten Gang, in dem es leise surrte und knisterte, und der, nach Gehör zu urteilen, sehr eng war. Auch meinte ich anfangs, Atemgeräusche in unmittelbarer Nähe in der Zelle gehört zu haben. Als ich allein gelassen wurde und ich mir, ohne zu wissen, ob ich das durfte, die Augenbinde abnahm, war es völlig dunkel, schwarz, und das Gehirn konnte sich nicht daran gewöhnen, begann schockartig Bilder zu zünden.

Ich sprang drei Schritte hügelabwärts und sah von hier aus den Rauch aus der Esse des Hauses, ahnte die Ofenwärme und wusste das Kind und seine Mutter da unten im Zimmer. Sie würden am Doppelfenster durch die mehrfachen Spieglungen ihrer Gesichter hindurch ins Schwarz hinausschauen und wissen, dass ich gleich wiederkäme, nur kurz auf den Hügel gelaufen wäre, um die Dämmerung und den Aufgang irgendeines Sternbildes zu betrachten, wie ich es oft tat, und es gäbe keinen Grund an dieser Annahme zu zweifeln, und so war es vielleicht auch.

Merkwürdigerweise gab es in der Betonkammer keine Tür, keinen Ausgang und keinen Eingang; obwohl ich doch hinein- und hinausgekommen sein musste. Aber dies war eine Folgerung vom Rand her, und nicht aus der Erscheinung selbst, denn dort war ein beziehungsloses, ein absolut zu nennendes Loch.

Das Kind hatte Fieber. Als ich das Haus verliess, war es ganz heiss. Das ist nicht schlimm, sagte die Mutter, kein Grund zu Sorge. Morgen wird es besser sein, und es wird Schnupfen und Halsschmerzen bekommen, und der scheinbar grundlose Temperaturanstieg ohne andere Krankheitssymptome wird sich als Beginn einer Grippe erweisen. Denn alles erweist sich irgendwann als etwas.

Aber das Loch? Irgendwann wird das Kind mich fragen, wo ich herkomme, und ich muss ihm dann sagen: Aus dem Loch. Ein Menschlein aus einem Betongefäss. Das werde ich nicht sagen, aber es wird es fühlen, wenn ich ihm erzählen werde von meinen Eltern, und von einem Kinderzimmer in Dresden mit einem schweren weichen Teppich, auf dem ich lag, und er trug mich davon über das Brachland inmitten der Stadt, über die von Büschen überwucherten Kriegstrümmer, und irgendetwas stimmte nicht mit dem Teppich.

In der Betonkammer war keine Zeit. Sie hatte sich verloren, wie Ringe auf einer Wasserfläche auseinanderfliessen und schwächer werden und verschwinden, die Minuten, die Stunden. Zuerst tanzten vor meinen Augen greller werdende Reflexe, die sich schliesslich zu einer Flammenwand auftürmten und auf mich zuströmten. Ich hob die Arme, krümmte mich zusammen. Aber indem sich irgendwann die Erkenntnis formte, dass diese Kräfte keine Wirklichkeit hätten, so enorm sie waren, wurde ich ruhiger.

Allmählich aber verstärkte sich eine andere, tiefer liegende Angst, die nie mehr ganz vergehen sollte. Was war denn überhaupt wirklich? Da war nichts, einfach nichts. Ich schwebte, ich fiel, ich stieg auf – alles gleich. Ich hatte keine Bedeutung, war weniger als ein Staub, war grund- und folgenlos. Mir kamen weder ein Name zu und noch ein Leib, kein Gesicht und keine Sinne.

Irgendwann empfand ich einen Luftzug. Ich fror, und in einem unkontrollierten Zittern fühlte ich mich kurzzeitig wieder umfangen von etwas wie einer Existenz. Aber nun müsste ich dem Kind erzählen von dem Eigentlichen, dem Anfang, denn es wollte doch wissen, wo ich her sei – vermutlich mehr, um meine Stimme zu hören und meine Worte in ihrer rätselhaften Sicherheit, um sich selbst eines Anfangs zu besinnen, den es für das Kind nicht gab in seinem kurzen Gedächtnis und nicht in ihm selbst, sondern irgendwo, bevor es sich vorgefunden hatte. Denn in der Betonkammer, als ich fror und zitternd das Bewusstsein dafür verlor, dass ich fror und dass ich zitterte und überhaupt dafür, dass ich ein Wesen wäre mit einer Körpertemperatur und einer gegliederten Gestalt, als ich vor Angst erbrach und danach, in der folgenden Leichtigkeit der Erschöpfung, ruhig wurde, nur für einen Moment, da war es plötzlich da: Das Angeschautwerden, wie ich es nannte. Aus der Tiefe der Kammer, aus dem grundlosen Schwarz drang ein Blick, und das Dunkel sah mich, und indem es mich sah, war ich da. Ganz unzweifelhaft. Ich hatte zwar keinen Bestand in mir, aber ich war plötzlich eine unberührbare, unverletzliche Wesenheit in diesem Loch, weil ich angesehen wurde, ein Augenlicht in einem Augenlicht, und was immer davor war und danach kommen sollte, reichte nicht heran an diesen Punkt, wo das Licht einstach und in mir aufging, keine Helligkeit, überhaupt nichts Helles oder Sichtbares, aber irgendwie doch ein Licht. Ein Hof umgab es, so wie der Mond manchmal am Abend über dem Hügel von Dunst eingefasst wird, der in vielen Farben schillern kann, blau oder gelb und rötlich und in Ringen und Übergängen. So war ich jetzt gewissermassen die Umgebung des Gesehenwerdens, und deutlicher vermag ich es bis heute nicht zu sagen, ein Umraum, und ich finde mich darin als Widerschein; und zugleich verliere ich mich darin, denn ich bestehe gar nicht in mir, sondern in dem fremden Blick, aber das ist zu schwierig, um es dem Kind zu erklären. Es reicht wohl, mit ihm hinauszuschauen durch die Spiegelungen im Fenster ins Dunkel.

Die Sprache ist eine Elementargewalt: Sie kann Wirklichkeit hervorbringen und zu dieser in Distanz treten, sie kann sich in Begriffen und logischen Analysen formal organisieren und sie kann in fremdes Erleben führen, sie kann klingen und Bilder evozieren – und immer geschehen Verwandlungen. «Das schöpferische Vermögen des redenden Seins»[1], wie es Gaston Bachelard nannte, schöpferische Sprachkraft unterwandert unentwegt die Grenzen der Subjekte und der Dinge, sie kann die Welt verändern mit wenigen Lauten.

Mit der Frage im Kopf, was gottesdienstliche Sprache heute sein kann, bin ich ins Erzählen gekommen und habe, auf thematischen Abwegen, Grenzen der Sprache aufgesucht. Wenn ich darüber nachdenke, was ich da gemacht habe, zeigen sich mir einige wichtige Erkenntnisse. Damit betrete ich den Raum der Reflexion.

---

[1] Gaston Bachelard, Poetik des Raums, aus dem Französischen von Kurt Leonhard, Frankfurt a. M. 2014, 7.

Drei Fragen leiten mich: Was ist das Unsagbare? Gibt es die Zelle? Wer ist das Kind?

1. Was ist das Unsagbare?

Wenn sich die Sprache einem Raum nähert, für den die Worte noch fehlen – sei es eine unerschlossene Erinnerung, sei es eine grundstützende Überraschung, ein Traum, sei es das Geheimnis Gottes –, so verändert sich grundlegend ihr Modus. Das wusste niemand besser als der analytische Sprachmystiker Wittgenstein, der die Möglichkeit sprachlicher Grenzüberschreitungen grundsätzlich ausschloss: «Wovon man nicht sprechen kann, darüber muss man schweigen»[2]. Denn das «Unsagbare» ist ein Widerspruch in sich: Entweder etwas ist unsagbar, dann kann man davon eben nichts sagen. Es handelt sich dann um keinen Gegenstand einer wie auch immer gearteten sprachlichen Kommunikation. Oder es ist eben nicht unsagbar.

Die Sprache der Dichtung wie die Sprache der Religion haben nun aber mit Momenten zu tun, wo Sätze und Namen als Gefässe nicht mehr taugen, weil etwas erscheint, was die Worte übersteigt, Schweigen aber unmöglich ist. Was dann? Wie komme ich in den Worten über die Worte hinaus? Wie komme ich auf die andere Seite der Sprache, ins Unsagbare? Hören wir auf einen profunden Zeugen, auf Franz Kafka. Er schreibt in der kleinen Prosaminiatur «Von den Gleichnissen»[3]:

«Viele beklagen sich, daß die Worte der Weisen immer wieder nur Gleichnisse seien, aber unverwendbar im täglichen Leben, und nur dieses allein haben wir. Wenn der Weise sagt: ‹Gehe hinüber›, so meint er nicht, daß man auf die andere Seite hinübergehen solle, was man immerhin noch leisten könnte, wenn das Ergebnis des Weges wert wäre, sondern er meint irgendein sagenhaftes Drüben, etwas, das wir nicht kennen, das auch von ihm nicht näher zu bezeichnen ist und das uns also hier gar nichts helfen kann. Alle diese Gleichnisse wollen eigentlich nur sagen, daß das Unfaßbare unfaßbar ist, und das haben wir gewußt. Aber das, womit wir uns jeden Tag abmühen, sind andere Dinge.»

Franz Kafka lässt einen Weisen auftreten und sehr unbestimmt sprechen: «Gehe hinüber». Das grosse Thema der Religion, die «andere Seite», verliert sich hier im Nebel. Was ist denn auch dort drüben? Wir schauen in eine merkwürdige Leere. Niemand kann etwas davon sagen – auch der Weise nicht, denn er ist hier wie wir und weist nur hinüber. Wer wirklich seinen Worten folgen und sich auf den Weg machen würde, hätte kein verlässliches Ziel, ja könnte nicht einmal einen

---

2 Ludwig Wittgenstein, Tractatus logico-philosophicus, Frankfurt a. M. 2003, 111.
3 Franz Kafka, Das erzählerische Werk, Bd. I, hg. von Klaus Hermsdorf, Berlin 1988, 372f.

Sinn des Aufbruchs benennen. Ein Laufen «dorthin» liesse alle vorausgreifenden Begriffe und Erwartungen hinter sich.

Die Pragmatiker, die Kafka sprechen lässt, und die darauf schauen, «womit wir uns jeden Tag abmühen», die Diesseitsmenschen bleiben auf der Stelle. Sie halten das «Drüben» für generell nutzlos, ohne es zu kennen. Aber die religiösen Ideologen verharren ebenso, weil sie dogmatisch das «Drüben» bereits «hierher» geholt zu haben meinen in ihre «religiösen Wahrheiten».

Nein, was der Weise anzubieten hat, ist nur eine Zeigegeste: «Dahin!», über die Grenze, über den Horizont.

«Darauf sagte einer: ‹Warum wehrt ihr euch? Würdet ihr den Gleichnissen folgen, dann wäret ihr selbst Gleichnisse geworden und schon der täglichen Mühe frei.›
Ein anderer sagte: ‹Ich wette, daß auch das ein Gleichnis ist.›
Der erste sagte: ‹Du hast gewonnen.›
Der zweite sagte: ‹Aber leider nur im Gleichnis.›
Der erste sagte: ‹Nein, in Wirklichkeit; im Gleichnis hast du verloren.›»

Der Text bleibt offen, rätselhaft, lässt die unterschiedlichsten Folgerungen zu. Uns fehlt der Schlüssel. Wer dem Weisen wörtlich glaubte und losginge, geriete in zweifelhafte Unruhe, eine Getriebenheit. Ihm stünde kein verwertbares Wissen, schon gar keine begriffliche Metaebene zur Verfügung und nichts, was von seiner riskanten Bewegung selbst zu lösen wäre. Denn *hier,* wo ich bin, ist zumindest ein konkreter Ort, und *dort* nur von *hier* beschreibbar. Die Grenze zwischen beidem verschiebt sich noch im Gehen. Der stets bewegliche Spalt zwischen Diesseits und Jenseits schliesst sich nie. Wahr wird das *Dort* im Gehen von *hier* hinüber, ein Laufen im radikalen Wagnis, das von keinem vorstellbaren Ziel gemildert wird.

Ohne zu wissen wohin, aber gehen: Das ist eine uralte spirituelle Erfahrung. Kein Wissen hilft und kein Dogma auf dem Weg, dem «schmalen Pilgerpfad», hinaus «in eine dunkle Nacht», wie es Juan de la Cruz dichtete, ziellos auf das Ziel zu, und «auf dem Weg ... stehen bleiben, heißt zurückgehen», so Meister Eckhart. Kafkas Sätze bewegen sich an einer Schwelle, wo sie nur verstummen können. Aber Kafka schreibt sie auf. In demselben Paradox bewegt sich die Gottesdienstsprache. Sie ordnet keine Fakten, sie übermittelt keine Informationen, sondern sie weist an der Grenze des Sagbaren einen Weg: «Dahin!» Eine der wesentlichen sprachlichen Aufgaben im Gottesdienst leuchtet hier auf, die heute leider oftmals in den Hintergrund gerät. Sie besteht in einer Zeigegeste, in einer Wegweisung über die Worte und alles Denkbare hinaus: «Dahin!»

2. Gibt es die Zelle?

Nun ist das Bild des Weges hinüber ins völlig Offene zwar erhellend, aber unvollkommen. Denn niemand würde sich für eine Zeigegeste interessieren, die nicht mit der Erwartung winken würde, dass da «etwas» wäre. Von «dort» muss etwas «hierher» hinüberleuchten, «etwas» sich zeigen oder gezeigt haben, uns entgegenkommen – zumindest als Ahnung, als Frage.

Also zurück zu meiner Erzählung, in deren Innern eine vergleichbare Frage lauert: Gibt es die Zelle? Besteht sie nur aus kreisenden Worten, oder gab es sie wirklich? Diese Frage ist nicht so einfach zu beantworten, und sie führt mich hinein in Gedanken, die das Wesen poetischer und religiöser Rede gleichermassen berühren. Ich habe die Zelle in Worten erkundet, und sie dabei zugleich mit den Worten geschaffen. Ich habe sie sprechend erfunden, um sie vielleicht finden zu können, und das ist das Zwielicht allen biografischen Erzählens. Es gibt die Zelle einerseits nur im Text, und anderseits ist da eine Verstörung, ein Loch, wie ich sagte, eine nicht abgegoltene Erinnerung – diese ist wirklich, und als solche vom Text nur markiert. Aber sie ist auch unzugänglich. Keine Worte reichen heran, und so ist ihre Wirklichkeit nicht fasslich. Etwas verlangt nach Ausdruck, aber was genau? Was ist es, was da letztlich unsagbar blieb? Was zu einer Erzählung wurde, um offen zu bleiben?

In jeder starken Erfahrung gibt es zwei Pole, wie aufgeladene Kondensatorplatten, und was wir erleben, leuchtet im Zwischenraum als eine Entladung auf: Es gibt immer eine passive und eine aktive Dimension. Etwas geschieht, und wir deuten das, was geschehen ist. Widerfahrnis und innere Antwort, Überraschung und deren Verständnis verschmelzen zum Eindruck. Es gibt nun aber Erfahrungen, wo in dieses Verhältnis ein Ungleichgewicht tritt: Das, was uns da entgegenkommt, sei es von aussen oder von innen, übersteigt unser Antwortvermögen. Wir beginnen zu stottern und zu stammeln und nach Deutungen und Worten zu suchen, und wir finden keine. Das, was da ist, ist noch nicht. Es fehlt, es schmerzt. Es muss erst etwas werden, in Worten Wirklichkeit werden, aber das wiederum will nicht gelingen, und so entstehen suchende Texte.

Auch am Ursprung dessen, was man gemeinhin Religion nennt, steht die Erfahrung einer erschütternden Fremde. «Etwas» durchbricht den Möglichkeitsraum und den Ordnungshorizont des Menschen, und was immer er dazu sagt und in Worten betend und denkend hervorträumt, verweist auf Unsagbares, das sein Sagen verstörend durchdringt. Fremde bestimmt sich als «Zugängliches in der eigentlichen Unzugänglichkeit, im Modus der Unverständlichkeit»[4], so schreibt Edmund Husserl in seinen «Cartesianischen Meditationen». Das heisst: Fremdes

---

4   Zitiert nach Bernhard Waldenfels, Hyperphänomene, Berlin 2012, 89.

muss uns irgendwie zugänglich sein, sonst würde es uns nicht interessieren. Aber es ist zugleich unzugänglich, denn wenn ich das Fremde einer Regel, einem sprachlichen Verständnis unterordne, seinen Sinn bestimme, beraube ich es seiner Fremdheit. Ich kann es nicht *als Fremdes* mir einverleiben. Nur antworten kann ich – und «ich kann nicht nicht antworten»; in dem Anspruch des Fremden liegt eine Unausweichlichkeit: «Wir wählen, was wir antworten, nicht aber, worauf wir antworten»[5], so sagt es Bernhard Waldenfels.

Hier leuchtet eine zweite wesentliche sprachliche Aufgabe für den Gottesdienst auf, die heute nach Konturen verlangt: In der Begegnung mit der Fremde Gottes habe ich nichts zu sagen, aber ich muss antworten. Meine Sprache stiftet eine Beziehung, sie bewegt sich hinein in die Fremde. Genauer gesagt: Ich begebe mich als Liturg oder Prediger an der Hand der Sprache in die Fremde. Unsere Sätze im Gottesdienst erzeugen, erschaffen ein «Du», und damit immer auch ein «Ich». Sie bringen den Gott hervor, den Fremden, der uns entgegenkommt und für den noch nicht einmal das Wort «Gott» taugt – und sie gestehen in demselben Atemzug ein, dass noch nichts gesagt ist. Aber es ist doch in all den untauglichen Worten etwas gesagt – das Grundgeheimnis: «Du». Dieses «Du», ein Sog, greift tiefer als die Frage, ob es den «Gott» als solchen gibt.

Die grosse dänische Lyrikerin Inger Christensen hat einmal gesagt: «Vielleicht kann die Poesie gar keine Wahrheiten sagen; aber sie kann wahr *sein*, weil die Wirklichkeit, die mit den Worten folgt, wahr ist. Diese geheimnisvolle Gefolgschaft zwischen Sprache und Wirklichkeit ist die Erkenntnisweise der Poesie.»[6] Das gilt wohl gleichermassen für poetische und für religiöse Sprache: Die «Wirklichkeit, die mit den Worten folgt» wird in Gebeten und ihrer Bildsprache oder etwa in den Gedanken und Erzählgängen einer Predigt wahr, indem sie *geschieht*. Wir können von Gott keine Wahrheiten sagen, aber unsere Rede kann wahr *sein*. Im Sprechen, und diese besondere Sprechweise ist ebenso aktiv wie passiv; es entstehen, wenn es gut geht, jene Momente, welche die Dichtung und das Gebet gleichermassen bereithalten: Dass wir sprechend spüren, wie wir gesprochen werden.

3. Wer ist das Kind?

«Das Kind ist krank. Die Mutter bringt's zu Bett und setzt sich zu ihm. Und dann beginnt sie, ihm Geschichten zu erzählen», so bestimmt Walter Benjamin in aphoristischer Kürze das Geheimnis des Erzählens.[7] Geschichten sind Heilungsrituale.

---

[5] A. a. O., 95 und 409f.
[6] Inger Christensen, Der Geheimniszustand und Gedicht vom Tod, München 1999, 50.
[7] Walter Benjamin, Gesammelte Schriften, Bd. IV/1, hg. von Tillman Rexroth, Frankfurt a. M.

Wo die Worte fehlen

In jedem literarischen Text, behaupte ich einmal, sitzt ein solches Kind, das nach Heilung verlangt, und die entscheidende Aufgabe des Autors ist es, dieses Kind zu erkennen. Dabei findet er seinen Stil und seinen Ton.

Auch in jedem Gottesdienst sitzt tief in der Gemeinschaft verborgen ein solches Kind. Es fragt: Wer bist du? Wo kommst du her? Wo willst du hin? Es stellt die letzten Fragen, vor allem, weil es unsere Stimmen hören will und unsere Geschichten und inneren Bilder. Es will jene Wahrheiten hören, die wir selbst verkörpern. Es will in die «geheimnisvolle Gefolgschaft zwischen Sprache und Wirklichkeit» getragen werden, ja, darin gewiegt und getröstet werden. Fakten interessieren das kranke, fiebrige Kind im Moment weniger. Es sucht Nähe.

Poesie spricht nicht aus der Distanz von einem Gegenstand, sondern verwirklicht diesen durch ihre eigene suchende Existenz. Als Leser wiederum betrete ich den Raum der Dichtung nicht in der vorrangigen Erwartung, bestimmte Informationen und Aussagen zu empfangen, sondern in der Bereitschaft, berührt und verwandelt zu werden. Ich werde von einem Gedicht oder einer Erzählung aufgenommen, lebe für eine Zeit darin, und das, ohne immer genau sagen zu können, ob da eine fremde oder doch merkwürdigerweise die eigene Stimme zu vernehmen ist.

Verwandtes lässt sich von den Sprechakten religiöser Rede sagen. Vielfach ist bemerkt worden, wie sich die Konzepte von Autorenschaft und Zeugenschaft in Dichtung und Religion überlagern. Hören wir einen, der dies in seinem Leben und Schreiben in einzigartiger und erschreckender Weise erfuhr und abbildete:

«Der Dichter lag im Sterben. Die großen, vom Hunger angeschwollenen Hände mit den weißen blutleeren Fingern und den schmutzigen, röhrenförmig ausgewachsenen Fingernägeln lagen auf der Brust, ohne sich vor der Kälte zu schützen. Früher hatte er sie unter den Achseln verborgen, am nackten Körper, aber jetzt war dort zu wenig Wärme. [...] Der Dichter lag so lange im Sterben, dass er nicht mehr wusste, dass er starb. Manchmal kam und bahnte sich schmerzhaft und fast spürbar ein einfacher und starker Gedanke einen Weg durchs Hirn – man habe ihm Brot gestohlen, das er unter den Kopf gelegt hatte. Und das war so versengend schrecklich, dass er bereit war zu streiten, zu fluchen, sich zu prügeln, zu suchen, zu beweisen. Doch dafür fehlten ihm die Kräfte, und der Gedanke an das Brot wurde schwächer [...] Und sofort dachte er an anderes, daran, dass man alle hatte übers Meer fahren sollen, und der Dampfer hatte aus irgendeinem Grund Verspätung, und es ist gut, dass er hier ist. Und ebenso leicht und diffus begann er, sich den großen Leberfleck auf dem Gesicht des Barackendiensts vorzustellen.»

Warlam Schalamow – der Einzige, der es vielleicht konnte – beschrieb in seiner Erzählung «Cherry Brandy»[8], wie Ossip Mandelstamm 1938 in einem Durch-

---

1991, 430 (Denkbilder, Erzählung und Heilung).

[8] Warlam Schalamow, Durch den Schnee. Erzählungen aus Kolyma, Bd. I, aus dem Russi-

gangslager in Wladiwostok vor Hunger starb. Solch ein Tod an Ernährungsdystrophie hatte eine Eigenart, die Schalamow kannte aus der Zeit, als er selbst im Lager zu einem der «lebendig Toten», einem skelettdürren, dösenden *dochodjaga*, geworden war: Das Leben kehrt mehrmals zurück und schwindet wieder, über einige Tage. Man weiss nie genau: Ist der Verhungernde schon tot oder noch nicht?

Dies ist der Auftritt eines Zeugen – in dessen unwiderleglichem Ethos und dessen unzuverlässiger Brüchigkeit. Denn es ist ein heikles Unterfangen den Tod eines anderen zu beschreiben. Der Autor bezeugt ja ein Geschehen, für das es gar keine Zeugen geben kann. Warlam Schalamow versteht sich als Autor, dem die Menschlichkeit ausgetrieben wurde – in jeder Hinsicht. Er ist ein unbarmherziger nach-menschlicher Zeuge der Verrohung und der erschreckend beiläufigen Negation allen Glaubens und Denkens in den kommunistischen Lagern in der Kolyma-Region. Er betritt einen Grat, als Zeuge: Es war «seine Pflicht», wie er in einem Interview sagte, von Mandelstamm und von den Lagern zu schreiben.

Was ist ein «Zeuge»? Ein *martys*, wie ihn die Griechen nannten? Der *martys* hatte aus seinem Gedächtnis Kenntnis von einer Tatsache. Was er zu sagen hatte, war in ihm, war er-innert. Die *martyria* hatte ihren ursprünglichen semantischen Lebensraum in der griechischen Rechtssprache: Jemand stand für eine Behauptung ein. Er wurde zum Beweismittel, indem man ihm glaubte, was er sagte. So konnte jemand auch einen Vertrag bezeugen, indem er beiwohnte und zuschaute, wie er geschlossen wurde, ohne selbst beteiligt zu sein. Aber indem er bezeugte, veränderte sich seine Stellung: Nun stand er selbst als Erinnerungssubstrat für den vergangenen Rechtsakt ein. Das griechische Wort weitete sich auf eine Bezeugung aller möglichen Ansichten und Wahrheiten – und dort verlor der *martys* seine unbestritten anerkannte empirische Wirklichkeitsgrundlage, nicht aber seine Stellung als Erinnerer. Der Zeuge, *martys,* konnte Bürge von Vorstellungen aller Art werden, die sich auch gar nicht mehr dem allgemeinen Konsens über die Wirklichkeit unterwerfen mussten. Er konnte ganz persönliche Urteile und Werte bezeugen – und das vor allem, indem er sie lebte, sie verkörperte. Der Zeuge war mehr als lebendiger Datenträger, er war leibliche Gestalt einer Erinnerung.

«Das Leben trat selbständig ein als unumschränkte Herrin: er hatte es nicht gerufen, und dennoch trat es in seinen Körper, in sein Hirn, trat ein wie ein Vers, wie Inspiration. Und die Bedeutung dieses Wortes eröffnete sich ihm zum ersten Mal in aller Fülle. Die Verse waren jene lebensspendende Kraft, in der er lebte. Eben so war es. Nicht um der Verse willen lebte er, er lebte aus den Versen. Jetzt war so anschaulich, so fühlbar klar, dass die Inspiration das Leben war; vor dem Tod war es ihm gegeben zu erfahren, dass das Leben Inspiration war, eben Inspiration. Und er freute sich, dass es ihm gegeben war, diese letzte Wahrheit zu erfah-

---

schen von Gabriele Leupold, hg. von Franziska Thun-Hohenstein, Berlin 2016, 94ff.

ren. Alles, die ganze Welt war den Gedichten gleichgestellt: die Arbeit, das Pferdegetrappel, das Haus, der Vogel, der Fels, die Liebe – das ganze Leben ging leicht in die Verse ein und fand dort bequem Platz. Und das musste auch so sein, denn die Verse waren das Wort.»

Ich will gar nichts dazu sagen, wie diese Erzählung Schalamows trösten kann – im Sinne eines Trostes jenseits allen Trostes, eines Trostes, der weiter ist als der Tod, weit wie eine letzte Wahrheit, wie eine Inspiration, welche die Grenzen von Stofflichkeit und Raum und Zeit hinter sich lässt und ganz wird, ein All wird. Mir geht es um etwas anderes: Woher weiss der Zeuge Schalamow diese «letzte Wahrheit» eines anderen? Er weiss sie nicht, und er weiss sie doch. Was er in die Waagschale zu werfen hat, ist das eigene Leben. Der Inspirierte hat erfahren, dass Leben und Vers, Dasein und Wort, in eins fallen. Der Überlebende Schalamow kann glaubhaft so sprechen, weil auch er mit dem Einsatz seines eigenen zufälligen Überlebens schreibt. Jeder andere würde lächerlich erscheinen mit dieser Erzählung. Nicht Schalamow: Was er sagt, hat Gewicht. Fast das Gewicht eines Toten. So bezeugt auch der religiöse *martys* das Unsagbare durch sein eigenes Lieben und Leiden. In ihm wird wahr, was gewesen ist und was gilt. «Nicht um der Verse willen lebte er, er lebte aus den Versen», so sagt der Dichter. Der christliche *martys* sagt: «Nicht um Christi willen lebte er, er lebte in Christus.»

«Er biss das Brot mit den Skorbutzähnen, das Zahnfleisch blutete, die Zähne wackelten, doch er spürte keinen Schmerz. Mit aller Kraft presste er das Brot an den Mund, stopfte es sich in den Mund, lutschte es, riss und nagte [...]
Seine Nachbarn hielten ihn zurück.
‹Iss nicht alles auf, lass es für später, später [...]›
Und der Dichter verstand. Er öffnete die Augen weit, ohne das blutige Brot aus den schmutzigen, bläulichen Fingern zu lassen.
‹Wann später?›, sprach er deutlich und klar. Und schloss die Augen.»

Der Autor Warlam Schalamow wird in diesen Sätzen durchlässig, wird *martys*, wird völlig transparent und im gleichen Atemzug völlig glaubwürdig er selbst. Solcherart ist religiöse Rede am Rand des Sagbaren: Sie bezeugt durch sich selbst die Wahrheit des Gesagten. Sie ist poetisch, indem sie ursprünglich hervorbringt und ihre Wahrheit in dem Augenblick findet, wo sie geschieht. Dies kann nun nicht mehr als eine sprachliche Aufgabe für den Gottesdienst bezeichnet werden, sondern kann nur erhofft, bestenfalls erstrebt werden. Am Rand des Sagbaren, dort, wo die «geheimnisvolle Gefolgschaft zwischen Sprache und Wirklichkeit» auf dem Spiel steht, ist der Ort des Zeugen. Wer im Gottesdienst das Geheimnis Gottes verkündet, ist im Wortsinn ein *martys*. Dies ist nicht beiläufig in einer Zeit, der die Konzepte von Wahrheit, die mit Worten gegeben ist, und von Menschen, denen man auf ihr Wort hin vertrauen kann, verloren zu gehen droht. Im wuchernden Dickicht der verbreiteten Autofiktionalitäten und wechselseitigen Unterstellungen von Fake-News, der subtilen Strategien der Manipulation und Meinungsformung in allen Medien, der wechselnden Rollen und Masken und Identitäten ist der *martys* ein Fremdling, er ist verletzlich. Er gibt sich preis. Er balanciert auf jenem Grat, wo sich das Sagbare und das Unsagbare berühren. Der Berührungspunkt aber ist der zwischen Sprache und Leben, Worte wollen gelebt werden.

«Schreib: es regnet»

Jacqueline Keune

Es sind viele Erfahrungen, die Menschen die Sprache verschlagen. Mein Vater, ein Holländer, der den Krieg als junger Mann im Widerstand erlebt hat, konnte sein Leben lang nicht von der Unmenschlichkeit sprechen. Der alte Priester Zacharias verstummt, als er erfährt, doch noch Vater zu werden. Eine ganze Schwangerschaft lang hat er keine Worte für das, was ihm und Elisabet da widerfährt. Erst als das Kindlein beschnitten werden und einen Namen erhalten soll, findet der Tempeldiener wieder Worte und lobt als erstes HaSchem. Gerade so, als ob es mit dem Himmel zuginge, wenn Menschen ihr Schweigen brechen, wenn Menschen Sprache finden, wenn Menschen ihre Stimme erheben oder – wie Mirjam – gar die Mächtigen zu Fall singen.

Sprachwerdung als Menschwerdung, Menschwerdung als Sprachwerdung.

Bevor ein Kind fünf Jahre alt werden kann, wird es im Schnitt 40 000 Mal getadelt – 20 Mal am Tag.

Sprache, das sind Botschaften, die Seelen imprägnieren, das sind Missverständnisse, die Freundschaften zerbrechen, das sind Silbenkeulen, mit denen Paare so lange aufeinander eindreschen, bis sie erschlagen sind.

Sprache, das sind hohle Phrasen, leere Versprechen, tote Gebete.

Das sind Diagnosen, die Menschen wegschwemmen, und Fremdwörter, die Menschen beschämen. Nein, es gibt nicht nur eine Angst vor Hunden und Dunkelheit, es gibt auch eine Angst vor Buchstaben.

Worte machen klein, kanzeln ab, treten nach.

Und Worte machen gross, machen schön, machen fliegen.

Worte schlagen Brücken, schliessen Frieden, schaffen Recht.

Sprache, das sind Wundpflaster auf Seelen, das sind Schlummerlieder, die in Schlaf wiegen, und Torheiten, die sich in verliebte Ohren flüstern. Das sind Horizonte, die Seelsorgerinnen über Betten aufreissen, und Hoffnungssamen, die Seelsorger über Gräbern ausstreuen.

Worte schaffen Wirklichkeit.
«Ich liebe dich!» – so ein Satz webt doch Liebe.
«Ich will dich nie wieder sehen!» – so ein Satz baut doch Mauern.
Worte schaffen Wirklichkeit.
«Gott sprach: Es werde Licht. Und es ward Licht.»
Aber nicht allein Licht. «Alles ist durch das Wort geworden», staunt Johannes am Anfang.

Und doch: Keine theologische Fakultät setzt Ethik und Dogmatik, setzt Zweites Testament und Kirchengeschichte voraus. Das Einzige, das – mehr oder weniger – vorausgesetzt wird, ist das Wort, ist Sprache.

Wem hören wir zu? Wem nicht?
Was hören wir noch? Was können wir nicht mehr hören?
Und was konnten die 19 von den 20 Menschen nicht mehr hören, die schon lange weggegangen sind?
Und: Was haben wir zu sagen, noch zu sagen?
Und wie?

Ich wünsche mir in der Liturgie eine Sprache, die in Gott verwurzelt ist wie der Baum in der Erde. Eine Sprache, die aufhorchen lässt, die neu hinhören lässt. Eine Sprache, die nicht zu imponieren sucht, und nicht sich selber gross macht, sondern die Menschen. Eine Sprache, die sie nicht zuerst an ihre Schuld erinnert, sondern an ihre Schönheit, weil darin mehr Kraft zur Veränderung liegt als in jedem moralischen Appell.

Eine Sprache in der Liturgie wünsche ich mir, die den Alltag der Menschen und alle die Dinge, mit denen sie sich die Woche über herumschlagen müssen, würdigt und all das Versuchte anerkennt. Die den Menschen einen Horizont eröffnet, besonders den Armen, und die darum weiss, dass sie immer von Gott redet, wenn sie von den Menschen und den Erfahrungen ihres Lebens redet.

Ich wünsche mir im Raum der Liturgie, der Kirche, eine Sprache, der Gott nicht auf der Zunge liegt, die das Heilige im Gewöhnlichen schaut und den Himmel erdet. Die mit Erfahrung gedeckt ist, die die Wirklichkeit immer überbietet und – wie die Schrift – an dem festhält, was unmöglich scheint.

Die den Mut hat, sich eigener Verwundung und fremder Welten auszusetzen, damit sie neu werden kann – lauter und klar wie Silber. Oder wie es der Psalm 12 besagt: «geschmolzen im Tiegel der Erde, von Schlacke gereinigt siebenfach.»

Die Sprache, die ich mir wünsche, hat gesellschaftskritische Kraft und traut sich, das Wort Wahrheit in den Mund zu nehmen, weil sie nur so und notwendigerweise auch von der Lüge reden kann. Und ihr Anfang und Ende, ihr Ein und

Alles ist das Reich Gottes und seine Gerechtigkeit. Denn: Wir brauchen keine neue Sprache, wenn wir nichts (mehr) zu sagen haben.
Einer, der etwas zu sagen hatte, der mir etwas zu sagen hat, ist Josef Reding. Kein anderer Text beschreibt so genau mein Denken, mein Fühlen, vor allem aber mein Sehnen in Bezug auf Sprache wie das kleine Gedicht[1]:

Noch schreiben?

Aus dem fremden
perforierten Himmel
fädelt sich müdes Wasser
Schreib so nicht!
Schreib: es regnet
das bekommt der Sprache
Oder schreib: es regnet
und der da hat kein Dach
das bekommt dem
der kein Dach hat
Oder schreib nichts mehr
bau ein Dach

---

[1] Josef Reding, Wem gehört die Erde. Neue religiöse Gedichte, hg. v. Paul Konrad Kurz, Mainz 1984, 16.

Und zeige hinaus

Jacqueline Keune

«Der Barmherzigkeit Gottes sind Grenzen gesetzt», sagt der Kirchenmann im Interview.

Ein Satz, der auch mein Herz fühlen lässt, was mein Kopf schon weiss: Sprache ist Macht. Sprache macht Welt. Sprache macht Glauben. Auch solchen: Der Barmherzigkeit Gottes sind Grenzen gesetzt.

Worte schaffen Wirklichkeit. Darum ist ein bewusster Umgang mit Sprache von grosser Bedeutung – auch im Raum der Liturgie.

So wünsche ich mir liturgische Sprache:

lebensnah

Sprache mit Bodenhaftung, die an das Geheimnis Gottes rührt und gleichzeitig nah am Leben der Menschen und der Wirklichkeit der Welt ist. Sprache, die sich nicht an abstrakten Wahrheiten, sondern lebendigen Erfahrungen orientiert. Auch an Erfahrungen, von denen ich sonntags im Gottesdienst nie höre.

vorläufig

Sprache mit provisorischem Charakter, die nicht fertig und nicht ewig ist. Sprache, die nicht belehrt und behauptet, sondern wahrnimmt, die nicht rechtfertigt, sondern reflektiert, die mehr hofft als weiss, mehr fragt als antwortet, mehr erzählt als doziert, mehr an- als ausdeutet. Oder wie es Martin Buber sagt: «Ich habe keine Lehre. Ich zeige nur etwas. […] Ich nehme ihn, der mir zuhört, an der Hand und führe ihn zum Fenster. Ich stosse das Fenster auf und zeige hinaus.»

dynamisch

Sprache, die berührt, die bewegt und etwas in Menschen bewirkt. Die im besten Fall gar zum Handeln anstiftet. Das Volk Israel hat keine thronende Ewige erfahren, sondern eine, die mit ihm durch Nässe und Kälte mitgezogen ist. Das soll sich auch in unserem Sprechen von Gott widerspiegeln.

einfach

Sprache ohne Schwulst und Pathos, die nicht frömmer und andächtiger tut, als ihre Sprechenden es sind. Sprache, die gerade in ihrer Schlichtheit dem Banalen widersteht, und die nicht nur verständlich, sondern auch verantwortlich von Gott redet. Und: Ein starker Inhalt schafft einen starken Ausdruck, nicht umgekehrt.

hoffnungsvoll

Sprache, die gross von den Menschen denkt und sie nicht zuerst an ihre Schuld, sondern ihre Schönheit erinnert. Sprache, die auf mehr hofft denn das, was wirklich ist, und sich radikal an einem geschwisterlichen Bild vom Menschen, von Kirche und Welt orientiert. Sprache, die ermutigt und ermächtigt, besonders die Benachteiligten, die stets das befreiende Wirken Gottes vor Augen hat und immer im Dienst der Verkündigung des Reiches Gottes und seiner Gerechtigkeit steht. Sprache auch, die ihre ganze Hoffnung auf etwas wirft, die Gegensprache ist, die die Armgemachten seligpreist und den Gewaltlosen das Land verheisst.

wesentlich

Sprache, die sich auf das Wesentliche konzentriert und den Sprachmüll beiseite räumt, der sich über die Jahrhunderte hinweg angesammelt hat. Paul Zulehner spricht von «Logorrhö», vom Wortdurchfall, vom liturgischen Gelafer. Wenn ich nur schon an die Bibliotheken über die Letzten Dinge denke ... Christine Busta fasst sie alle in zwei Sätzen zusammen: «Was werden wir sein / in hundert Jahren? / Der Erde vermählt und Gott anvertraut, / zwei Hände voll zärtlichem Staub.»

überraschend

Sprache mit neuen Bildern, die neue inspirierende Inhalte schaffen. Poetische, mystische Sprache auch, die über die Alltagssprache hinausweist. Aber eine Sprache wird nicht durch das Rezitieren von Gedichten poetisch, sondern indem sie Grenzen wie diese überschreitet: «Gott wird Mensch», «Binde deinen Karren an einen Stern» (Leonardo da Vinci).

begrenzt

Sprache, die die Grenzen des Sagbaren sieht und achtet – es gibt dieses Unaussprechliche, und manches bleibt einfach unsagbar. Darum sind Gottesdienste immer zugleich Räume des Redens und des Schweigens. Eines Schweigens aber, das nicht beziehungslos neben dem Wort atmet, sondern dieses erst zum Klingen bringt. Und mitunter ist gerade Schweigen die Rettung.

Sprache ist Macht. Sprache macht Welt. Sprache macht Glauben. Auch solchen: Der Barmherzigkeit Gottes sind keine Grenzen gesetzt.
　　Aber, bei allem: Es geht nicht allein um eine neue Sprache, es geht auch und vor allem um eine neue Theologie.

Texte zur Karwoche

Jacqueline Keune

Palmsonntag

Herrenlos

Zweige, die fliegen
Kleine, die sich drängen
Verschüttete Hoffnung
die sich hinausschreit

und mittendrin
einer
der schweigt
der das Wort nicht bricht
der nah kommt, der nah geht
und sich vom geduldigen Grau
durch die lärmenden
Gassen tragen lässt

Der Sohn des Friedens
der Ungekrönte
– verwurzelt im Wind
auf seiner Abschiedstour

Still verneigen sich
die alten Mauern

Hoher Donnerstag

Wie damals

Die Seelen der Toten
sitzen mit am Tisch

Von den Gassen ertönt
ein verschontes Lied

Die Nacht
schliesst sich
um die Erinnerung

Der Abschied
atmet aus
zurück bleiben
Brot und Wein
der Segen
das leise Wort

Vergossen
für die vielen

«Schreib: es regnet»

    Karfreitag

Abel aus Charkiw

Das Blut unserer Brüder
das Blut unserer Schwestern
erhebt seine Stimme und schreit zu dir
von den Strassen Charkiws
von den Strassen Chersons
von den Strassen Mariupols
Lwiws, Odessas, Kiews
von den gebrochenen Strassen von Butscha
von Bachmut
von Borodjanka

Das Blut unserer Brüder
das Blut unserer Schwestern
das hoch betagte
das eben erst geborene
das unschuldige Blut
erhebt seine Stimme und schreit zu dir
von den Feldern
von den Gärten
von den Gassen
den Hinterhöfen und Spielplätzen
der Ukraine im Blühen

Aus den Ruinen Syriens
aus den Ruinen Malis
aus den Ruinen Afghanistans
den Trümmern von Jemen
den Trümmern von Libyen
von Pakistan und Palästina
schreit es zu dir
das Blut

Es erhebt Anklage
es schäumt auf zum Chor
es lässt die Himmel gerinnen
das wahllose Blut aus Vietnam

das massakrierte Blut aus Srebrenica
das ausgehungerte, das eingefrorene Blut aus Stalingrad
das verstümmelte aus Ruanda
das jüdische
das schwarze
das Frauenblut

Es erhebt seine Stimme
seine purpurrote Donnerstimme
das unstillbare Blut
alle der Schlachten
alle der Kämpfe
alle der Kriege
alle der Kinder
deiner Kinder
und schreit sich aus Millionen von Kehlen zu dir
vom Erdboden

über den Märzenlüfte
die Samen der Linden
säen

«Schreib: es regnet»

Karfreitag

Karfreitage

Er zitterte
Er hatte Angst
Er hatte Todesangst
Er stöhnte, er stammelte, er schrie
– Schreie wie Fäuste
die sich im Geäst der Dornen verfingen –
und kein Gott nirgends

Und dann hing er da
gekrönt
gepfählt
im Blühen von Judäa
entrindet bis auf die Haut
mit ausgespanntem Leib
und rosa Wolkensäumen
vor den brechenden Augen

Einige lachten
Und nebenan Würfel
die fielen

Und nebenan Väter
die fallen und verstaubte Kinder
die in Ruinen versteinern
und bebende Mädchen
die mit bärtigen Riesen vermählt werden
und Vertriebene auf uferlosen Wassern
die zittern
die Angst haben
die Todesangst haben
die stöhnen, die stammeln, die schreien
– Schreie wie Fäuste
die in der Nacht der Gleichgültigkeit verhallen –
und kein Mensch nirgends

Karsamstag

Der Tag danach

Die Augen schauen ins Leere
Die Steine schweigen in den Wind
In Sichtweite
die gekreuzten Balken
die zerbombten Panzer
die Massengräber, die sich blähen
und der bleierne Rauch über den Dörfern
mit den lieben Namen

Gewiss
das Leben geht weiter –
irgendwie
irgendwann

vielleicht morgen
oder übermorgen
dass die Menschen
wieder aufstehen
dass sie wieder
Frühstück machen
dass es weitergeht
das Leben

vielleicht morgen
oder übermorgen
aber
nicht
heute

nicht
heute

Ostern

Leben im Sinn

Noch nicht weggefegt
den Zweigenjubel aus den Ecken
der Hinterhöfe
noch nicht zusammengekehrt
die Krumen des Brotes
noch nicht abgelegt
das schwarze Kleid

und immer noch das Hämmern
und immer noch die Schreie
und noch immer die Schüsse
im Ohr

kriecht die Hoffnung
auf allen vieren
aus den Trümmern ans Licht –
die verklebten Lungen atmen
den Frühling ein

In den ungebeugten Ruinen
stehen die Engel
– der Himmel
hat Leben im Sinn

Über die Sprache des Gebets

Alexander Bischoff

> «*On croirait des bœufs ruminant leurs psaumes,*
> *attelés à plusieurs pour labourer sans relâche*
> *le champ coriace de l'éternité*»
> (Philippe Jaccottet, 1925–2021)

Wie ein Ochse kaue ich meine Psalmen. Ich versuche seit 50 Jahren zu beten. Manchmal gelingt es: zu Beginn eher selten, später gelegentlich und neuerdings immer öfter. Ich wuchs nicht christlich oder kirchlich auf und kannte das Gebet nicht. Immer aber sehnte ich mich danach, beten zu können. Seit ich zum Glauben kam, bin ich auf der Suche nach der Sprache des Gebets.

Dieser Essay ist beides: ein *essai*, ein Versuch zu beschreiben, in welche Richtungen mich meine Suche nach dem Gebet getrieben hat, und das Märchen von dem, der auszog, das Beten zu lernen. Ich halte fünf Stationen respektive Bewegungen fest: von Augustin zu den Psalmen, von Teresa von Ávila zum Unservater, vom Gebet zum Gedicht, vom Gedicht zum Gebet und von der Fremdsprache zum Verstehen.

1. Von Augustin zu den Psalmen

Die erste Bewegung auf der Suche nach dem Gebet führte von Augustin zu den Psalmen (und nicht umgekehrt, wie vielleicht eher zu erwarten wäre). Als suchender, junger Christ war ich bald einmal auf Augustin (354–430) gestossen. Ein modern schreibender, denkender und fühlender Mensch kam mir da entgegen. Sein sehr individueller – ich müsste wohl sagen: individualistischer – Stil holte mich ab und ich fühlte mich verwandt mit seinem Suchen und Beten. Sein Satz zu Beginn seiner *Confessiones* («Bekenntnisse») wurde unzählige Male zitiert, und spricht uns Heutige in unserer Unruhe unmittelbar an.

Inquietum est cor nostrum, donec requiescat in te, Domine.
Ruhelos ist unser Herz, bis es ruht in dir, o Herr.[1]

Die Unruhe treibt die Suche an, die die Ruhe sucht, die im Gebet zu finden ist. Dabei ist Trost zu finden, ohne schon die Ruhe erlebt zu haben, denn – auch dies ein Gedanke von Augustin – die Sehnsucht nach Gebet ist bereits Gebet.

Ante te est omne desiderium meum: Vor dir ist all mein Sehnen (Ps 38,10): Dein Sehnen soll vor ihm sein und dein Vater, der ins Verborgene sieht, wird es dir vergelten. (Mt 6,6). Dieses dein Sehnen ist nämlich dein Gebet. Und wenn es fortdauerndes Sehnen ist, dann ist es auch ein fortdauerndes Gebet.[2]

Die *Confessiones* (Bekenntnisse) zählen als die erste christliche Autobiografie – und sind praktisch ein einziges Gebet, ein fortwährender Dialog zwischen dem Ich (Augustin) und dem Du (Gott). Dieser Dialog mit Gott ist getränkt mit Psalmzitaten. Auf nahezu jeder Seite der *Confessiones* ist ein Psalmenzitat zu finden. Anhand der Psalmen findet Augustin zu seiner eigenen Sprache, die es ihm erlaubt, sich in Gebet, Introspektion und Selbstreflexion der Autobiografie auszudrücken.

Die Psalmen bieten allen, die die Sprache des Gebets suchen, einen entsprechenden Weg an. Ein geeigneter Weg, sich auf diesen Weg zu machen, bietet sich in den Tagzeitengebeten an, die seit Jahrhunderten aus Psalmen bestehen. Auf diese Weise und singend wird das Gebet ähnlich psalmendurchtränkt wie die *Confessiones* von Augustin, und dies nicht durch eine intellektuelle Tour-de-force-Leistung, sondern durch eine sinnliche Hingabe an die gesungenen hoch-poetischen Texte, die entweder Hinführung zum Gebet oder Gebet im eigentlichen Sinn sind. «Steter Tropfen höhlt den Stein»: Stetes Getränktwerden durch die Psalmen weicht das steinerne Herz auf. Das beständige Aufnehmen von Gebetsworten bewirkt Frieden und Gelassenheit.

Basilius von Caesarea (330–379) schreibt: «Der Psalm ist Meeresstille für die Seelen» (ψαλμός γαλήνη ψυχῶν). Das Bild wird über die Jahrhunderte sehr beliebt. Augustin sagt ganz ähnlich: «Psalmus tranquillitas animarum est». Auch Georg Spalatin (1518) macht von dem Bild Gebrauch und schreibt: «Der Psalm ist ain rue der selen.». Und Luther in seiner zweiten Vorrede auf den Psalter: «Denn ein menschlich Herz ist wie ein Schiff auf einem wilden Meer.»[3] Dieses menschliche Herz, dieses schaukelnde Schiff, dieses stürmische Meer – ein Psalm (und darin das Wort Gottes) vermag sie alle zu beruhigen.

---

[1] Aurelius Augustinus, Confessiones. Bekenntnisse, München 1966, 12/13 (= I, 1).
[2] Zitiert in Anselm Grün, Chorgebet und Kontemplation, Münsterschwarzach 1989, 15.
[3] Siehe in Günter Bader, Psalterspiel. Skizze einer Theologie des Psalters, Tübingen 2009, 247.

Zwischenfazit: Auf der Suche nach einer Sprache des Gebets sind es in erster Linie die Psalmen, die Suchende finden lassen: Gebet, Gedicht, Selbsterkenntnis, und Vorbereitung zur Gottesbeziehung. Augustin kann dem Suchenden zeigen, «wie das geht».

2. Von Teresa von Ávila zum Unservater

Der, der auszog, das Beten zu lernen, begegnete auch Teresa von Ávila (1515–1582). Ihre lebendige Sprache, ihr sprudelndes Erzählen, ihre sehnsüchtige Unruhe: ihre Texte sprachen ihn ganz direkt an, ob sie nun Gebet, Gedicht oder Bericht sind. Da ist zum Beispiel «Nada te turbe»:

Nada te turbe,	Nichts soll dich ängstigen,
nada te espante,	Nichts dich erschrecken,
todo se pasa,	Alles vergeht,
Dios no se muda;	Gott bleibt derselbe.
la paciencia todo lo alcanza;	Geduld erreicht alles;
quien a Dios tiene	Wer Gott besitzt,
nada le falta:	Dem kann nichts fehlen:
Sólo Dios basta	Gott nur genügt.

Das Buch «Die Wohnungen der inneren Burg[4]» gehört sowohl zur Weltliteratur als auch zu den mystischen Klassikern. Die grosse Entdeckung von Teresa ist das Innere Gebet. Meine anfängliche Begeisterung schlug allerdings um in ein Gefühl von Versagen. Was diese Frau im Gebet erlebt, das kann ich niemals erreichen – so rief der Suchende aus. Nicht nur fühlte er sich als geistliches Weichei, er stellte bei sich auch eine Art mystische Habgier fest (*gourmandise spirituelle*, Antoine Nouis), als ein Grapschen nach Erfahrung. Beides führte ihn dazu, dass er die Schriften der Mystikerin – und die meisten anderen auch! – für Jahre beiseitelegen musste.

Ein freudiges Wiedersehen ergab sich aber, als er ihr Buch über das Unservater entdeckte, über diesen wichtigsten Text über das Gebet, ein Text, der selbst ein Gebet ist. Der Stil dieses Buchs ist ganz nach seinem Geschmack: Teresa schreibt in einer schnellen, quirligen Sprache, die immer wieder von Gebetsrufen durchsetzt ist, wie wenn sie sich in ständigem Dialog mit Gott befände, dem Gott, den sie

---

[4] Teresa von Avila, Werke und Briefe – Gesamtausgabe, Bd. 1: Werke. Herausgegeben, übersetzt und eingeleitet von Ulrich Dobhan und Elisabeth Peeters, Die Wohnungen der inneren Burg, Freiburg 2015, 1641–1901.

abwechslungsweise als Freund, Bräutigam, Herr, Meister, Vater anspricht. Vor allem ist die Auslegung zum Unservater hochoriginell: Weil sie immer befürchten muss, wegen ihrer (mystischen) Erfahrungen des Inneren Gebets von der Inquisition belangt zu werden, schreibt sie gleichzeitig unterwürfig (sie als «ungebildete» Frau den Theologen gegenüber), selbstsicher (dank ihrer Gebetspraxis), respektvoll (der Männerwelt gegenüber) und fröhlich-laut (der Frauenwelt ihrer Klöster gegenüber). Herausgekommen ist dabei ein Buch (es heisst «Buch der Vollkommenheit», doch der langweilige Titel wurde ihr von der kirchlichen Hierarchie vorgeschrieben), das praxisnah, intuitiv und innig in der Gottesliebe einen Umgang mit dem Vater im Himmel vorschlägt, gegen den aber auch gar nichts einzuwenden ist, und das auch zwischen den Linien den Weg zum inneren Gebet öffnet.

> Du, Sohn Gottes, mein Herr! Wieso gibst du mit dem ersten Wort so viel? Da du dich in so extremer Weise demütig zeigst, indem du dich bei dem, was du erbittest, mit uns verbindest und Bruder eines so unzugänglichen erbärmlichen Wesens bist, warum gibst du dann im Namen deines Vaters alles, was man geben kann, denn du möchtest ja, dass er uns zu Kindern hat?[5]

Damit vollzog sich für den, der auszog das Beten zu lernen, eine weitere Bewegung: die zum Unservater. Darum: Wer mystisch beten will, soll sich das Unservater vornehmen; dort ist die Sprache des Gebets ebenso zu finden wie bei den Psalmen. Und der Suchende behauptet mit Nachdruck: Es gibt keine bessere Einführung in die Sprache des Gebets als das Unservater und den Psalter.

3. Vom Gebet zum Gedicht, vom Gedicht zum Gebet

Não, não pares
É graça divina começar bem.
Graça maior é persistir na caminhada certa, manter o ritmo ...
Mas a graça das graças é não desistir. Prosseguir firme.
Podendo ou não podendo. Caindo embora aos pedaços ...
Chegar até o fim.

Nein, bleibe nicht stehen
Es ist eine göttliche Gnade, gut zu beginnen.
Es ist eine grössere Gnade, auf dem guten Weg zu bleiben und den Rhythmus nicht zu verlieren.

---

[5] Teresa von Ávila, Weg der Vollkommenheit, Freiburg 2012, 232.

> Aber die Gnade der Gnaden ist es, sich nicht zu beugen
> und – ob auch zerbrochen und erschöpft –
> vorwärts zu gehen bis zum Ziel.

Dom Hélder Câmara (1909–1999, brasilianischer Bischof, eine wichtige Stimme unter den Befreiungstheologen) schrieb seine Texte meistens in der Nacht. Er stand jede Nacht um 2 Uhr auf, um in der Stille zu sein und zu beten. Aber was sind seine Texte? Gedichte oder Gebete? Er benennt sie nicht. Ohnehin wurden diese mitternächtlichen Meditationen (so werden sie in deutschen Ausgaben genannt) nie aus einem schriftstellerischen Interesse heraus geschrieben.

In Zeiten und Glaubenskrisen, während derer das Gebet schwerfällt, die Sprache des Gebets eine unverständliche Fremdsprache ist, die vorformulierten Gebete schwülstig oder anmassend wirken, und die eigenen Gebete schal, dann bieten Gedichte (und das müssen nicht religiöse sein) einen Raum, wo ich mich verstanden und aufgehoben weiss. Als Beispiel sei das Sonett XXX von William Shakespeare (1585–1613) zitiert:

> *When to the sessions of sweet silent thought*
> *I summon up remembrance of things past,*
> *I sigh the lack of many a thing I sought,*
> *And with old woes new wail my dear time's waste [...]*
> *But if the while I think on thee, dear friend,*
> *All losses are restored, and sorrows end.*
>
> Besinn ich mich in schweigsam-süssen Stunden,
> Ruf längst Vergangnes wieder auf den Plan,
> Seufz ich um vieles, was ich nicht gefunden,
> Klag neu im Schmerz um Zeit, die ich vertan. [...]
> Doch denk an dich, mein Freund, ich unterdessen,
> Ist alles wettgemacht, mein Schmerz vergessen.[6]

Ob das Sonett nun an den *dear friend* gerichtet ist, an eine Kunstfigur, die beiderlei Geschlechts sein kann, an einen homosexuellen Partner oder an die ominöse Frau in Schwarz, das Gedicht kann auch Gebet werden. Die entsprechenden Gebetsbestandteile sind vorhanden: Schmerz über die Zeit und die Vergangenheit, Besinnung (Gewissenserforschung), Versöhnung mit dem Schicksal (Gott), wiedererwachte Dankbarkeit, und die Ausrichtung auf ein Du. Hier kann ein Gedicht zu

---

[6] William Shakespeare, Die Sonette. Zweisprachige Ausgabe. Neu übersetzt von Christa Schuenke, München 1999, 36f.

einem Gebet werden, auch wenn es ursprünglich wohl kaum als Gebet geschrieben war.

Und wie steht es wohl mit dem folgenden Gedicht von Emily Dickinson?

Tell all the truth but tell it slant –	Sag Wahrheit ganz doch sag sie schräg –
Success in Circuit lies	Erfolg liegt im Umkreisen
Too bright for our infirm Delight	Zu strahlend tagt der Wahrheit Schock
The Truth's superb surprise [...]	Unserem Begreifen [...][7]

Emily Dickinson (1830–1886) hat ihr ganzes Leben zurückgezogen in einem Haus in Amherst, Massachusetts, verbracht. Ihre Gedichte, erst nach ihrem Tod veröffentlicht, scheinen stilistisch vielfach ins 20. Jahrhundert vorzugreifen. Viele ihrer Gedichte stehen an der Schwelle zum Gebet, wobei oft nicht klar ist, ob es ein Schritt über die Schwelle aus dem Haus (des Glaubens – sie wuchs streng calvinistisch auf –) hinaus oder in das Haus hinein ist. Aber dass ein Gebet etwas Schräges hat, etwas, das quer in der Landschaft der Sprache steht, etwas, dem man sich am besten kreisend (wiederholend, refrain-artig) nähert und das zu hell und zu hoch ist – das ist beruhigend für Gebetsverdrossene. Der gleiche Effekt stellt sich übrigens auch beim Psalmenlesen und -Meditieren ein: Ein Psalm ist nicht immer Gebet, aber er thematisiert Gebetsschwierigkeiten, therapiert Gebetsunfähige und bereitet Gebet vor. Eugene H. Peterson (1932–2018) nimmt in seinem Buch über die Sprache von Jesus das Gedichtfragment auf und titelt: *Tell it slant – a conversation on the language of Jesus in his stories and prayers.*[8]

Was Christian Lehnert, Lyriker und Theologe, über die Entstehung eines Gedichts sagt, könnte genauso für die Entstehung eines Gebets gelten:

> «Denn Gedichte beginnen ja dort, wo mir die Worte fehlen. Wenn ich mich an den Schreibtisch setze, weil ein Gedicht dabei ist zu entstehen, dann ist eine merkwürdige Leere und Offenheit da. Das anhebende Gedicht birgt etwas, was es noch nicht gibt, und was nur durch und in ihm selbst erscheinen kann.»[9]

Ein letztes Beispiel über die Hin-und-Her-Bewegung zwischen Gebet und Gedicht: SAID schrieb ein Büchlein mit dem unspezifischen Titel «Psalmen». SAID, der sich immer so mit Grossbuchstaben und ohne weiteren Namen oder Vornamen schrieb,

---

[7] Emily Dickinson, Gedichte englisch und deutsch. Herausgegeben, übersetzt und mit einem Nachwort von Gunhild Kübler, Wien 2006, 539.
[8] Eugene H. Peterson, Tell it slant – a conversation on the language of Jesus in his stories and prayers, Grand Rapids 2008.
[9] Vortrag in der Wasserkirche in Zürich (Festival Liturgie und Poesie, Mai 2022).

war ein iranisch-deutscher Schriftsteller (geboren 1947 in Teheran, gestorben 2021 in München, mit bürgerlichem Namen Said Mirhadi). Er wuchs als Muslim auf, verstand sich aber nicht als Muslim. «Im Rahmen dieser Spiritualität spielte das Exil eine wichtige Rolle. SAID stellte das Exil als den prinzipiellen Daseinsort des Menschen dar. Will heissen: Jeder Mensch lebt in seinem Exil, aus das [sic] ihn nur eine persönliche Frömmigkeit hinausführen könne.»[10] Als Lyriker (und nicht primär als «Gläubiger») schrieb er seine Psalmen, die immer mit *herr* beginnen, gleichzeitig vertraut und fremd, gespielt (als Literaturform) und doch unheimlich authentisch wirken. Obwohl er die persische Dichtersprache beherrschte, schrieb er die Psalmen wie die meisten seiner Gedichte auf Deutsch. Auch diese «Psalmen» helfen einer Gebet-suchenden Person, ihre Sprache des Gebets zu finden.[11]

> herr
> du kannst alles anbeten
> neben mir
> denn ich habe den anspruch der einzigartigkeit
> aufgegeben
> um nicht im eigenen licht zu erstarren
> und ich bitte dich oh herr
> verrate mir alle deine namen
> auch den letzten
> den verborgenen

Elke Erb gibt ihrem neuesten Gedichtband (2020) den folgenden Titel: «Das Gedicht ist, was es tut / A poem is what it does»[12]. Der auszog, das Beten zu lernen, bewegte sich vom Gebet zum Gedicht und vom Gedicht zum Gebet. Endlich geht ihm ein Licht auf: «Das Gebet ist, was es tut».

4. Von der fremden Sprache zur eigenen Sprache

Der Versuch – *essai* – über die Sprache des Gebets hat noch eine weitere Bewegung zu beschreiben und das Märchen von dem, der auszog das Beten zu lernen, sollte berichten, in welche fremden Gegenden es den Suchenden verschlug. Als Krankenpfleger ausgebildet, um in der kirchlichen Entwicklungszusammenarbeit in Angola

---

10   www.srf.ch/kultur/literatur/dichter-said-ist-gestorben-in-seiner-sprache-wurden-worte-zu-bildern (01.09.2023).
11   SAID, Psalmen, C.H. Beck, München 2016, 7.
12   Elke Erb, Das Gedicht ist, was es tut / A poem is what it does, Göttingen 2020.

zu arbeiten, sah sich der Suchende fremden Sprachen (Portugiesisch, Kikongo), fremder Kultur, fremden Liedern und fremden Gebeten ausgesetzt.

Es fielen ihm Parallelen zwischen Fremdsprache und Gebetssprache auf: In beiden Sprachen ist er zuerst einmal unbehaust und ungeborgen; beide Sprachen sind nicht mütterlich wie eine Muttersprache; beide Sprachen sind zuerst unverständlich; beide müssen beharrlich zu eigen oder besser: *apprivoisé*, gezähmt, vertraut gemacht werden (wie das Füchslein im *Petit Prince* von Antoine de St. Exupéry); in beiden sind zuerst Missverständnisse an der Tagesordnung.

Die Parallelen gehen noch weiter: Sowohl eine Fremdsprache wie eine Gebetssprache sind lernbar, nicht als individuelle, sondern immer gemeinschaftliche Leistung, mit anderen zusammen. Sie sind am leichtesten lernbar durch *immersion totale*, und werden reicher und tiefer, je länger man sich ihnen aussetzt. Nikolaus Ludwig von Zinzendorf dichtet:

> Bitte ihn, er wird dich laben; schweige und du wirst Antwort haben, wisse nichts, so lernst du ihn.[13]

Für beide gilt: Fehler machen und auf Korrektheit gelegentlich verzichten. Denn sowohl Sprache als auch Gebet dienen nicht einer linguistischen Performance, sondern der Kommunikation. Entsprechend sollen die, die Sprach-, Gebets- und Gehversuche in der Fremdsprache machen wollen, Mut bekommen, sich zu exponieren und sich nicht allzu ernst zu nehmen. Und schliesslich: Die Praxis der Gebetssprache und der Fremdsprache helfen, sich dezentrieren zu lassen. *Décentration* ist ein von Jean Piaget (1896–1980, Neuenburger Psychologe) geprägter Begriff aus der Entwicklungspsychologie. Er bezeichnet einen wesentlichen Schritt in der Überwindung des kindlichen Egozentrismus. Mit drei oder vier Jahren merkt ein Kind schmerzhaft, dass es nicht mehr im Zentrum des Kosmos ist, und sich Eltern und Umwelt nicht ständig nur um das Kind drehen. Warum sollte die *décentration* nicht auch einem Kind Gottes gelten, so fragte sich der Suchende, und erinnerte sich an ein Sprichwort auf Kikongo:

> *Nzenza zowa i teku kia maza kunsongila.*
> Der Fremde ist dumm – man muss ihm sogar das WC zeigen. (Er ist hilflos, unselbständig und angewiesen auf Hilfe, selbst in den kleinen Dingen.)

Eine fremde Sprache hilft mir zu merken, dass die Sonne nicht um mich kreist, sondern ich bestenfalls um die Sonne. Beim Lernprozess einer fremden Sprache (des Gebets oder eines Landes) ist es mir im Idealfall vergönnt, Fremdes zu hören

---

[13] Herrnhuter Brüdergemeine, Gesangbuch der Evangelischen Brüdergemeine, Basel, 350.

Über die Sprache des Gebets

und zu verstehen, Freude am Klang des Fremden zu bekommen, Geduld zu lernen, zwei- oder mehrsprachig zu werden, und im ständigen Hin-und-Her-Übersetzen von Sprache zu Sprache heimisch zu werden.

Leta Semadeni, Schweizer Schriftstellerin, bewegt sich in ihrer Lyrik ständig zwischen zwei Sprachen – Rätoromanisch (Vallader) und Deutsch – und schreibt ihre Gedichte in beiden Sprachen, wobei die Fassung der einen Sprache nicht einfach eine Übersetzung aus der anderen, sondern eine Eigenschöpfung ist. Zum Beispiel folgende *poesia,* die einen Klang von Gebet hat:[14]

Leger poesias	Gedichte lesen
Metta	Leg
il cour	das Herz
aint illa locca	in die Lücke
Fa ün sigl	Spring
sainza rait	ohne Netz
sülla prosma	auf die nächste
lingia	Zeile

Pinchas Lapide (1922–1997, jüdischer Religionswissenschaftler und Theologe) schreibt zur Allgegenwärtigkeit des Übersetzens – und auch dieses Zitat gilt für die Sprache des Gebets:

> «Im Grunde ist alles Reden Übersetzung. Der Sprecher verleiht seinen inneren Gefühlen und Gedanken sprachlichen Ausdruck, indem er sie in Worte kleidet, die – wie er hofft – seinem Hörer die eigentliche Aussage innewerden lassen. […] Die «Übersetzung» – das Wort stammt ursprünglich aus der Schiffersprache – gelangt eben vom Rede-Ufer fast nie ganz unversehrt ans Höre-Ufer hinüber.»[15]

5. Fazit

Der, der auszog, das Beten zu lernen, setzte sich hin und schrieb auf, was er auf seinem märchenhaften Weg entdeckt hatte:

---

[14] Leta Semadeni, Ich bin doch auch ein Tier. Gesammelte Gedichte, Rätoromanisch – Deutsch, Zürich 2022, 96f.
[15] Pinchas Lapide, Ist die Bibel richtig übersetzt? Bd. 1, Gütersloh 1996, 7.

- Ein Gedicht und ein Psalm (der ja auch schon Gedicht ist) bahnen einen Weg ins Gebet, legen eine Sprache bereit, die Gebet ermöglicht. Ein Gedicht kann zu Gebet werden.
- Die Sprache des Gebets und die Sprache des Gedichts gleichen sich.
- Er findet: Die besten Gedichte stammen aus Gebeten. Ebenso gilt: Die besten Gebete sind meist auch gute Gedichte.
- Beides – so schliesst der Suchende – ist lernbar: Fremdsprache und Gebetssprache. Das erhebt ihn ungemein.

Ganz beglückt schliesst er mit dem kurzen Psalmvers (Ps 35,4), der ein Miniaturgebet und Miniaturgedicht in sich schliesst, das zu ihm spricht, ihn auf das Du Gottes hinweist, und das ihn lehrt, es zu sprechen und sich (wieder) vertraut zu machen:

אֱמֹר לְנַפְשִׁי יְשֻׁעָתֵךְ אָנִי
εἰπὸν τῇ ψυχῇ μου Σωτηρία σου ἐγώ εἰμι. (LXX)
Sprich zu meiner Seele: ich bin dein Heil.

Unterwegs mit Michel de Certeau
Einige Aspekte einer Theologie auf dem Weg

Johanna Breidenbach

> Der Schlafwandler Nikodemus
> auf dem Weg zu der Anschrift.
> Wer hat die Anschrift?
> Weiß nicht.
> Aber dahin gehen wir.[1]

1. Einstieg

Das Reden von Gott – im Modus produktiven Sprechens sozusagen nach vorne und im Modus kritischer Reflexion sozusagen nach rückwärts – ist gewiesen an die Welt, in der es erfolgt. Ob jemand im 16. Jahrhundert in seiner Studierstube in den Glarner Alpen, in der Gemeinschaft von sagenhaften 100 Büchern, das Zittern der geistigen Bruchlinien seiner Gegenwart wahrnimmt und dann selbst in Schwung kommt – oder ob jemand im 20. Jahrhundert in den Elendsvierteln von Lima das Magnificat zusammen mit Männern und Frauen auslegt, die sehr wenig zum Leben haben – stets gibt es eine Zeit und einen Ort und eine ganze Geschichte, die dem Reden von Gott vorausgeht, die es formen und einstellen, die es auch verzerren oder in grellen Kontrast zur Gegenwart setzen. Kirchlicherseits mag hinter der vielleicht manchmal auch bangen Frage «Verstehen wir uns?» der dringende Wunsch stehen, in der Gegenwart verstanden werden zu wollen, nichts ins Leere zu reden, sondern so, dass die kostbare Fracht biblischer Worte und delikater theologischer Spielfiguren ankommt drüben, am Herzland des anderen, wie Celan es für die Worte der Dichtung hofft.

Die Einsicht der Bedingtheit menschlicher Rede von Gott ist uns im vergangenen Jahrhundert in verschiedenen Konstellationen neu zu Bewusstsein gebracht

---

[1] Aus «Die auseinandergetriebene Versammlung», in: Tomas Tranströmer, In meinem Schatten werde ich getragen. Gesammelte Gedichte, Frankfurt a. M. 2013, 135.

worden, und erinnert daran, dass es sich beim Reden von Gott um ein unerschöpfliches Neuansetzen handelt, vis à vis mit Texten und Menschen, mit der Geschichte und der Gegenwart.

Ein Mann, der diese Einsicht entschlossen vorangetrieben und sich in seinem Leben und Werk radikal zu eigen gemacht hat, war Michel de Certeau. Er wurde 1925 in Savoyen in Frankreich geboren – in einer Zeit, in der in den theologischen Ausbildungsstätten die Textkritik an biblischen Büchern noch als häretisch galt. Er trat 1950 dem Jesuitenorden bei und blieb bis zu seinem Tod 1986 Ordensmitglied: eine Treue, die phasenweise ein beidseitiger Balanceakt war. Nach einer religionswissenschaftlichen Dissertation waren seine ersten Publikationen editorische Arbeiten und geistliche Artikel, die dem Ziel dienten, spirituelle Quellen der Ordensgeschichte für Menschen von heute zugänglich zu machen. Die historiografische und religionswissenschaftliche Arbeitsweise prägen sein Schreiben grundlegend, später wurden für ihn der Strukturalismus sowie die von Lacan gegründete psychoanalytische Schule enorm wichtig.

De Certeau überschritt im Lauf seiner Karriere zunehmend und auf mehreren Ebenen die Grenzen des kirchlichen Milieus und weitete sein Schaffen auf sozialwissenschaftliche, ethnologische, kulturtheoretische und weitere Fragestellungen aus. Diese Weitung spiegelt sich zurück in seinen – theologisch fundierten – religionstheoretischen Forschungen, was ihn wiederum interessant macht für kirchlich engagierte Theologen und Theologinnen bis heute und heute vielleicht erst recht: Da es scheint, dass der gemeinsame Verständnisboden schier in jeder Begegnung und in jeder Kommunikationssituation zwischen kirchlich beheimateten «Gläubigen» und säkularisierter Mehrheit neu zu erringen ist.[2]

Die prägnanteste Kennzeichnung für diesen Autoren und sein Werk ist das des Wandermannes, so die Hauptherausgeberin seines Werks. Ein Wanderer nicht nur schlicht aufgrund seiner vielen Reisen und Wirkungsorte, sondern auch insofern er scheinbar mühelos über die Grenzen der Disziplinen hin- und herging und sich auch retroperspektiv nur schwer in ein Fach einordnen lassen will; schliesslich ein Wanderer, indem er die Figur des Weges in das Zentrum derjenigen Texte stellte, die sich mit dem christlichen Glauben, seiner Praxis, Sprache und Rationalität beschäftigen.

---

[2] Eine sehr schwierige, weil völlig verkürzte Formulierung, die ein elementares Paradoxon der Offenbarungstheologie überspielt. Beide Sätze gelten: Gotteswort und Menschenwelt entsprechen sich nicht, sie treffen immer unpassend, verstörend aufeinander, egal, wie beheimatet man sich in biblischen Texten fühlen mag. Und: Gotteswort und Menschenwelt entsprechen sich, sie sind nur durch einen zarten Schleier getrennt, der sich völlig unabhängig von kirchlicher und überhaupt religiöser Zugehörigkeit hebt, wenn er sich hebt.

2. Der Ausgangspunkt: Du fehlst

In diesen Texten[3] ist die theologische Ursituation, von der de Certeau her denkt, die des leeren Grabs. Eine Geschichte schon im Auferstehungszyklus der Evangelien: Frauen kommen am ersten Tag der Woche frühmorgens zum Grab des verstorbenen Jesus und finden es leer. Er ist nicht da. Gott fehlt. Dieser eine Körper, mit seinen Augen, seinem Mund, seinen Händen und Füssen, der das Sinnzentrum einer Bewegung und Ausgangspunkt unzähliger auch verschwiegener Begegnungen war, ist weg. Hinterlassen hat er Worte, an die man sich erinnern muss, da nichts aufgeschrieben war; Wortfetzen, Stimmungen, kleine Geschichten. Aber ihre leibliche Verankerung, ihre sinnlich rückgebundene Verifizierung durch diesen Körper und seine Stimme ist dahin.

Dieses Bild, diese Szene, liefert de Certeau zeitdiagnostische Möglichkeiten, indem sie einerseits zur Beschreibung einer Verlustgeschichte dient: die ganze Geschichte der europäischen Säkularisierung, deren Sattelzeit de Certeau um 1500 ansetzt und die mit ihr einhergehende Erschütterung der Legitimität, von Gott zu reden. Besonders interessieren ihn in dieser Epoche die Mystiker als Zeugen der *einen* Wahrheit in einer sich anfänglich pluralisierenden Welt: Wie sich in ihren Sprachversuchen ihre Erfahrung eines umfassenden, absoluten Anspruchs mit den zerfallenden Rahmenbedingungen der religiösen Institutionen und Auflösungserscheinungen ihrer Gegenwart vermittelt.[4]

Andererseits dient die Leere, in der Gott einst als Sinnzentrum gesellschaftlicher Verständigung und stabiler Referent der Rede von ihm wohnte, auch zur Beschreibung eines Zeitgefühls und einer individuellen Seelenlage, die Jahrhunderte später, im Zuge von Industrialisierung und Religionskritik, bei den meisten Menschen angekommen ist: Gottesleere, Sehnsucht, Entfremdung, bis hin zu dem Stadium der Säkularisierung, in dem Gott nicht fehlt, sondern zu fremd geworden ist, als dass er einem fehlen könnte.

Die Szene des leeren Grabs bietet jedoch nicht nur verdichtete Beschreibungsmöglichkeiten, sondern auch eine konstruktive Perspektive, sie führt schliesslich zu einem unerhörten Surplus: nachdem schon alles verloren ist, gibt es eine Fortsetzung, die Teil und zugleich nicht Teil der Geschichte vor dem Verlust ist.

Darum gehören zu der kurzen Erzählung nicht nur die Leerstelle, sondern auch und immer mehr die Frauen und Männer, die in den Wochen nach Jesu Tod

---

[3] Ein Band, der diese versammelt und zugleich einen guten Einstieg bietet: Michel de Certeau, Die GlaubensSchwachheit, hg. von Luce Giard, Stuttgart 2009 (La faiblesse de croire, établi et présenté par Luce Giard, Paris 1987).

[4] Michel de Certeau, Die mystische Fabel. 16. bis 17. Jahrhundert, übers. v. Michael Lauble, mit einem Nachwort von Daniel Bogner, Frankfurt a. M. 2010 (La fable mystique. XVIe–XVIIe siècle, I, Paris 1982).

auf verschiedene Arten Wiederbegegnungen mit ihm erleben, und dabei völlig überrascht werden von einer Intimität, von der sie glauben mussten, sie sei für immer vorbei.

Für de Certeau ergibt sich aus dem Grab eine Initiale, die ihm zur Entwicklung eines theologischen und religionsphilosophischen Ansatzes dient, der nicht von Gott als einer immer schon gegebenen Grösse ausgeht, sondern heterologisch und alteritätssensibel in der Ausrichtung auf die anderen Menschen, auf die Welt, in der sie leben, ihn in fremder Gestalt wieder zu entdecken hofft. Die Vermittlung der Bezogenheit auf ein Absolutes, auf den Anderen schlechthin, und der Bezogenheit auf konkrete andere, ist ein, wenn nicht das Gravitationszentrum seiner Texte, die sich mit der Plausibilisierung christlicher Gottesrede in der Moderne und Spätmoderne befassen.

3. Ein Schritt nach dem anderen

Das daraus resultierende Wegmodell, in dem ein Schritt, eine gewonnene Form und Erkenntnis, stets den nächsten überholt, lässt sich verdichtet an einem Kernvollzug der christlicher Glaubenspraxis studieren, dem Gebet. Wie in einem Brennglas wird hier die entscheidende Dynamik anschaulich, die er (später) auch auf andere Gegenstände anwendet.

In seinem Text «Der Mensch im Gebet, ein Baum aus Gesten»[5] setzt de Certeau ein mit einem grundlegenden Widerspruch des Gebets: dass es zwar ausgerichtet ist auf Gott, der Raum und Zeit übersteigt und alles umfasst, so dass die Intention des Gebets daher universal ist, aber dass seine Formen geradezu spezifisch mit Raum und Zeit umgehen und es von daher in seiner konkreten Umsetzung sehr partikular ist. Seine besondere Aufmerksamkeit gilt dabei der Geste, die, da sie dem Körper zugeordnet ist, den Widerspruch vertieft anzeigt: «Die Geste ist Geist.»[6]

Er setzt nun den Gott und Menschen, das Absolute und das Konkrete so in Beziehung zueinander, dass er die verschiedenen Gesten des Gebets (Niederknien, Händeerheben und -falten, Sitzen, Stehen usw.) als Stationen eines Weges begreift, die einander auf ihre Begrenztheit und Bezogenheit verweisen. Sie stehen dabei im Schnittpunkt von Mangel und Erfüllung:

So gesehen, impliziert die Abfolge der Stationen und der Schritte auf diesem Weg die Negation jeder einzelnen Station: Nein, Gott ist nicht da, sondern anderswo, immer noch weiter fort, in anderen Worten gesagt, in anderen, Ge-

---

[5] In: Certeau, GlaubensSchwachheit, 33–40.
[6] A. a. O., 33.

bärden empfangen. Die Geste ist keine Festsetzung des Absoluten. Aber sie ist auch nicht nur schlichter Ausgangsmoment. Sie ist vielmehr Verlangen und Erwartung und zugleich bereits Empfangen und Antwort. Sie ergreift schon jetzt, was sie erst noch suchen muss.[7]

Diese Verschränkung von intendiertem Zielpunkt – der einen Mitte, der Wahrheit, der Wirklichkeit – und den begrenzten Ausdrucksformen, die sich in ein gegenseitiges Verweisungsverhältnis zueinander und zum Zielpunkt setzen – wendet de Certeau auch an für seine Beschäftigung mit der Situation der christlichen Religion in der gegenwärtigen Geisteswelt; wobei man die Problematik dieses Verhältnisses in weiten Teilen auf alle religiösen Gemeinschaften anwenden könnte: dass wir uns in aller Regel nicht verstehen und die Rede von Gott und den Gütern der christlichen Tradition den Status verrückter, höchstens noch ästhetisch reizvoller Zeichen gewonnen hat – wie Graffiti in U-Bahn-Schächten –[8], die auf gar nichts mehr verweisen.

Hier sollen zunächst kurze Bemerkungen zu seiner Analyse dieser Situation gemacht werden, die die zeitspezifische Unverständlichkeit christlicher Gottesrede nachzeichnen, unter Absehung davon, was de Certeau allgemein, zeitunspezifisch, die «Wunde des Glaubens»[9] nennt: das auf jedem individuellen Glaubensweg anzutreffende Auseinandertreten von Sprache und Erfahrung, von Sehnsucht und ihrer Entsprechung im Lebensalltag, Überlieferung und innerer Erfahrung, kurz: von Buchstabe und Geist, deren Nicht-Passung immer wieder erlitten und um deren Annäherung gerungen wird, letztlich eine Diastase, die an den nicht-wissenden, sich ins Dunkle wagenden Glauben und seine Hoffnungskraft weist.

4. Nichtverstehen

In «Der gründende Bruch» zeichnet de Certeau die epistemische Situation der Rede von Gott nach, die im gegenwärtigen Kreis geisteswissenschaftlicher Disziplinen

---

[7] A. a. O., 37. Im Hintergrund dieser Modellierung religiöser Praxis steht sicher de Certeaus Ausbildung als Jesuit. In frömmigkeitspraktischer Hinsicht sind dafür die vom Ordensgründer Ignatius von Loyola entworfenen Exerzitien zentral: eine Zeit vertiefter Einkehr und intensiven Gebets, an der besonders – und bis heute fruchtbar – ist, dass sie ihr Augenmerk auf die Verfahrensweise legt, wie es dem neuzeitlichen Subjektbewusstsein entspricht.

[8] Michel de Certeau, Die Kunst des Handelns, übers. von Ronald Voullié, Berlin 1988, 196 (L'invention du quotidien (1980), Bd. 1: Arts de faire, neu herausgegeben und eingeleitet von Luce Giard, Paris 1990).

[9] Michel de Certeau, Expérience chrétienne et langages de la foi, in: Christus 46 (1/1965), 147–163, 150.

eben deshalb als irrational und fabulös gilt, weil die Säkularisierung das Fundament des Vernünftigen erreicht hat.[10] Was man wissen, diskutieren, ja überhaupt denken kann, reduziert sich um diejenige Disziplin, die sich auf Sätze bezieht, die schamloserweise Wirklichkeit beanspruchen; eine Übergriffigkeit, die aus den Wissenschaften sonst sorgsam eliminiert wird.[11] Dabei fällt das Spezifische der Theologie, ja sogar der Religionswissenschaften, die sich distanziert und objektiv dem Phänomen Religion zu widmen versuchen, der Auflösung durch andere, zeitgenössisch bevorzugte Rationalitätstypen zum Opfer. Die Modelle, Interpretationsregeln und eigentümlichen Formen der Kommentierung der anderen Disziplinen formen religiöse Aussagen so um, dass sie zu Gegenständen der eigenen Disziplin werden. Das hat allerdings zur Folge, dass das ursprünglich zu untersuchende Thema zunehmend unsichtbar wird. Unter den soziologischen, psychologischen, historischen usw. Erklärungen verschwindet die Religion.

Offen bleibt in dieser epistemischen Situation, und zwar gegen die ausdrücklichen Intentionen der Wissenschaftstreiber, die Frage nach der eben von der Theologie (einst) bespielten Wirklichkeit sowie dem Zusammenhang der Disziplinen, die letztlich verbunden ist mit der Frage nach dem Sinn des Ganzen.[12]

Die Frage nach dem Verhältnis zu diesem anderen ihrer selbst – den gesellschaftspolitischen Bedingungen, der kulturellen Einbettung, der geschichtlichen Situation –, das von der Forschung ausgeschlossen wird, aber sie bedingt, ist nun genau jene die ganze Universität umtreibende Frage, in die de Certeau seine Ideen (sein «‹Bekenntnis›»)[13] dazu einzeichnet, wie das Christentum sich selbst verstehen und damit seinen Beitrag zu dieser allgemeinen Frage liefern könnte.

Dazu greift er auf die oben im Zusammenhang mit dem Gebet angesprochenen Initiale und daraus folgende Wegstruktur zurück.

5. Geistliche Armut

Dabei ist zunächst wichtig festzuhalten, dass de Certeau mit dieser Beschreibung nicht einfach ein theologisches Traktat oder ein dogmatisch fundiertes Kirchen-

---

[10] Michel de Certeau, Der gründende Bruch, in: GlaubensSchwachheit, 155–187, 165.
[11] Vgl. a. a. O., 166.
[12] De Certeau formuliert, indem er die Geschichte als Inbegriff des Wirklichen heranzieht: «Jede Wissenschaft bezieht sich auf eine geschichtliche Bewegung. Sie expliziert deren Möglichkeiten auf eine diskursive Weise, die ihr eigen ist. Sie impliziert ein ‹Anderes› als sie selbst: die Geschichte, die sie zugelassen hat und die das Apriori jeder Rationalität ist. Jede kohärente Sprache funktioniert dank Vorbedingungen, die sie voraussetzt, aber nicht begründet.» A. a. O., 173.
[13] A. a. O., 174.

programm schreiben möchte, d. h. einen Beitrag allein zur diskursiven Seite des Christentums leisten. Vielmehr möchte er eine Analyse des Verhältnisses zwischen christlicher Praxis und christlicher Sprache (die Bibel, die kirchliche Überlieferung und Kommuniqués, Lehrbestände der Theologie usw.) liefern. Er möchte herausarbeiten, wie die «christliche Erfahrung *funktioniert*.»[14]

Dabei räumt er der Praxis – mit aller Vorsicht gegenüber einem unsinnigen Aktivismus – den Vorrang ein, indem er auf die religiöse Praxis Jesu verweist. Diese beschreibt er als eine fortgesetzte Konversion: Jesus nimmt fortlaufend Bezug auf die Heilige Schrift, aber verschiebt ihren Sinn so, dass er selbst zum Ausgangspunkt einer neuen Art der Bezugnahme auf die Heilige Schrift wurde, der seinerseits neue Formen der Bezugnahme ermöglichte: in Treue zum Ursprung, aber von ihm unbedingt verschieden.

Dabei geht es nicht darum, eine je alte Wahrheit durch eine je neue zu ersetzen, sodass die Logik eines Entweder-oder entsteht; auch nicht die scheinbar versöhnliche Variante eines Sowohl-als-auch; vielmehr geht es um die Variante eines «*Weder-noch*, die gegenüber einem Gegebenen und seinem Gegensatz eine dritte Hypothese schafft, *ohne diese jedoch zu determinieren*.»[15]

Dieses dritte ist das, was fehlt: Jesus, der gestorben ist – und der andere, der sich ebenso auf ihn bezieht wie man selbst, freilich in ganz anderer Art und Weise, die ihrerseits weitere Fortschreibungen *zulassen* wird.

Dieses auf Deutsch zitierte Wort ist für de Certeau zentral: Jesus lässt zu, dass sich die auf ihn folgenden Glaubensgemeinschaften in ihrer ganzen Pluralität auf ihn beziehen und ihn damit als den kennzeichnen, der ihnen fehlt. Sie sind Etappen auf einem Weg, den sie nicht ohne die anderen Etappen bilden könnten, die sie ermöglicht haben und die sie ihrerseits ermöglichen. «Nicht ohne dich» – in dieser Formel kondensiert sich das, was de Certeau als christliche Erfahrung beschreibt. Nicht im positiven Modus des lieben Gottes «Du bist immer bei mir», sondern im negativen Modus dessen, der und das noch aussteht, obwohl er und es bereits wirksam ist.

Für das Gespräch mit den gesamtgesellschaftlichen Fragen sieht de Certeau genau in diesem Modell einen möglichen Beitrag der christlichen Religionsgemeinschaften: eine entschiedene Offenheit für den/das, was fehlt, den Anderen, den sie nie wird aussagen, nie haben, nie als Bestand verteilen können und auf den sie doch als Ausgangs- und Zielpunkt fest ausgerichtet sind. Wie sieht es mit dieser Selbstbescheidung und Entschiedenheit in unserer Gesellschaft sonst aus?

Die Frage, wie christliche Gottesrede heute vonstattengehen könnte, weist dabei selbst in die Richtung einer radikalen Umkehr: von einer machtvollen Institu-

---

14 Ebd.
15 A. a. O., 184.

tion hin zum Einverständnis mit einem Status als Minderheit, als Fremde, als Clowns und dabei entschlossen, das Gespräch über den Sinn des Ganzen weiterhin zu führen.[16]

6. Die Gestalt des Auferstandenen: eine Marginalie

Heute ist die geforderte Umkehr in vielen europäischen Gesellschaften bereits voll im Schwange; aus faktischen Zwängen und vielleicht auch aus einer dadurch neu entfachten inneren Notwendigkeit heraus.

Das Ausprobieren z. B. neuer gottesdienstlicher Formate, bis hin zu neuen Entwürfen von Lebensgemeinschaften, die volkskirchliche Pluralismusfähigkeit gegenüber defensiven Reflexen hegen und pflegen und die eigene Berührbarkeit zulassen als Medium sich leiblich verifizierender Gottesrede sind Wege, die heute in der Kirche weit und breit begangen werden. Solche Wege in der katholischen Kirche anzulegen hat de Certeau und seine Generation noch viel gekostet. Seine teils drastischen Beschreibungen der kirchlichen Situation und seine Auslegung der neuzeitlichen Entfremdung grösster Teile der Gesellschaft von der Kirche perspektiviert de Certeau als dem christlichen Glauben elementare Vollzüge von Verlust und Neugewinn. So wird die (erst im Entstehen begriffene) Minderheitenkirche als eine Form der Nachfolge verstehbar, die der Fremdheit Gottes entspricht und seiner Menschwerdung, seinem Eingang in die Welt des Herrn Jedermann[17] treu bleibt: ein jeweils mutiger, kraftvoller, bescheidener Entschluss, der darauf hofft, mehr zu entdecken, als was immer schon bekannt ist.

Insofern ist auch das Bild des Transports, der Übersetzung kostbarer biblischer Fracht und theologischer Spielfiguren ans Herzland des anderen nicht treffend. Die Vorstellung, man hätte einen Schatz zu verantworten, betraut mit der Aufgabe, ihn zugleich zu hüten und zu verteilen, ist der Gewalt der Sehnsucht, die das Evangelium auslöst, nicht angemessen. Vielmehr wäre anzunehmen, dass sich das Gold in alle Winde verteilt hat und Menschen, die dem Evangelium treu bleiben wollen, wären von Sehnsucht erfüllt, den Schatz, von dessen Glanz sie träu-

---

[16] «Als Einstieg in eine Determination, die den gewaltigen Komplex einer heutigen Gesellschaft bilden [sic], wird diese Arbeit eine fragmentarische und aleatorische Gestalt haben. Sie wird die Form eines Wagnisses und eines ‹abrahamitischen› Unterwegsseins annehmen.» Michel de Certeau, Das Elend der Theologie, in: GlaubensSchwachheit, 207–213, 212f. Vgl. auch Elmar Salmann, Zwischenzeit. Postmoderne Gedanken zum Christsein heute, Warendorf 2004, 19: «Das spezifisch Christliche ist fast nur Zusatz, Ferment, Gewürz, Horizont des Denkens und Handelns, selten ihr Integral.»

[17] Vgl. Michel de Certeau, Die Kunst des Handelns, 16–21.

men, wiederzufinden. Das, was man sucht, befindet sich schon drüben, beim anderen, ohne den ich nicht finden kann, was ich ersehne.

Im Namen Jesu zu leben und zu arbeiten, anzufangen und aufzuhören, das bedeutet also, an der Machtaufgabe des gestorbenen und auferstehenden Christus, die zulässt, dass sich jeder für alles auf ihn beziehen kann, nicht zu verzweifeln, sondern Kraft zu schöpfen. Und zwar für Neuanfänge, die sich auf ihn beziehen nicht als eine Autorität, die vorgängig die Inhalte definiert, sondern als einen ersten Anfang, der sich wiederholen darf, ohne die Gewissheit, wie und wann sich die Begegnung mit dem Auferstandenen ereignen wird. Es gibt jetzt nur noch die Welt, die den Glauben ins Reich der Fabel abgedrängt hat und doch erleben muss, dass Fabelfiguren ungewollt wiederkehren und sie sich der Sinnfrage nicht entledigen kann. In de Certeaus Augen ist die christliche Bewegung eine solche des Randes, der Solidarität mit denen am Rande, mit allen, die das Ungenügen an den Fixierungen menschlicher Beziehungen – und daraus folgender Politik – spüren und sich gegen sie zur Wehr setzen. Die dabei unbedingte Bezogenheit auf den anderen also, wer auch immer das in einer Situation sein mag, die untrennbar verwoben ist mit der Bezogenheit auf den ganz Anderen, das bohrende Gefühl eigener Ungenügsamkeit. Dieser Hunger, ist natürlich etwas anderes als ein friedliches Einverständnis mit der isolierten Glückssuche der Einzelnen auf hundert möglichen Pfaden. Er ist eine Passion. Und auch wenn sich diese Passion manchmal nur in ganz kleinen Schnipseln des inneren und äusseren Lebens äussert – für einen Moment berührt werden von der Ungerechtigkeit; sich die Worte noch einmal durch den Kopf gehen lassen usw. – ohne diese Grundkraft der Sehnsucht, die den erreichten Schritt voraussetzt und zugleich überholt zugunsten des nächsten und in ihrer Ruhelosigkeit bezogen ist auf Gott, der sich umkreisen lässt wie Jericho vom Volk Israel und dessen Mauern dann niedersanken,[18] wird es nicht gehen. Von daher gewinnt die Gestalt des Christlichen, wie de Certeau einforderte, etwas Aleatorisches, indem sie jeden Verständigungsversuch zugleich radikal ernst nimmt und spielerisch angeht. So ist sie leichtfüssig unterwegs, eingedenk, dass das «Neue der Predigt Jesu […] auch nach 2000 Jahren […] als eingelöste Wirklichkeit noch vor uns»[19] steht.

---

18 Der Mensch im Gebet, ein Baum aus Gesten, 38.
19 Salmann, Zwischenzeit, 19.

Worte am Boden

Claudia Kohli Reichenbach und Ralph Kunz im Gespräch mit Andreas Mauz

«Müssen wir das ‹Gott› übersetzen? Oder zeigt sich am Wort ‹Gott› etwas, das an eine Übertragung denken lässt?», fragt Ralph Kunz. «Denn mit dem Wort ‹Gott› ist etwas passiert. Es hat eine gewisse Christus-Ähnlichkeit. Es musste darauf verzichten, Gott zu sein, es wurde erniedrigt, bis zum Tod (Phil 2).» Das Wort «Gott» ist gemäss Martin Buber das beladenste aller Menschenworte: besudelt, zertreten, am Boden. Und doch dürfen wir es nicht preisgeben. Die Bewegung aber, die der Sprache neues Leben einhaucht und neuschöpft, kommt gerade aus der Niedrigkeit. Sie ereignet sich in der Dynamik der *theologia crucis*. «Was für das Wort ‹Gott› gilt, trifft irgendwie auf das Sprachreservoir des Glaubens insgesamt zu», erörtert Kunz. «Auch die Gnade hat Risse. Auch der Heilige Geist wird verspottet. Es sind gekreuzigte, zerschlagene, versehrte Worte. Sie werden erst wieder neu, wenn man sie vom Boden aufhebt. Nur von unten nach oben, nur in der Aufhebung ist Reden über letzte Dinge sinnhaft.» Und nochmals hakt Kunz nach: «Es ist eine Illusion zu meinen, man könne irgendwie esoterisch über Leben und Vergebung und tiefe Geheimnisse säuseln und es sei nur schon deshalb verständlicher oder gar bedeutungsvoller, wenn man das Wort Gott vermeidet.»

Wider die Illusion, allein zu sein

Zu Sprache und Sache des christlichen Glaubens

Matthias Zeindler

1. Eine neue Sprache brauchten wir ...

«Die Kirche verreckt an ihrer Sprache» – unter diesem Titel veröffentlichte der deutsche Kommunikationsberater und Theologe Erik Flügge am 19. April 2015 einen Blog.[1] Der Beitrag wurde innert kurzer Zeit Tausende von Malen angeklickt. Auch viele Print- und elektronische Leitmedien interessierten sich für den jungen Mann, der ihn verfasst hatte. Flügge hatte offenkundig einen wunden Punkt getroffen.

Vor allem ein Satz aus dem Text wird seither immer wieder zitiert: «Sprecht doch einfach über Gott, wie ihr bei einem Bier sprecht.»[2] Viele in den Kirchen werden vom Gefühl geplagt, dass die Sprache, die in Gottesdiensten, in geistlichen Artikeln und kirchlichen Stellungnahmen verwendet wird, die meisten Menschen in der Gesellschaft nicht mehr erreicht. Wie wäre es, wenn es gelänge, so direkt, so unverfälscht, so unmittelbar von Gott, der Bibel und dem Glauben zu sprechen, wie wir dies bei anderen Themen in einer freundschaftlichen Runde am Feierabend tun? Würden damit nicht viel mehr Zeitgenoss:innen den Weg zu dieser Botschaft finden? Ja, könnte man auf diese Weise nicht sogar den unverminderten Exodus aus den Kirchen stoppen?

Diese Diagnose ist nicht neu. Anfang des 20. Jahrhunderts schrieb der Theologe Friedrich Niebergall eine umfängliche Predigtlehre in drei Teilen unter dem Titel «Wie predigen wir dem modernen Menschen?».[3] Und rund hundert Jahre vorher legte Friedrich Schleiermacher sein epochales Buch «Über die Religion» vor,

---

[1] «Die Kirche verreckt an ihrer Sprache» Erik Flügge (erikfluegge.de) (19.08.2023).
[2] Erik Flügge, Der Jargon der Betroffenheit. Wie die Kirche an ihrer Sprache verreckt, München ⁵2016, 10.
[3] Friedrich Niebergall, Wie predigen wir dem modernen Menschen? Drei Teile, Tübingen 1902–1921.

mit dem er sich «an die Gebildeten unter ihren Verächtern» wandte.[4] Die Analyse lautete schon damals: Das Problem der Kirche ist (auch) ein Sprachproblem.

In all diesen Äusserungen klingt nach, was der Reformator Martin Luther zu seiner Übersetzung der Bibel ins Deutsche geschrieben hat: «Man muss die Mutter im Hause, die Kinder auf der Gasse, den einfachen Mann auf dem Markt danach fragen, und denselben auf das Maul sehen, wie sie reden, und danach übersetzen, so verstehen sie es denn.»[5] Wer biblische Texte übersetzen will, muss diese in eine Sprache übertragen, die die Menschen in ihrem Alltag reden. Und man kann sicher ergänzen, dieser Massstab gilt nicht nur für Übersetzungen aus den biblischen Ursprachen Hebräisch und Griechisch, er gilt auch für die meisten anderen Versuche, die Bedeutung des christlichen Glaubens zu vermitteln.

Die Beispiele in Teil I dieses Buchs zeigen, das Problem einer «Kirchensprache» besteht tatsächlich. Wer sonst keine kirchlichen Veranstaltungen besucht und nun mit Predigten oder Gebeten, aber auch mit «jungen» Formen wie aus dem RefLab konfrontiert wird, macht nicht selten Erfahrungen des Fremdseins. Da wird auf jahrhundertealte Traditionsbestände zurückgegriffen; es leuchtet einem nicht ein, warum das verhandelte Thema relevant sein soll; zu selbstverständlich werden schwierige Begriffe wie etwa «Auferstehung» gebraucht; und leicht fühlt man sich als zweifelnder Mensch nicht mitgemeint. In der Kirche erhält man offenbar allzu oft den Eindruck, da werde von Eingeweihten eine Sprache für Eingeweihte gesprochen.

Die Reaktionen auf die kirchlichen Texte zeigen aber noch etwas Anderes. Die Erfahrung des Fremdseins, so gewinnt man den Eindruck, entstehen nicht nur aufgrund der Sprache, sondern auch wegen der *Sache,* von der die Rede ist. Mehr als einmal lassen die Reagierenden durchblicken, zustimmen können sie dort, wo von Nächstenliebe gesprochen wird. Weitergehende theologische Aussagen dagegen bereiten ihnen Mühe. Offenbar hat die Kirche nicht nur ein Sprach-, sondern auch ein Sachproblem. Wir müssen also über beides, und über beides im Zusammenhang, nachdenken.

---

[4] Friedrich Schleiermacher, Über die Religion. Reden an die Gebildeten unter ihren Verächtern (1799), Berlin/New York 1999.
[5] Martin Luther, Ein Sendbrief vom Dolmetschen, zit. nach Luther Deutsch. Die Werke Luthers in Auswahl, hg. von Kurt Aland, Bd. 5: Die Schriftauslegung, Göttingen [4]1990, 79–92, 85.

2. Verstehen – und dann?

Erik Flügge schreibt in seinem Blog auch dies: «Macht's doch wie der Chef. Jesus hat sich auch Mühe gegeben, möglichst verständlich zu sein.»[6] Flügge meint damit vor allem eines: Wie Jesus soll die Kirche eine klare Sprache sprechen. Auch wenn sie damit aneckt, wenn sie Leute verärgert. Lieber dies als ein «Kirchsprech», der neblig und nach allen Seiten verständnisvoll bleibt, aus Angst, jemanden zu verstimmen: «Die Kirche hält es nicht aus, dass die Menschen am Ende einer Veranstaltung nicht überzeugt, zweifelnd, nicht glaubend bleiben.»[7]

Wir müssen hier nicht diskutieren, ob Flügges Verallgemeinerungen zutreffen – ich kenne viele Gegenbeispiele. Wo ich mit ihm einig gehe: Jesus hat klar und verständlich gesprochen. Und in der Tat hat dies dazu geführt, dass manche seinem Ruf nicht folgen konnten. Dazu die Erzählung vom reichen Jüngling (Mk 10,17–22): Es kommt einer zu Jesus und möchte wissen, was er tun muss, «um ewiges Leben zu erben». Jesus zählt auf, was der Mann bereits kennt, nämlich die Gebote halten. Der Mann antwortet, dass er die Gebote seit seiner Jugend befolgt. Darauf Jesus: «Eines fehlt dir. Geh, verkaufe, was du hast, und gib es den Armen, so wirst du einen Schatz im Himmel haben.» Der junge Mann aber «war entsetzt über dieses Wort und ging traurig fort; denn er hatte viele Güter». Jesus eröffnet ihm kompromisslos, unter welchen Bedingungen er ihm nachfolgen könne. Der Jüngling beschliesst darauf schweren Herzens, einen anderen Weg zu gehen.

Der Schriftsteller Mark Twain schrieb einmal in einem Brief: «Die meisten Menschen haben Schwierigkeiten mit den Bibelstellen, die sie nicht verstehen. Ich für meinen Teil muss zugeben, dass mich gerade diejenigen Bibelstellen beunruhigen, die ich verstehe.» Mit seinem unübertrefflichen Humor bringt Twain hier die Erfahrung auf den Punkt, die der reiche Jüngling mit Jesus macht. Nämlich, dass die klare Sprache Jesu ihm erst recht die Schwierigkeit von dessen Sache vor Augen führt.

3. Fallstricke beim Übersetzen

Damit wird eines deutlich: Die Erwartung, mit einer besser verständlichen Sprache gewinne man mehr Menschen für den christlichen Glauben, könnte eine Illusion sein.[8] Das Gegenteil könnte der Fall sein!

---

[6] Flügge, Jargon, 10.
[7] Flügge, Jargon, 17.
[8] Vgl. dazu auch Günter Thomas, Im Weltabenteuer Gottes leben. Impulse zur Verantwortung für die Kirche, Leipzig ²2021, 349–361.

Erik Flügges Hinweis auf den «Chef» und seine Verständlichkeit stellt uns aber vor eine weit wichtigere Frage, nämlich: Bringen wir mit unseren Worten und Sätzen tatsächlich zum Ausdruck, was die biblische Botschaft zu sagen hat? Ist unsere Sprache der Sache Jesu angemessen? Soviel dürfte mittlerweile deutlich sein, die allgemeine Zustimmung zu unseren Formulierungsversuchen ist per se keine Bestätigung, dass diese gelungen sind. Man würde es sich aber auch zu einfach machen, wenn man eine breite Ablehnung als solche Bestätigung werten würde. Eine einfach handhabbare Methode gibt es nicht, die Frage zu erledigen.

Helfen können dagegen gewisse selbstkritische Rückfragen. Der US-amerikanische Theologe Stanley Hauerwas schreibt in der Einleitung zu einem seiner Predigtbände: «Ich fürchte, dass unsere Versuche, die Heilige Schrift zu ‹erklären› oder zu ‹übersetzen›, zu oft unseren Versuch offenbaren, Gott an unsere Bedürfnisse anzupassen.»[9] Hauerwas äussert hier einen unbequemen Verdacht, nämlich dass unsere Verstehensversuche der Bibel von einem nicht ganz lauteren Interesse geleitet sein könnten, die Zumutungen dieser Texte zu dämpfen oder gar abzuwehren. Eigentlich wissen wir es, alle Religion, die christliche eingeschlossen, steht in der Gefahr, das Göttliche für die eigenen, allzu menschlichen Zwecke zu missbrauchen. Und diese Gefahr lauert bereits ganz am Anfang, beim Verstehen der religiösen Texte. Jede Auslegung biblischer Texte muss sich deshalb die Frage gefallen lassen, ob sie den Text das sagen lässt, was dieser sagen möchte. Und das heisst vor allem: Ob sie ihn die unangenehmen Dinge sagen lässt.[10]

Eine zweite selbstkritische Rückfrage könnte lauten: Sage ich mit meiner Erklärung eines biblischen Textes oder eines christlichen Themas wirklich etwas Neues, etwas, was man anderswo nicht zu hören bekommt? Oder ist das Resultat meiner Übersetzung lediglich, dass auch Christenmenschen sich für das Klima oder bessere Rechte für die LGBTQ+-Community einsetzen sollten? Dass die Essenz der Bibel für heute Respekt und Toleranz sei? Die Texte des Neuen Testaments sind durchpulst von einer überwältigenden Entdeckerfreude, zusammengefasst im Satz «Jesus Christus ist auferstanden!». Wie immer dieser Satz zu verstehen ist – wer ihn damals ausrief, tat es im Bewusstsein, hier etwas umstürzend Neuem begegnet zu sein. Wenn heute die Kirchen nichts anderes als das an jeder Ecke zu hörende sagen, wofür braucht man dann eine Kirche? (Damit ist keinesfalls bestritten, dass die Kirche sich, gemeinsam mit anderen gesellschaftlichen Kräften, in gesellschaft-

---

[9] Stanley Hauerwas, A Cross-Shattered Church. Reclaiming the Theological Heart of Preaching, Grand Rapids, Michigan 2009, 14. Übersetzung MZ.

[10] Ein bekannter katholischer Theologe hat daraus sogar eine Regel für die Lektüre der Bibel gemacht: «Je mehr eine Aussage in ihr uns stösst, desto grösser die Wahrscheinlichkeit, dass sie wichtig ist.» Romano Guardini, Der Anfang aller Dinge. Meditationen über Genesis, Kapitel I–III, Würzburg 1961, 82.

lichen Fragen pointiert positionieren soll. Aber sie muss noch mehr als das zu sagen haben.)

Wenn wir die biblische Botschaft zu übersetzen oder erklären versuchen, dann sollen wir also drei Dinge nicht tun: Wir sollen nicht um jeden Preis Zustimmung suchen. Wir sollen dies insbesondere nicht dadurch tun, dass wir das Unangenehme aus den Texten eliminieren. Und wir sollen die Botschaft nicht auf das reduzieren, was sowieso schon allenthalben gedacht, gesagt und geschrieben wird.

4. Falscher und echter Anstoss

Was aber leisten unsere Übersetzungen und Erklärungen im günstigen Fall? Was können, was sollen wir erreichen mit einer «neuen», einer zugänglicheren, einer unverbrauchten Sprache? Der grosse Neutestamentler Rudolf Bultmann lancierte in den 1940er Jahren sein Programm der «Entmythologisierung». Hinter diesem Begriffsungetüm verbirgt sich der verdienstvolle Versuch, das Neue Testament für Menschen eines wissenschaftlich-technischen Zeitalters verstehbar zu machen. Die Entmythologisierung, so formulierte es Bultmann, «entfernt [...] einen falschen Anstoss und bringt dafür den echten Anstoss in den Blickpunkt».[11]

Damit meinte er konkret: Die Bibel ist ein antikes Buch, geschrieben von Menschen mit einem ganz anderen weltanschaulichen Hintergrund als wir Heutigen. Kirchliche Verkündigung soll nun nicht den Eindruck vermitteln, als müsse man als Christenmensch beispielsweise noch der Meinung sein, die Welt sei wie ein mehrstöckiges Gebäude aufgebaut oder Sklaverei sei normal. Damit würde sie den Menschen unserer Zeit einen «falschen Anstoss» zumuten. Nicht veraltet ist dagegen die biblische Botschaft, dass die Welt von Gott erschaffen ist oder dass Gott die Menschen in eine verbindliche Gemeinschaft mit ihm ruft. Dies ist der «echte Anstoss», den die Kirche entschlossen geltend zu machen hat, mit seinen erfreulichen, aber auch seinen anspruchsvollen Aspekten.

Ähnliches kann man in Bezug auf die kirchliche Sprache formulieren. Auch diese kann ein «falscher Anstoss» sein. So sollten einem in einem Gottesdienst keine unnötigen theologischen Fremdwörter begegnen, die lediglich den Bildungsstand des Pfarrers belegen. Es darf dort aber auch nicht vorausgesetzt werden, dass alle Anwesenden wissen, wer Isaak, Jochebed oder Bartholomäus waren. Auch sollte nicht der Eindruck vermittelt werden, als sei die Sprache der Kirche ein altertümelndes Lutherdeutsch oder gemütvoll à la Gotthelf. Was ebenfalls nicht geschehen sollte: dass die Anwesenden unterschätzt werden. So hat mir vor einigen

---

[11] Rudolf Bultmann, Glauben und Verstehen. Gesammelte Aufsätze Bd. IV, Tübingen ⁴1984, 157.

Jahren eine Frau gesagt, sie gehe nicht mehr zur Kirche, sie fühle sich dort behandelt wie im Kindergarten; sie erlebe, dass sie mit ihrer Bildung, ihrer Reflexionsfähigkeit, ihrer – ja – theologischen Kompetenz nicht ernstgenommen werde. Aber auch die Fragen, die Zweifel von Menschen müssen ihren Platz im Gottesdienst haben; niemand darf den Eindruck gewinnen, hier gehöre nur hin, wer über einen gefestigten, unangefochtenen Glauben verfügt. Ausserdem: Eine Sprache ohne Gendersensibilität schliesst Menschen aus, die den dominierenden Mustern sexueller Identität nicht entsprechen. Und noch viel zu wenig bewusst ist, dass Menschen unter uns leben, die eine komplexe Sprache nicht verstehen; darauf reagiert etwa das Programm der «Leichten Sprache».[12]

All dies sind sprachliche Fehlleistungen, die den Zugang zur befreienden biblischen Botschaft verstellen können, sie alle haben aber nichts zu tun mit den inhaltlichen Hindernissen, die Menschen dazu bewegen, sich gegen diese Botschaft zu entscheiden. Einem «echten Anstoss» begegnet der reiche junge Mann in der erwähnten neutestamentlichen Erzählung, der Zumutung, all seine Güter wegzugeben. Einem Anstoss im Übrigen, mit dem sich die Kirche selbst seit ihren Anfängen schwer tut.

5. Das halbierte Doppelgebot der Liebe

An einem entscheidenden Punkt kommen das Sprachproblem und das Sachproblem der Kirche zusammen: in ihrer Harmlosigkeit. Ob man die Sprache in kirchlichen Äusserungen als betulich und nett empfindet oder den Eindruck nicht loswird, diese Kirche wiederhole nur, was anderswo besser gesagt werde, und sorge ansonsten «für einige Nebenbedürfnisse des Mittelstands» (Kurt Marti)[13], in jedem der Fälle erweist sich die Kirche als eine Grösse, die die meisten Menschen nicht wirklich zu brauchen scheinen.

Es gilt demnach danach zu fragen, worin beides, das Sprach- und das Sachproblem der Kirche, ihre Wurzel haben. Natürlich wäre es vermessen, dazu auf wenigen Zeilen eine Erklärung liefern zu wollen;[14] trotzdem seien einige Hinweise gewagt. Führte man eine Strassenumfrage zum christlichen Glauben durch, die

---

[12] Dazu Anne Gidion, Das Schwere leicht gesagt. Leichte Sprache in der Liturgie, in: Katrin Kusmierz / David Plüss / Angela Berlis (Hg.), Sagt doch einfach, was Sache ist! Sprache im Gottesdienst, Zürich 2022, 153–161.
[13] Zweifel, in: Kurt Marti, Für eine Welt ohne Angst. Berichte – Geschichten – Gedichte, Hamburg 1981, 33.
[14] Die Untersuchungen zu dieser Thematik sind zahlreich. Eine der umfänglichsten (über 1300 Seiten) und einflussreichsten ist diejenige des kanadischen Philosophen Charles Taylor, Ein säkulares Zeitalter, Frankfurt a. M. 2009.

überwiegende Mehrheit der Befragten würde antworten, das Zentrale an diesem Glauben sei die Nächstenliebe. Gemäss den Evangelien bezeichnet Jesus in der Tat das Gebot, den Nächsten zu lieben, als das höchste von allen.[15] Vorher nennt er aber das Gebot der Gottesliebe: «Du sollst den Herrn, deinen Gott, lieben mit deinem ganzen Herzen und mit deiner ganzen Seele und mit deinem ganzen Verstand und mit all deiner Kraft.»[16] Und fügt an: «Höher als diese beiden steht kein anderes Gebot.»

Wie kommt es, dass im allgemeinen Bewusstsein aus dem sogenannten Doppelgebot der Liebe einseitig die Nächstenliebe haften geblieben ist und die Gottesliebe in der Regel vergessen wird? Ich bin der Meinung, dass diese Vergesslichkeit nicht zufällig ist, sondern dass sich darin die Signatur unserer Epoche zeigt. Wir leben in einem konsequent anthropozentrischen Zeitalter. Was ist damit gemeint? In einem jahrhundertelangen Prozess sind immer mehr Lebensbereiche aus der Zuständigkeit der Religion herausgelöst worden. Nur einige Beispiele: Die Entstehung und das Funktionieren der Natur wurden lückenlos durch naturgesetzliche Vorgänge erklärbar. Gesundheit wurde immer umfassender durch eine wissenschaftliche Medizin gewährleistet. Durchorganisierte Staaten und eine dazugehörige Rechtsprechung machten den Rekurs auf vor der Gottheit geschworene Eide verzichtbar. Verlängerte Lebenszeiten und verbreiteter Wohlstand ermöglichen es vielen Menschen, ihr irdisches Leben als ausreichend sinnhaft zu erleben. Kurz: Was vormals dem Handeln des Göttlichen zugerechnet wurde, ging immer ausschliesslicher in die Verfügung des Menschen über. Als Ergebnis dieser Entwicklung hat der Mensch, so Hans-Georg Geyer, «die totale Verantwortung für die Wirklichkeit, für den Bestand und Sinn seiner Welt als der Gesamtheit der endlichen Dinge übernommen» und sich so «selber definiert: als Herr der Welt, der natürlichen und der geschichtlichen Welt».[17]

In dieses Bild fügt sich das «halbierte» Doppelgebot der Liebe ein. Seit der Aufklärung im 18. Jahrhundert wurde auch Religion zunehmend als Angelegenheit des Menschen verstanden, und das heisst: als Moral. Der Mensch ist das einzige handelnde Subjekt in der Welt, ein göttliches Subjekt, mit dem man im Leben ebenfalls zu rechnen hätte, verblasst immer mehr. Und die Religion sagt dem Menschen, wie er sich in der Welt verhalten soll.

---

15 Mk 12,28–34; Mt 22,34–40; Lk 10,25–28. Das Gebot findet sich bereits im Alten Testament, Leviticus 19,18.
16 Mk 12,30 (Dtn 6,5).
17 Hans-Georg Geyer, Andenken. Theologische Aufsätze, Tübingen 2003, 95. In den 1970er Jahren bezeichnete der Psychologe Horst-Eberhard Richter diese Entwicklung pointiert als Ausdruck eines krankhaften «Gotteskomplexes» der modernen westlichen Zivilisation: Der Gotteskomplex. Die Geburt und die Krise des Glaubens an die Allmacht des Menschen, Reinbek bei Hamburg 1979.

Darum ist auch das moderne Christentum immer ausschliesslicher moralisches Christentum. Religion als Lieferantin und Hüterin von «Werten» geniesst in der Gesellschaft nach wie vor ein ordentliches Ansehen, und auch Jesus steht als ethisches Vorbild hoch im Kurs. Das Problem: In diesem Christentum werden immer mehr Sätze, die vormals über Gott ausgesagt wurden, in Sätze über den Menschen übersetzt. Aus Handeln Gottes wird Handeln des Menschen. Die gerne zitierte Parole «Gott hat keine anderen Hände als unsere Hände» ist daran, endgültig wahr zu werden. Wenn dies aber der Fall ist, können wir auch nur noch auf uns, die Menschen hoffen. Und wie begründet diese Hoffnung ist, lehrt uns die Geschichte zur Genüge ...

6. Eine halbe Botschaft ist gar keine Botschaft

Ich bin der Auffassung, dass sich hier das entscheidende Kriterium zeigt für die Frage, ob eine bestimmte Sprache der Sache der biblischen Botschaft angemessen ist. Das Kriterium lässt sich so formulieren: Bringt eine Übersetzung oder eine Erklärung biblischer Gehalte zum Ausdruck, dass der Mensch in der Welt nicht allein handelt? Sondern dass er – wie die ganze nichtmenschliche Schöpfung – begründet, begleitet und herausgefordert wird von einer umfassenden Macht? Und man muss noch genauer fragen, da wir über biblische Gehalte sprechen: Bringt die betreffende Übersetzung oder Erklärung zum Ausdruck, dass diese schöpferische Macht sich in der Person Jesus Christus und vorher in der Befreiung des Volkes Israel aus der Sklaverei in Ägypten gezeigt hat?

Diese Präzisierung ist notwendig, denn über Gott oder Göttliches wird ganz unterschiedlich gesprochen und gedacht. Christlich sind Aussagen über Gott oder Göttliches, wenn sie sich auf das Alte und das Neue Testament beziehen. Für das Alte Testament zentral ist das Bekenntnis, dass Gott – der Schöpfer und Erhalter der ganzen Welt – in der Befreiung eines kleinen altorientalischen Volkes sichtbar gemacht hat, wer er ist. Und das Neue Testament gibt es allein aufgrund der Tatsache, dass eine Gruppe von Menschen die Erfahrung gemacht hat, dass ein von der römischen Besatzungsmacht ans Kreuz geschlagener Wanderprediger auf eine ganz neuartige, aber unbestreitbare Art als lebendig erfahren wurde. Die christliche Kirche existiert ausschliesslich aufgrund des Bekenntnisses «Gott hat Jesus von den Toten auferweckt».[18]

---

[18] Matthias Zeindler, «Das Alte ist vergangen, siehe, Neues ist geworden» (2Kor 5,17). Ostern als Mitte des Kirchenjahrs, in: ders. / David Plüss (Hg.), «In deiner Hand meine Zeiten ...» Das Kirchenjahr – reformierte Perspektiven, ökumenische Akzente, Zürich 2018, 113–130, 119f.

Beide biblischen Bekenntnisse, dasjenige zur Herausführung Israels aus der Sklaverei als auch das zur Auferweckung Jesu, sprechen ausschliesslich von einem Handeln Gottes. Man übertreibt deshalb nicht, wenn man feststellt, dass eine Übersetzung biblischer Texte, bei der lediglich noch ein handelnder (oder handeln sollender) Mensch übrigbleibt, die wichtigste Dimension dieser Texte aufgegeben hat – und damit nicht als Übersetzung im strengen Sinne gelten kann. Reduziert man das Doppelgebot Jesu auf die Nächstenliebe, halbiert man die biblische Botschaft nicht nur, man eliminiert sie ganz.

Wenn es zutrifft, dass der Kern des modernen Selbstverständnisses die Einsamkeit des Menschen mit sich selbst ist, dann begegnen wir in der Bibel einem klaren Gegenentwurf. In den Worten des jüdischen Religionsphilosophen Abraham Heschel: «Die Bibel hat die menschliche Illusion, allein zu sein, zerschlagen.»[19] Deshalb kann die Sprache der Kirche keine Sprache sein, die uns am Ende doch wieder mit uns allein lässt.

7. Christlich sprechen lernen

Bleibt am Ende die Frage, wie wir zu einer Sprache kommen, die der Sache der Bibel gerecht wird. Einer Sprache also, die nicht nur dem «modernen Menschen» oder dem «Menschen von heute» verständlich ist – denn beides sind abstrakte Grössen. Sondern den vielfältigen, ganz und gar unterschiedlichen Menschen, denen wir begegnen.

Ein Buch des schon erwähnten Stanley Hauerwas trägt den Titel «Learning to Speak Christian» (Lernen, christlich zu sprechen).[20] Das Buch wendet sich in erster Linie an Leute, die sich als Christenmenschen verstehen. Mit dem gewählten Titel signalisiert Hauerwas, dass nicht etwa nur die mit dem christlichen Glauben noch nicht Vertrauten lernen müssen, eine christliche Sprache zu sprechen. Sondern auch die, die möglicherweise von sich denken, diese Sprache bereits zu beherrschen. Diese Einsicht ist vermutlich der erste Schritt zu einer wahrhaft «christlichen», d. h. den biblischen Texten angemessenen Sprache: das Eingeständnis, dass auch die im christlichen Glauben «Geübten» noch unterwegs sind zu einer Sprache, die das Wunder angemessen zum Ausdruck bringt, dass nichts und niemand bei Gott verloren geht.

Eine zweite Einsicht enthält der 1. Petrusbrief. Dort schreibt der Autor an seine Gemeinden: «Seid stets bereit, Rede und Antwort zu stehen, wenn jemand

---

[19] Abraham Joshua Heschel, God in Search of Man. A Philosophy of Judaism, New York 1955, 238. Übersetzung MZ.
[20] Stanley Hauerwas, Learning to Speak Christian, London 2011.

von Euch Rechenschaft fordert über die Hoffnung, die in euch ist» (1Petr 3,15). Die Sprache der Christenmenschen über ihren Glauben, wird hier gesagt, hat ihren Ort im Gespräch, dort wo jemand fragt und auf Antwort wartet. Christlich zu sprechen heisst demnach, immer «gesprächsförmig» zu sprechen: aufmerksam für die Fragen des Gegenübers, offen für Rückfragen, sensibel für Zweifel und Verständnisschwierigkeiten, aber auch bereit, eigenes Unverständnis einzugestehen. Und in allem so gesinnt, wie es sich für jedes echte Gespräch gehört, nämlich in der Erwartung, selber auch vom Anderen zu lernen.

Und schliesslich drittens: Der wichtigste Ort, um christlich sprechen zu lernen, sind die biblischen Texte. Ich sage bewusst nicht «die Bibel», um bewusst zu halten, dieses Buch ist eine reiche Sammlung von Texten aus verschiedenen Zeiten und unterschiedlichen Kontexten. Die Bibel spricht nicht nur eine Sprache, sondern viele. Sie ist immer vielfältiger, immer überraschender, als wir zu wissen meinen. Jeder Christenmensch findet in ihr Passagen, die seine Art zu glauben stützen, aber auch solche, die sie infrage stellen. Es gibt kaum ein besseres Lehrbuch, um sich in Beweglichkeit und Toleranz zu üben. Spätestens hier geht einem auf, dass man mit der Aufgabe nie am Ende ist, «christlich sprechen zu lernen».

Podcasts als Sprachschulen des Glaubens?!
Ein Essay

David Plüss

1. Predigt versus Podcast

Die Anzahl jener, die sonntagmorgens zur «Predigt» gehen, d. h. einen evangelischen Gottesdienst besuchen, wird kleiner. Die Gottesdienstgemeinden schmelzen dahin wie der Obere Grindelwaldgletscher in der Sommerhitze, während die Gruppe der regelmässig Podcasts Hörenden wächst und wächst. Noch vor zehn Jahren lauschten Sonntag für Sonntag weit über hundert Gottesdienstbesuchende den Predigten von Maja Zimmermann-Güpfert und Jürg Welter im Berner Münster – politisch engagiert die einen, mystisch-weisheitlich die anderen. Heute ist die sonntägliche Münstergemeinde auf rund die Hälfte zusammengezurrt. Podcasts dagegen poppen aus dem Boden wie Pilze im kühl-feuchten Herbstwald, obwohl bei den allermeisten die Konzentrationsspannung von wenigen Minuten, die nach Auskunft von Expert:innen gegenwärtig ebenfalls schrumpfe, um ein Mehrfaches überschritten wird. Podcasts dauern oft eine Stunde und länger. Wie kommt es dazu? Und vor allem: Was zeichnet die *Sprache* von Podcasts aus und wie unterscheiden sie sich von der Rhetorik der Predigt? Können wir von Podcasts für die Sprache der Predigt und die Sprache der Kirche lernen? Sind Podcasts eine Sprachschule des Glaubens? Diesen Fragen will ich im Folgenden nachgehen. Eher leichtfüssig als akribisch, aber empirisch fundiert und in folgenden Schritten: Zunächst soll die Kommunikationsform «Podcast» umrissen und danach gefragt werden, welche Rhetorik sich in diesem Medium derzeit durchsetzt. Danach werden die Gemeinsamkeiten und Differenzen zwischen Podcast und Predigt erhoben, bevor schliesslich das Anregungspotenzial von Podcasts für die Kommunikation des Glaubens in knappen Thesen summiert wird.

2. Was ist ein Podcast?

Ein Podcast besteht aus mehreren Audiodateien, die inhaltlich und formal zusammenhängen und so eine Serie bilden. *Pod* steht für *play on demand* und *cast* ist der Bezeichnung *broadcast,* Rundfunk, entlehnt.[1] Ein Podcast ist im Internet über einen RSS-Feed (eine Internetadresse) frei zugänglich und mittels dafür spezialisierter Programme, sogenannter *Podcatcher,* abonnierbar. Diese ermöglichen es, spezifische Podcasts im Internet zu finden, über neue Folgen informiert zu werden und einzelne Folgen zu jeder beliebigen Zeit zu hören, zu unterbrechen und später weiter zu hören. Erfolg und Eigenart der Rezeption von Podcasts sind eng verbunden mit der kommunikativen Revolution, die sich in den letzten Jahren durch die technischen Möglichkeiten von Smartphones und Internet eingestellt hat.

Podcasts sind das passgenaue Format für individualisiertes und flexibilisiertes Hörverhalten. Sie lassen sich bequem dann hören, wenn es in den eigenen Tagesablauf passt, oder spontan, nach Lust und Laune. Nicht nur Zeit und Hördauer sind flexibel, sondern auch Ort und Modus des Hörens. Wenn ich einem Podcast über Smartphone und Kopfhörer lausche, kann ich dies beim Staubsaugen, Joggen, Zugfahren oder Abwaschen tun. Auch beim Fahrradfahren, allerdings mit Risiken. Dass dies nicht nur einer Möglichkeit, sondern einer sich immer weiterverbreitenden, gleichsam ausufernden Praxis entspricht, kann als «Dauerberieselung» und Selbstisolierung taxiert und kritisiert werden. Aber darum geht es hier nicht. Sondern darum, diesen Medienwandel zunächst möglichst aufmerksam, präzis und ohne moralische Scheuklappen wahrzunehmen und zu analysieren. Dies soll nun mit Fokus auf die Sprache von Podcasts geschehen.

3. Die Sprache des Podcasts

Wenn wir nach der Sprache von Podcasts fragen, dann ist zunächst die Diversität der Inhalte und Gattungen in Rechnung zu stellen: Von Informationspodcasts[2] über gut recherchierte Beiträge[3], historische Reportagen[4], Lebensberatungsangebote[5] bis hin zu *True Crime* zeigt sich eine grosse, wachsende, ja, unüberblickbare

---

[1] Vgl. dazu Doris Hammerschmidt, Das Podcast-Buch. Strategien, Technik, Tipps – mit Fokus auf Corporate-Podcasts von Unternehmen und Organisationen, Freiburg ²2022, 23.
[2] Wie das als Podcast zweitverwertete *Echo der Zeit* des *Schweizer Radio und Fernsehen SRF.*
[3] Ich denke an Audio-Beiträge des Online-Magazins *Republik*. Vgl. www.republik.ch (22.10.2023).
[4] Hierzu zählt beispielsweise *Zeit Geschichte,* ein Podcast von *Zeit Online,* dem Web-Portal der Wochenzeitung *Die ZEIT.* Vgl. www.zeit.de/wissen/zeit-geschichte/index (22.10.2023).
[5] Vgl. www.beziehungskosmos.com (22.10.2023).

Vielfalt der Inhalte.[6] Expert:innen betonen die Wichtigkeit einer klaren Konturierung eines Podcasts in Bezug auf Inhalt, Form und Zielpublikum. Podcasts sollen, so wird angeraten, den Kreis der Hörenden möglichst präzis eingrenzen, um Inhalte, Sprache und Sprechweise adäquat bestimmen und gestalten zu können.[7]

Was Podcasts weiter auszeichnet, ist eine stabile Moderation. Eine, zwei oder drei Personen moderieren oder gestalten einen Podcast über alle Episoden und Staffeln hinweg. Diese Stabilität der Stimmen erweist sich als elementar für die Hörer:innenbindung, für die Identifikation mit dem Podcast. Auch wenn die eingeladenen Gäste wechseln, bleiben die Stimmen der Gastgebenden dieselben. Dieser Effekt ist noch grösser, wenn, wie bei *Unter Pfarrerstöchtern* oder *Beziehungskosmos*, keine Gäste eingeladen werden.

Podcasts zeichnen sich zudem durch eine bestimmte, sofort erkennbare Soundgestaltung aus. Sie beginnen meist mit einem Intro, das aus einem Jingle, einer gleichbleibenden, vorab eingespielten Ankündigung und einer wechselnden Anmoderation oder einem *Ear catcher* aus dem folgenden Gespräch besteht. Und sie enden mit einem Outro, dem eine Abmoderation mit Aufforderung zur Kommentierung und eine Aussicht auf die nächste Folge vorangeht. Podcasts weisen eine akustische Rahmung auf. Sie folgen einer klanglichen und stimmhaften Liturgie.

Aus dem Gesagten folgt: Podcasts sind meist Dialoge oder Trialoge. Es sind zudem Gespräche, die inhaltlich vorbereitet, aber im Vollzug scheinbar frei erfolgen und nicht etwa abgelesen werden. Dieser dialogische und in bestimmten Hinsichten spontane Charakter ist für die Frage der Sprache und des Sprechens wesentlich. Dies gilt auch dann, wenn Inhalte und Fragen minutiös vorbereitet wurden: Auch dann sind die Sprechenden darauf bedacht, die Anmutung der Mündlichkeit und Spontaneität zu erhalten und zu pflegen.

Hinzu kommt eine Anmutung der Nähe. Diese scheint mir für den Erfolg der Podcasts zentral zu sein. Im Unterschied zum Sprechen in einem Konferenzsaal oder einer Kirche, das mit erhobener Stimme und gut artikuliert erfolgen muss, um verständlich zu sein, wird in Podcasts im Alltagston gesprochen oder sogar in einem intimen Modus. Denn die Sprechenden haben nicht die übliche Distanz bis zu den Ohrmuscheln der Gesprächspartner zu überbrücken und Hintergrundmusik, Umgebungsgeräusche oder andere Sprechende zu übertönen, sondern das Mikrofon hängt wenige Zentimeter vor der stimmlichen Artikulationsquelle. Ihre Stimme klingt, als würde einem jemand aus nächster Nähe ins Ohr sprechen. Sie ist in allen

---

6   Hammerschmidt unterscheidet *Laber-, Storytelling-, Interview-, Meta-Ebenen-, Expert:innen-, Promi-, True Crime-, Reportage-, Recruiting-, Nischen-* und *Live-*Podcasts (Hammerschmidt, Podcast-Buch, 53–65).
7   So Hammerschmidt, Podcast-Buch, 70f.

Einzelheiten und Schattierungen hörbar. So, wie dies sonst nur in privaten und intimen Interaktionssituationen der Fall ist.

Wenn wir nun davon ausgehen, dass die Stimme all jener, die keine Sprechausbildung absolviert haben, das eigene Befinden unmittelbar ausdrückt, dann zeigt sich darin die jeweilige Person. Sie offenbart sich und ihre Stimmung, ob sie es will oder nicht. Dieser unverstellte und emotional gestimmte Eindruck einer Stimme affiziert die Hörenden. Er erzeugt Resonanz, entwickelt einen Sog oder stösst ab. In der Regel wirken Nähe und Affektivität einer Stimme allerdings anziehend.

Die technisch ermöglichte Intimität der Stimme und Sprechweise überträgt sich auch auf den Dialog. Dieser wird nicht wie auf einem Podium vor Publikum oder wie in einer Kommissionssitzung geführt, sondern wie im Wohnzimmer, bei einem Glas Wein oder auf einem gemeinsamen Spaziergang. Die einzelnen Redebeiträge werden akustisch begleitet durch Zeichen der Zustimmung oder des Einspruchs, der Belustigung oder des Vorbehalts. Lacher gehören in gewissen Podcasts dazu. Die Podcaster:innen fallen sich auch mal ins Wort, fordern sich heraus mit klugen Argumenten, witzigen Pointen und prägnanten Metaphern und sind stets darum bemüht, den akustischen Faden nicht abreissen zu lassen. Für die Zuhörenden ist es angenehm, wenn die verschiedenen Stimmen möglichst gleichgewichtig zum Zug kommen, synchron oder in Folge. Wenn eine länger verstummt und die andere dominiert, kann dies irritieren.

Wenn wir nun die Ebene wechseln und vom Produkt der Audio-Datei zur Kommunikationsform Podcast gehen, dann steht der dialogische, spontane und intim-stimmhafte Charakter von Podcasts in Spannung zum weitgehend undialogischen Kommunikationssetting. Eine Audio-Datei, die im Internet auffindbar und zu jedem beliebigen Zeitpunkt gehört werden kann, ist per se nicht dialogisch und spontane Reaktionen der Hörenden beeinflussen den aktuellen Verlauf in keiner Weise. An sich dialogische Podcasts erfolgen, sobald sie produziert und online sind, als Einwegkommunikation von den Sprechenden zu den Hörenden. Dies gilt auch dann, wenn Podcaster:innen explizit auf die Möglichkeit hinweisen, über E-Mail, eine Messenger-App oder andere Kanäle Rückfragen zu stellen und Kommentare abzugeben. Die Zuhörenden werden direkt angesprochen und begrüsst, Hörer:innenkommentare werden erwähnt und verdankt. Werden die Hörenden geduzt – was in vielen Podcasts der Fall ist –, entspricht dies einer sich etablierenden Podcast-Praxis, unabhängig von spezifischen Zielgruppen.[8]

---

[8] Laut Hammerschmidt, Podcast-Buch, 31, ist die Mehrzahl der Podcast-Hörenden 21 bis 35 Jahre alt (vgl. Bitkom-Studie 2021 mit rund 1 000 Befragten ab 14 Jahren).

4. Was unterscheidet Podcast und Predigt?

Der Vergleich zwischen Predigt und Podcast offenbart zunächst Unterschiede. Zwar können auch Radiopredigten über einen RSS-Feed abonniert und wie andere Podcasts gehört werden, aber wenn wir die Predigt im Rahmen eines Gottesdienstes am Sonntagmorgen zum Vergleich nehmen, scheinen die Unterschiede zu überwiegen. Eine protestantische Predigt ist eine religiöse Rede im Zentrum einer gottesdienstlichen Liturgie. Oder um es in theologischer Sprache zu sagen: Predigt ist Kommunikation des Evangeliums als persönlich engagierte Rede im Rahmen und Zentrum eines Gottesdienstes. Sie bringt biblische Texte und Grundsätze des Glaubens mit den Lebensfragen der Zuhörenden dergestalt ins Gespräch, dass sie als Glaubenszeugnisse verständlich und relevant werden.

Bezüglich des Sprechaktes sind Predigten Monologe, auch wenn sie auf den inneren Dialog der Hörenden mit Christus zielen und diesen anregen wollen. Dies gilt auch dann, wenn Predigende ihre Rede als Dialogangebot verstehen und sich über Reaktionen freuen. Denn allfällige Antworten und Rückfragen der Hörenden erfolgen nicht im Rahmen der Predigt oder der Liturgie, sondern im Nachgang, beim Kirchenkaffee oder per Mail. Diesbezüglich gleichen Predigten Podcasts, die Reaktionen der Hörenden anregen und einbeziehen, aber nicht synchron, sondern diachron und mit zeitlichem Abstand: frühestens in der nächsten Folge.

Deutlich sind die Unterschiede auf der Ebene von Stimme und Sprechweise. Während bei Podcasts die entspannte Plauderstimme dominiert, ist bei Predigten der erhöhte Kanzelton die Regel. Dieser zeichnet sich aus durch Emphase, deutliche Artikulation, eine kraftvolle Stimme und ein deutlich retardiertes Sprechtempo, mit welchem die Predigenden auf den Hall des Kirchenraumes reagieren, um trotzdem verständlich zu sein. Der Gegensatz könnte kaum grösser sein: Die öffentliche Rede in einem grossen, oft überakustischen Kirchenraum auf der einen und das vertrautintime Sprechen im schallgedämmten Studio auf der anderen Seite. Während die Verständlichkeit im Kirchenraum für ältere Semester oft eine Herausforderung darstellt, ist sie beim Podcast problemlos gegeben oder per Lautstärkeregler beeinflussbar.

Unterschiedlich ist auch die Form der Mündlichkeit. Während die Predigt in aller Regel ausformuliert wird und manuskriptbasiert erfolgt, weisen Podcasts einen signifikant höheren Grad an Mündlichkeit auf. Die Inhalte sind meist sorgfältig vorbereitet, aber das Sprechen erfolgt frei von einem ausgeschriebenen Manuskript, basierend auf Stichworten und Zitaten. Diesbezüglich sind die Unterschiede zwischen einem *Laber-Podcast* und einem *Reportage-* oder *True Crime-Podcast* natürlich beträchtlich.

Was mir vertraute Podcasts wie *Unter Pfarrerstöchtern*, *Ausgeglaubt* oder *Die sogenannte Gegenwart* auszeichnet und von der protestantischen Kanzelrede unterscheidet, ist eine auffällige Lockerheit. Es wird oft Alltagssprache gesprochen und auch mal (oder viel) gelacht. Die Sprechenden fallen sich ins Wort oder sekundieren das Gesagte mit zustimmenden oder überraschten Ausrufen. Die Artikulation ist in verschiedenen Fällen bemerkenswert nachlässig. Dies verstärkt die Anmutung der Lockerheit. Die Sprechenden scheinen an ihrer Unterredung Spass zu haben und dies überträgt sich auf die Zuhörenden. Dass dies auf der Kanzel nicht so ist, hat selbstredend vor allem damit zu tun, dass es sich um eine monologische Situation in einem feierlich-würdigen Setting handelt.

5. Podcasts als Sprachschulen des Glaubens? – Fazit

Ich habe Podcasts bisher vor allem mit der Predigt verglichen und Gemeinsamkeiten und Unterschiede herausgearbeitet. Dieser Vergleich könnte anhand von Fallbeispielen noch vertieft werden. Er könnte darüber hinaus auf andere kirchliche Sprechpraktiken ausgeweitet werden. Ich will im letzten Abschnitt das letztere tun, indem ich meine Ausgangsfrage nochmals aufgreife und auf solche Sprechformen fokussiere, die dem biblisch begründeten Auftrag der Kirche und jedes Christenmenschen – der Kommunikation des Evangeliums – nachzukommen versuchen. Damit ist sowohl die Predigt im Blick als auch weitere Formen der Glaubenskommunikation: religionspädagogische, seelsorgliche, diakonische, aber auch beiläufige und nichtintendierte. Inwiefern, so frage ich, können wir vom Hype der Podcasts für die institutionell organisierte und die sich im nichtkirchlichen Alltag ereignende Kommunikation des Glaubens lernen? Die Antwort erfolgt in wenigen Punkten und thetischer Kürze.

Podcasts punkten durch *persönlich engagiertes Sprechen*. Die alltagsnahe, unverstellte Stimmhaftigkeit der Sprechenden hinterlässt einen starken und konturierten Eindruck ihrer Persönlichkeit, Eigenheiten und Intentionen. Ihre Botschaft kommt sowohl durch die verbalisierten Inhalte als auch durch Stimme und Sprechweise zur Darstellung. Für die Glaubenskommunikation folgt daraus, dass sie an Attraktivität gewinnt, wenn sich die Absenderin zeigt, wenn sie stimmhaft unverstellt kenntlich wird. Damit soll keinem naiven Verständnis authentischer Kommunikation das Wort geredet werden.[9] Authentizität ist immer auf soziale Rollen und Interaktionssituationen bezogen und durch diese vermittelt. Es gibt keine unverstellte, unvermittelte Authentizität. Dieselbe Pfarrerin spricht auf der Kanzel anders als in der Seelsorge, im Religionsunterricht oder unter Freund:innen, ohne dass die eine Sprechweise per se authentischer ist als die anderen. Und doch gilt:

---

[9] David Plüss, Gottesdienst als authentische Inszenierung von Authentizität, in: Ralph Kunz / Andreas Marti / David Plüss (Hg.), Liturgik kontrovers, Zürich 2011, 339–346.

Wer über den Grund christlicher Hoffnung spricht, erläutert keine objektiven Sachverhalte oder ewigen Wahrheiten, sondern legt Zeugnis ab davon, was ihr Trost gibt im Leben und im Sterben.

Podcasts punkten durch das *dialogische Sprechen*. Die Abwechslung zwischen zwei Stimmen befördert den Effekt der Unterhaltung und der Spannung. Die Differenz zweier Stimmen verbindet sich mit der Differenz zweier Positionen, die sich auseinandersetzen und wieder annähern, die sich herausfordern – wie zwei Kämpfende – und wieder den gemeinsamen Schritt finden – wie zwei Tanzende. Der Dialog ermöglicht darüber hinaus unterschiedliche Rollen: Im Podcast *Unter Pfarrerstöchtern* spielt Sabine Rückert regelmässig den Advocatus diaboli oder zumindest die kritisch-säkulare Zeitgenossin, während ihre Schwester, Johanna Haberer, als Expertin für die historisch-kritische Exegese biblischer Texte und deren Wirkungsgeschichte agiert. Beide spielen dabei zwar ihre eigene Rolle, aber sie akzentuieren und variieren sie, um dem Dialog Spannung und Dynamik zu geben. Auch wenn Ausbildung und Profession der Sprechenden weitgehend korrespondieren – wie bei *Ausgeglaubt* oder *Die ganz normale Gegenwart* –, ergibt sich der Dialog in signifikant unterschiedlichen Rollen doch rasch und natürlich. Das Dialogformat Podcast scheint akzentuierte Positionsbezüge und engagierte Diskussionen zu begünstigen. – Was heisst das für die Predigt? Darüber wäre länger nachzudenken. Dass die Predigt dialogisch sein soll – in ihrer inneren Struktur wie in ihrer Intention –, ist in der Homiletik und unter Prediger:innen *Common sense*. Gleichwohl ist der Kanzel-Monolog noch immer die Grundform des Sprechens, von sehr wenigen Ausnahmen abgesehen. In anderen Formen christlicher Glaubenskommunikation ist das Dialogische gleichsam natürlich: in der kirchlichen Unterweisung, in der Seelsorge, im Hauskreis. Gleichwohl scheint mir das Potenzial des Dialogischen, wie es in den verhältnismässig erfolgreichen Podcasts aufscheint, für Predigt und Verkündigung noch keineswegs ausgeschöpft.

Podcasts punkten durch die *Freiheit des Sprechens*. Dies hängt mit der dialogischen Struktur zusammen. Sie erfordert die Befreiung vom vorbereiteten Manuskript und nötigt zur spontanen Antwort oder Intervention. Die Vorbereitung ist grundlegend für den Gehalt und die Dramaturgie des Podcasts, aber sie wird, soweit ich sehe bzw. höre, nicht abgelesen. Abgelesene Dialoge wirken in aller Regel künstlich. – Daraus folgt nicht unbedingt ein Plädoyer für die frei gesprochene Predigt. Nur Ausnahmetalente schaffen es, ihre Rede so unterhaltsam und spannend zu gestalten wie ein engagierter Dialog. Und doch hat die Freiheit vom Manuskript bei den unterschiedlichen Formen der Glaubenskommunikation grosses Potenzial, das noch dezidierter ausgelotet und entfaltet werden könnte.

Ich nenne abschliessend weitere Anregungen von Podcasts für die Glaubenskommunikation, ohne dass ich diese weiter ausführe und in die religiösen Sprechakte der Kirche übersetze: Podcasts punkten durch die *Konstanz der Sprechenden*.

Diese werden den Zuhörenden von Folge zu Folge vertrauter. Das Verhältnis ist zwar ein einseitiges, aber die Vertrautheit bindet die Hörenden an einen Podcast. Podcasts punkten darüber hinaus durch die *Gründlichkeit der Auseinandersetzung* und die *Dauer der einzelnen Folgen*. Sie punkten durch die *professionelle Expertise* der Sprechenden, durch die *Flexibilität der Rezeption* in Bezug auf Zeit, Ort und Modus, durch den *Mix der Gattung* und durch die absolute *Freiwilligkeit und Unverbindlichkeit der Rezeption*.

Die Liste ist nicht abschliessend. Weitere Anregungspotenziale wären zu nennen. Und vor allem wären die genannten Aspekte weiter zu vertiefen, in die unterschiedlichen Formen der Glaubenskommunikation zu übersetzen und mit den einschlägigen Fachdiskursen ins Gespräch zu bringen. Es scheint mir jedenfalls auf der Hand zu liegen, dass der Podcast-Boom für das Nachdenken über die Zukunft der Predigt und weitere Formen der Kommunikation des Evangeliums von Belang ist und sich ein eingehenderer, mit Fallanalysen unterlegter Vergleich lohnte.

«Bei euch sind sogar die Haare auf dem Kopf alle gezählt!»[1] Rede vom Glauben in der (Spital-)Seelsorge

Claudia Graf

«Kümmere Du Dich um die Seelsorge. Den Rest überlass uns.» So weist die Ärztin die Spitalseelsorgerin zurecht im Fallbeispiel, das diesem Essay zugrunde liegt. Es wird im Folgenden ausgeführt und erläutert.

Bewusst habe ich eine konfliktuöse Situation gewählt, um aufzuzeigen, wie Seelsorge und konkret Spitalseelsorge ihren Glauben kommuniziert. Anhand des Konflikts lassen sich wesentliche Aspekte davon erkennen, wie die Rede vom Glauben verstanden oder eben nicht verstanden wird.

Mit der betreffenden Patientin hat die Seelsorgerin zwar eine Verständigungsebene gefunden. Aber mit der zuständigen Ärztin ist es zum Konflikt gekommen. Die Patientin gilt als malcompliant, und die Kommunikation mit ihr ist schwierig. Sie kann ihre Bedürfnisse nicht auf adäquate Weise äussern, verhält sich vielfach inakzeptabel und tendiert dazu, unter Druck alles zu verweigern. Die Seelsorgerin kennt sie bereits von einem früheren Spitalaufenthalt und hat ein Vertrauensverhältnis aufbauen können, an das sie in der aktuellen Situation anknüpft. Nach einem weiteren Gespräch mit der Patientin und in deren Auftrag nimmt die Seelsorgerin Rücksprache mit dem Behandlungsteam in Bezug auf die Frage einer parenteralen, sogenannten künstlichen Ernährung. Dies interpretiert die Ärztin als Einmischung und Kompetenzüberschreitung, während die Seelsorgerin es als ihre Aufgabe versteht und getreu ihrem «Glauben» handelt – nicht anders, als beim vorangehenden Spitalaufenthalt: Damals hatte die Patientin eine dringend notwendige Behandlung mehrfach abgelehnt und erst nach dem Gespräch mit der Seelsorgerin darin eingewilligt. Der damals zuständige Arzt hatte spontan zur Seelsorgerin gesagt: «Wow, das hätte ich nicht gedacht. Du hast Wunder gewirkt.»

---

[1] Lk 12,7.

Oft kann die Seelsorge, und spezifisch Seelsorge im Gesundheitswesen, um die es hier geht, gute und geschätzte Dienste leisten, ohne gleich Wunder wirken zu müssen. Vielfach spricht sie die gleiche Sprache wie die sogenannten *health care professionals,* ist man gleichermassen betroffen, erfreut, irritiert oder verständnislos gegenüber Situationen und Schicksalen. Meistens werden Konflikte nicht so offen ausgetragen wie bei der scharfen Zurechtweisung der Ärztin. Selten wird umgekehrt ein seelsorgliches Gespräch so wirksam, dass jemand von einem Wunder spricht. Es ist kaum zufällig, dass beide Extreme in der gleichen Situation vorkommen.

Im Fallbeispiel zeigen sich in zugespitzter Weise drei wesentliche Aspekte davon, wie im Reden der (Spital-)Seelsorge «Glaube» verstanden oder eben nicht verstanden wird und inwiefern dies zukunftsweisend sein könnte für die Rede über den Glauben.

1. relevant

Erstens geht es «um etwas» – manchmal buchstäblich um Leben und Tod. Im Spital resp. Krankenhaus ist niemand ohne Grund. Menschen sind ernsthaft krank oder zumindest in ihrer Gesundheit erheblich eingeschränkt. Moderne Medizin kann viel und stösst trotzdem an ihre Grenzen, zum Teil je mehr sie kann, desto heftiger. Medizinische Behandlungen und Therapien sind ein Segen und gleichzeitig oft auch ein Fluch. Die Entscheidung, sie einzusetzen, fortzufahren oder abzubrechen hat vielfach gravierende Konsequenzen. Gesundheitsfachpersonen leisten Enormes, leben unter grösstem Druck oft höchst eindrückliche Menschlichkeit und sind doch vielfach nicht in der Lage, Menschen und Situationen gerecht zu werden. Spitalseelsorge wird hier manchmal zur Lückenbüsserin oder Hofnärrin, «plöiderlet» ein bisschen und ist eine nette Abwechslung, bestenfalls. Auch das ist manchmal mehr, als es scheint. «At its best» aber kann Spitalseelsorge Platzhalterin und Anwältin sein für Wesentliches, Unausgesprochenes oder Unsagbares, kann Menschen und Situationen ernst nehmen, auch Mitarbeitende, die sich engagieren oder an ihre Grenzen stossen, und so Raum geben für Wesentliches, das im Spitalalltag sonst keinen oder nicht genügend Platz hat.

Im Fallbeispiel war die erste Intervention der Spitalseelsorgerin insofern hochrelevant, als die Patientin danach in eine dringend notwendige Bluttransfusion einwilligte, um ihre unmittelbare Atemnot zu lindern. Für die Ärztin in der zweiten Begegnung ist die Intervention der Spitalseelsorgerin offenbar auch nicht belanglos, sonst würde sie nicht so heftig reagieren. Die Seelsorgerin wird ausgebremst und gewissermassen in die Irrelevanz verwiesen: «Kümmere Du Dich um die Seelsorge. Den Rest überlass uns.» Sie kann im medizinischen Kontext nichts mehr ausrichten und beschränkt sich in der Tat darauf, der Patientin unmittelbar beizustehen – und sie im Gebet Gott anzuvertrauen.

Spitalseelsorge hat innerhalb des hochfunktionalen, ausdifferenzierten und auf ökonomische Effizienz getrimmten Gesundheitswesens im Kern keine andere Aufgabe, als Menschen ernst zu nehmen. Sie hat ein sprichwörtlich offenes Ohr, ist offen für das, was wichtig ist, versucht zu verstehen, worauf es ankommt, und redet erst dann in der Sprache, von der sie hofft, dass sie verstanden wird. Was relevant ist, erschliesst sich erst in der konkreten Interaktion. Immer geht es um den Glauben, der im Titel mit dem Vers aus Lk 12,7 bekannt wird: «Sogar die Haare auf eurem Kopf sind gezählt.» Menschen sind nicht nur Kranke, Mitarbeitende, Besuchende, sondern sollen mit ihrer ganzen Lebensgeschichte und in ihrer Geschöpflichkeit wahrgenommen werden. Das ist weder flächendeckend möglich noch von allen erwünscht. Punktuell kann die Spitalseelsorge als geistliche Profession aber einen Beitrag leisten zu mehr Menschlichkeit im Gesundheitswesen als Brennpunkt unserer Gesellschaft.

Die Patientin im Fallbeispiel fühlt sich ernstgenommen und verstanden. Bei der ersten Hospitalisation konnte die Seelsorgerin dieses Vertrauensverhältnis gegenüber dem medizinischen Behandlungsteam zum Tragen bringen und wurde in ihrem Bemühen, der Patientin gerecht zu werden, verstanden. Beim zweiten Spitalaufenthalt jedoch stösst sie auf Unverständnis. Die Gründe werden noch zu erwägen sein.

Damit ihre Rede relevant ist, müssen Seelsorgende nahe dran sein, am Puls des Lebens insgesamt und im Spital, integriert in medizinische und organisatorische Abläufe und doch eigenständig unterwegs für die und mit den Menschen in ihren Situationen. Sie müssen zuhören, den «Leuten aufs Maul schauen», wie es schon Martin Luther angemahnt hat, sowohl Patientinnen und Patienten als auch Mitarbeitenden im Gesundheitswesen. Wenn sie vom Glauben reden, gilt gerade in prekären Situationen im Spital die Faustregel: Worte machen 20 % der Glaubwürdigkeit aus, 80 % liegen an der Haltung. Es geht darum, das Gegenüber als Gegenüber ernst- und wahrzunehmen – als Du, das *a priori* eine andere Sprache spricht, eine andere Weltanschauung hat, sich in einer anderen Situation befindet als die Seelsorgerin. Der stärkste Wirkungsfaktor ist wie in jeder psychosozialen und therapeutischen Arbeit die Beziehung. In ihrer wegweisenden Studie zur Wirksamkeit der Seelsorge hat Kerstin Lammer den «Containerbegriff ‹Beziehungsgestaltung›» in doppelter Hinsicht spezifiziert. Ihre Forschung hat gezeigt, dass die seelsorgliche

Beziehungsgestaltung sich durch zwei charakteristische Haltungen qualifiziert: erstens eine «Haltung der Solidarität», die «auf ein hierarchisches Gefälle» verzichtet sowie «Gemeinschaft statt professionelle Distanz» ausdrückt, und zweitens eine «Haltung der ‹Absichts-› bzw. ‹Anspruchslosigkeit›», die [weitestgehend, Anm. d. Verf.] auf Eigeninteressen verzichtet und deren Leitmotiv darin besteht, «etwas für die Adressat_innen [zu] wollen, statt etwas von ihnen zu wollen.»[2] Diese solidarische Haltung scheint mir ein Kernelement dessen zu sein, was die Rede vom Glauben nicht nur, aber besonders von Spitalseelsorgenden relevant macht. Sie können nicht mehr, aber – wenigstens hin und wieder – auch nicht weniger, als sich solidarisch zeigen mit Menschen in Not.

2. randständig

Zweitens spielt die Spitalseelsorge mit ihrer Rede vom Glauben kaum je die erste Geige. Mit ihrer Solidarität stellt sie sich manchmal ins «offside» oder quer zu vorherrschenden Machtgefällen. Sie kann als naiv oder lästig empfunden werden und wird entsprechend belächelt, ignoriert oder zur Seite geschoben resp. in die Schranken verwiesen.

Der Erfolg beim ersten Spitalaufenthalt im Fallbeispiel beruhte auch darauf, dass die Intervention der Spitalseelsorgerin systemkonform war und den Zielsetzungen des Behandlungsteams entsprach. Das ist bei der zweiten Hospitalisation anders. Die jetzt zuständige Ärztin fühlt sich gestört durch die Spitalseelsorgerin. Die wiederholten Spitalaufenthalte sind nicht zielführend und die Patientin verhält sich unangemessen. Sie ist in dieser Situation hochvulnerabel, sowohl aufgrund ihres gesundheitlichen Zustands als auch durch die Verweigerungshaltung gegenüber allen – ausser der Spitalseelsorgerin. Diese versucht, auf die erhöhte Vulnerabilität der Patientin hinzuweisen, die sich ihrerseits quer stellt zu effizienten Abläufen im Spital. Die Seelsorgerin glaubt, mit ihrer Fürsprache der Patientin zu dienen und damit auch dem Ziel des Behandlungsteams, das Beste für die Patientin zu tun. Statt diese Beziehungsarbeit als Ressource einzubinden, reagiert die Ärztin mit Zurückweisung. Sie verteidigt ihre Zuständigkeit und empfindet die erneute Rücksprache der Seelsorgerin als Einmischung und unnötigen Zusatzaufwand. Gut möglich, dass es auch an individuellem Unvermögen auf der einen und/oder anderen Seite liegt. Aber in der Eigenlogik des Systems wird die Spitalseelsorgerin zum

---

[2] Kerstin Lammer, Wie wirkt Seelsorge? Eine mehrperspektivische Mixed-Methods-Studie im Auftrag der ständigen Konferenz für Seelsorge in der EKD [Praktische Theologie heute, Bd. 165] Stuttgart ¹2020, 323.

Störfaktor. Sie trifft auf Unverständnis. Ihre Rede wird nicht oder falsch verstanden.

Im Zweifelsfall wählt die Spitalseelsorge die «Option für die Armen». (Befreiungs-)theologisch stellt sie sich an die Seite der besonders Vulnerablen, Unbequemen, Hilflosen. Nika Höfler hat als Spezifikum der Spitalseelsorge eine Vulnerabilitätskompetenz herausgearbeitet und schreibt dazu: «sie verleiht Seelsorge die Fähigkeit, eigener und fremder Verletzungs- und Verletzbarkeitserfahrungen, z. B. als Grenzerfahrung oder dem Erleben der Unverfügbarkeit des Lebens, zu begegnen und mit ihnen umzugehen.»[3] Soziologisch gesehen zeigt sich mit Armin Nassehi gesprochen gerade in komplexen Systemen wie dem Gesundheitswesen an den Rändern der Systeme Wesentliches. An den Grenzen des Machbaren, Kommunizierbaren, Tolerierbaren kommen eingespielte Abläufe ins Stocken. Es braucht einiges an Kompetenzen, um im Spitalbetrieb bestehen zu können. Patient:innen, die sich nicht konform verhalten, drohen zu kurz zu kommen oder unterzugehen. Indem Spitalseelsorgende Partei ergreifen für «schwierige» Patient:innen, können sie auf Unverständnis und Ablehnung stossen. Das ist nicht bequem und darf auch nicht allzu häufig vorkommen, sonst steht die Glaubwürdigkeit insgesamt zur Disposition und fällt die Rede vom Glauben aus dem System heraus. Aber bis zu einem gewissen Grad muss die Spitalseelsorge solche Konflikte in Kauf nehmen, wenn es ihr ernst ist mit dem, was sie sagen will.

Die Patientin fühlt sich durch die Spitalseelsorgerin gestärkt, ohne dass diese sie in ihrem schwierigen Verhalten bestärkt. Eine Schimpftirade über Zimmernachbarin und Pflegende unterbricht die Spitalseelsorgerin mit der Frage, was denn helfen würde, um die Situation zu verbessern. «Wenn Sie mir Recht geben,» antwortet die Patientin treuherzig. Die Antwort lautet selbstverständlich: «Das kann ich nicht.» Das Vertrauensverhältnis erträgt es, die Patientin mit ihrem schwierigen Verhalten zu konfrontieren. Aber weder ist es Aufgabe der Seelsorge, therapeutisch auf Verhaltensänderungen hinzuarbeiten, noch lassen Zeit und Umstände solches zu. Immerhin kann die Seelsorgerin die Patientin innerhalb des religiösen Systems mit dem zuständigen Gemeindepfarramt vernetzen, das sich nach dem Spitalaufenthalt weiter um sie kümmert.

Die Spitalseelsorge befindet sich am Rand des Systems Gesundheitswesen – und manchmal auch am Rand des Systems Kirche. Sie macht Erfahrungen auf fremdem Terrain, im säkularen Umfeld, ohne klaren Auftrag. Und vor allem ist sie sehr nahe

---

[3] Nika Höfler, Wirksamkeit von Krankenhausseelsorge. Eine qualitative Studie [Arbeiten zur Praktischen Theologie, Bd. 88] Leipzig 2022, 442.

dran – an der Lebenswelt von Mitarbeitenden, an der Not von Menschen in unterschiedlichsten Situationen. Für manche Kirchenleute kümmert sie sich zu wenig um die «eigenen Schäfchen», hat sie einen «Schoggi-Job» oder macht sie umgekehrt eine unmögliche Arbeit. Oft wird sie von den eigenen Kolleg:innen in den Gemeindepfarrämtern schlecht verstanden. Einerseits ist es eine wesentliche Aufgabe von Spitalseelsorgenden, sich mitzuteilen, ihre Kompetenzen innerhalb der Kirche zum Tragen zu bringen und das kirchliche Netzwerk zu pflegen. «Die Seelsorgerin ist anders»[4], aber sie spricht die Muttersprache der Kirche und ist ohne aktiven Bezug zur Kirche oder einer anderen Religionsgemeinschaft nicht denkbar. Andererseits braucht Spitalseelsorge die Autorisierung durch ebendiese Kirche oder eine andere Religionsgemeinschaft und ist darauf angewiesen, von ihr verstanden und getragen zu werden.

3. bilingue

Drittens sind Spitalseelsorgende mindestens zweisprachig, um sich als Theolog:innen im Land der Medizin verständlich machen zu können. Sie sind sowohl in der Rede vom Glauben zu Hause als auch (einigermassen und grundsätzlich fremdsprachlich) in der naturwissenschaftlich und ökonomisch geprägten Welt des Gesundheitswesens. Nika Höfler schreibt, die Spitalseelsorge bewege sich «als Hybrid in beidem, aber spricht eine andere Sprache. Vulnerabilitätskompetenz dient als ihr genuines Spezifikum, als eigener Sprachcode, der sie deutlich von anderen Professionen und Gruppen [...] im Gesundheitswesen abgrenzt und hervorhebt und Menschen im vulnerablen Umfeld des Krankenhauses in besonderer Weise gerade frei von Zielen und ohne dezidiertes und von vornherein festgelegtes Behandlungsfeld *begegnen* kann.»[5] Zu diesem «Sprachcode» gibt es noch erheblichen Diskussions- und Forschungsbedarf.[6] Gegenwartstauglich und zukunftsträchtig ist m. E. die (spital-)seelsorgliche Rede vom Glauben nur, wenn sie aus ihren theologischen Quellen schöpft und insbesondere auch ihre hermeneutischen Kompetenzen pflegt. Dann kann sie zur Übersetzerin werden nicht zur zwischen der Rede vom Glauben und dem Gesundheitswesen, sondern viel wesentlicher zwi-

---

[4] So der Titel meines Aufsatzes mit dem Untertitel «Professionsnarrationen der Spitalseelsorge», in: Wege zum Menschen 75 (2023), 29–40, mit Bezug zu Manfred Josuttis, Der Pfarrer ist anders. Aspekte einer zeitgenössischen Pastoraltheologie, München 1982, 27.
[5] Höfler, Wirksamkeit von Krankenhausseelsorge, 443.
[6] Siehe dazu auch den Artikel «Braucht die Spitalseelsorge eine gemeinsame Sprache? Zur Bedeutung einer Taxonomie für die interdisziplinäre Zusammenarbeit und Verständigung» von Claudia Graf / Pascal Mösli / Thomas Wild und Isabelle Noth, in: Wege zum Menschen 73 (2021), 445–456.

schen Menschen und ihren Schicksalen, zwischen unseren existenziellen Erfahrungen und dem, was uns darin und darüber hinaus trägt. Auch hier gibt es noch viel zu tun. Dem entgegen stehen m. E. Tendenzen, Spitalseelsorgende als *health care professionals* und Fachpersonen für spirituelle Beratung der Logik des Gesundheitswesens unterzuordnen. Spiritual Care als Aufbruch innerhalb der Medizin und Einladung zur interprofessionellen Zusammenarbeit, damit verbunden Anstösse insbesondere zu Qualitätsentwicklung in der Spitalseelsorge sind wichtig und wesentlich. Aber sie dürfen nicht vom eigentlichen Proprium wegführen und die Spitalseelsorge ihrer Muttersprache und Mehrsprachigkeit berauben. Einen Ansatzpunkt, der die Sprachkompetenz als Basis gelingenden Bilinguismus' betrachtet, sehe ich in der «Collage kritischer Theologie. Systematisch-theologische Erkundungen» von Christian Kern, Julia Enxing, Philipp Räubig und Eva Mariann Karwowski. Der Aufsatz bezieht sich auf politische Fragen gesamtgesellschaftlicher Art, lässt sich aber sehr gut auf den Kontext des Gesundheitswesens übertragen. Ausgehend von einer Analyse rechtsextremistischer Proteste während der Corona-Pandemie schreiben die Autor:innen: «Der Glaube an Gott ermöglicht es, die Abgründigkeit des Lebens zu thematisieren, ohne in Ohnmacht abzurutschen.»[7] Darin sehen sie das Potenzial theologischer Reflexion und Sprache. Sie erläutern weiter: «Der Blick in den Abgrund ist nichts, was man einfordern kann. Vielleicht nicht einmal etwas, das man wirklich ‹tut›, sondern etwas, das mit einem geschieht. Glaube kann dabei helfen, diesen Blick zu wagen, zu ertragen. Möglich ist er aber auch ohne den Glauben oder die Hoffnung an bzw. auf eine mögliche gelingende Zukunft. Theologie ist in zweifacher Weise als eine ‹offene Theologie› zu verstehen: Zum einen trifft sie keine Vorentscheidungen, wer es wert ist, theologisch bedacht zu werden, zum anderen ist sie – im besten wissenschaftlichen Sinn – ‹ergebnisoffen›.»[8] Als geistliche Profession im Gesundheitswesen vertreten Spitalseelsorgende eine «offene Theologie» und begleiten Menschen «ergebnisoffen». Als Berufsstand und im innerkirchlichen wie interprofessionellen Gespräch suchen sie nach einer Sprache, die «dem Glauben oder der Hoffnung an bzw. auf eine mögliche gelingende Zukunft» Ausdruck gibt. Sie bekennen sich damit immer wieder zu dem, was die Blicke in Abgründe ermöglicht und sich hin und wieder ereignet. Dabei sind sie angewiesen darauf, verstanden und getragen zu werden von kirchlichen und andersreligiösen Gemeinschaften und Menschen «guten Willens», die ihre Sprache sprechen, weiterentwickeln und dadurch lebendig erhalten.

---

[7] In: Cursor_Zeitschrift für explorative Theologie, Published on: Apr 30, 2021, Retrieved from https://cursor.pubpub.org/pub/enxingetal-kritischetheologie, 11f.
[8] A. a. O., 12.

Die Radiopredigt: Kommunikation auf Ohrenhöhe

Judith Wipfler

Die Radiopredigerin sitzt im schallgedämpften Aufnahmestudio allein vor dem Mikrofon. Computerbildschirme stehen vor ihr auf dem verkabelten Tisch. Dort liegen vom Morgen noch die Staumeldungen aus dem SRF-Regionaljournal.

Die Predigerin setzt den Kopfhörer auf. Darauf hört sie das «Go» der Redaktorin in der Regie nebenan. Den Sichtkontakt zur Redaktorin behindern Mikrofone, Boxen und eine dicke Glasscheibe. Die Predigerin schaut in ihr Manuskript und spricht jetzt ins schwarze runde Plastiksieb vor dem Mikrofon: «Liebe Hörerin, lieber Hörer», beginnt sie.

Ihr Sprechen am Radio, ohne Gemeinde in Sicht, werden 120 000 einzelne Menschen hören.

Die Radiopredigt ist ein gleichsam öffentliches wie intimes Sprechen ins Ohr. Das ist eine Herausforderung für die Pfarrpersonen, die leibhaftige Gegenüber und einen gottesdienstlichen Kontext gewohnt sind.

Der Kontext einer rund zehnminütigen SRF-Radiopredigt ist anders: Die Predigt ertönt im Schlagerprogramm der SRF-Musikwelle, nach Songs wie «Zwei kleine Italiener». Zeitgleich strahlt das Klassikprogramm von SRF 2 Kultur die Predigt aus, im Anschluss an meist schwere geistliche Musik.

In beiden Programmen mit diversen Publika soll die Radiopredigt funktionieren. Deshalb darf sie *nichts voraussetzen* auf Seiten der Hörenden: weder christliches Wissen noch Kirchenzugehörigkeit. Denn: Wir befinden uns hier im säkularen öffentlich-rechtlichen Umfeld.[1]

---

[1] Die SRF-Radiopredigt ist eine Koproduktion von Radio SRF und den kirchlichen Medienzentren. Das sind die reformierten Medien, das katholische Medienzentrum, die Medienbeauftragten der SEA sowie die Medienstelle der christkatholischen Kirche der Schweiz. Alle Radiopredigten sind online auf der Seite www.radiopredigt.ch abrufbar. Dort gibt es die mündlich konzipierte Radiopredigt auch als PDF zum Nachlesen sowie ein Archiv. Gleichzeitig verbreitet SRF selbst die Radiopredigten als digitales Audio auf www.srf.ch/audio/radiopredigt.

1. Radiopredigt ist (k)eine One-Way-Kommunikation

Seit über 20 Jahren sitze ich als Redaktorin in der Regie nebenan am Mischpult: Ich kommuniziere über die «Talk-Back-Taste» mit der Predigerin; wir reden uns ein wenig warm, plaudern über den Inhalt der Predigt, damit die Predigerin bei der Aufzeichnung nachher dieselbe natürliche Sprechhaltung beibehält und nicht in einen «Kanzelton» verfällt.

Die dialogische Arbeit an der Radiopredigt beginnt aber schon früher: Mindestens einmal hat mir die Predigerin ihr Manuskript vorab zum Redigieren geschickt. Dafür muss sie einige Kritikbereitschaft mitbringen. Als Theologin schlage ich nicht nur sprachliche und gestalterische Alternativen vor, sondern stelle ungemütliche Rückfragen wie: «‹Rechtfertigung›? Das müsstest Du ausdeuten, das versteht keine mehr, das bräuchte ja eine eigene Predigt.» oder: «Kannst Du das Wort ‹Pharisäer› nicht einfach weglassen? Sonst müssten wir zuerst den ganzen Antijudaismus erklären, bevor Du mit Deiner frohen Botschaft kommen kannst.»

Die Radiopredigt soll von möglichst vielen Menschen «draussen» angenommen und verstanden werden: in «normaler» Sprache. Dabei legen wir Wert auf: Niederschwelligkeit, Mündlichkeit, Dialogizität, Lebensweltlichkeit[2] und ökumenische wie weltanschauliche Offenheit.

Bevor die Predigenden ihren zwei- bis sechsjährigen Kanzeldienst bei Radio SRF beginnen, gibt es ein zweitägiges Vorbereitungsseminar. Dabei etablieren wir eine Feedbackkultur, machen Teambuilding und praktische Übungen für Storytelling. Zum Beispiel erzählen sich die Predigenden gegenseitig, was sie beschäftigt und wie sie das in eine Predigt packen wollen. Oder wir spielen eine Situation nach, etwa: Rufe Deine Nichte an und erzähle Ihr am Telefon, was Du in Deiner nächsten Radiopredigt sagen möchtest. Oder wir üben den «Küchenzuruf»[3].

Das schätzen die Predigenden. Sie geben an, nach Jahren als Radiopredigende heute anders zu predigen und Predigten auch anders zu entwickeln als vorher: mündlicher, einfacher, erzählerischer, direkter, unterhaltsamer. Theologisches Fachvokabular legten sie ab und *übersetzten* es jetzt. Denn die Radiopredigt ist

---

[2] Dazu eine kleine Anekdote aus meinem journalistischen Alltag: In einem Interview für die SRF-Nachrichtensendung *Echo der Zeit* sagte mir ein Kirchenpräsident, die Kirche müsse wieder anschlussfähiger werden. Der SRF-News-Kollege, der meinen Radiobeitrag abnahm, konnte mit dem Wort «anschlussfähig» nichts anfangen, er verstand es nicht. Da wurde mir klar: Von Anschlussfähigkeit zu reden, ist bereits ein nicht mehr anschlussfähiger Kirchsprech.

[3] Der Küchenzuruf ist eine journalistische Methode, entwickelt von Stern-Journalist Henri Nannen. Der Küchenzuruf soll ein Thema auf den Punkt bringen, die Kernbotschaft in einem Satz herausbringen. Konkret muss man beim Küchenzuruf einer Person, die gerade den Raum in Richtung Küche verlassen will, in einem Satz zurufen, um was es geht und warum sie das interessieren soll.

keine dogmatische Lehrpredigt. Sie ist ein diskriminierungsfreies «Denkangebot». So unterschreiben es alle in ihrer Selbstverpflichtung auf das öffentlich-rechtliche Format.

2. Keine «Sprache Kanaans»

Auf Radio SRF vermeiden wir «Kirchsprech» oder eine «Sprache Kanaans», also eine Sprache, die ausserhalb kirchlicher Milieus keine mehr versteht und auch nicht mehr verstehen will. Das tun wir in Zusammenarbeit mit den kirchlichen Radiobeauftragten und schon lange bevor Erik Flügge[4] den Kirchenjargon kritisierte.

Hörende schalten laut Medienforschung nach wenigen Sekunden ab, wenn Ihnen Einstieg und Anmutung einer Sendung nicht passen. Wer zufällig im Autoradio auf eine Radiopredigt trifft, kann sofort wechseln in ein anderes Programm. Das wollen wir natürlich verhindern, und zwar mittels Themen aus der Lebenswelt der Menschen.

Wer einschaltet, übertritt damit ja keine Kirchenschwelle. Im besten Fall merken Hörende erst gar nicht, dass sie in einer Predigt gelandet sind. Schliesslich ist die Predigt auf SRF heute eine *der* Chancen für kirchliche Rede in der breiten, mehrheitlich säkularen Öffentlichkeit.

So passen sich die Radiopredigenden auch an das an, was sonst «am Radio» zu hören ist. Einige spielen Töne, Zitate, Geräusche und Musik ein. Wir hören die Christkatholikin beim Goldwaschen im Bach, Aussagen Jugendlicher zum Thema Taufe oder werden mit dem Lied «Im Aargau sind zwoi Liebi» schwungvoll mitgenommen. Solche Radiopredigten schöpfen das sinnliche Potenzial des Hör-Mediums Radio aus.

Einen pastoral belehrenden Ton, der sich in Theologumena vergaloppiert, gibt es bei uns nicht mehr. Betulicher «Kirchsprech» ist der Homiletik selbst schon lang ein Dorn im Ohr. Das zeigen die Publikationen[5] des TVZ.

Über die letzten Jahrzehnte wandelte sich das Format Radiopredigt: Die Bibelzitate wurden kürzer, das Storytelling länger, das Sprechtempo schneller. Die Predigten wurden insgesamt kürzer: Von einstmals reformierten 15 Minuten blieben 9–10 Minuten. Damit ist die Radiopredigt immer noch die längste «Rede» am Schweizer Rundfunk. (Die Ansprache des Bundespräsidenten darf keine fünf Minuten dauern.)

---

[4] Erik Flügge, Der Jargon der Betroffenheit. Wie die Kirche an ihrer Sprache verreckt, München 2016.
[5] Katrin Kusmierz / David Plüss / Angela Berlis (Hg.), Sagt doch einfach, was Sache ist! Sprache im Gottesdienst, Zürich 2022.

Die Radiopredigt gehört zu den ältesten Senderubriken im Schweizer Radio. Sie etablierte sich Mitte der 1920er Jahre. Die Kriegspredigten von Karl Barth etwa sind historische Dokumente. In der Radiopredigt spiegeln sich Zeit- und Theologiegeschichte. Das erforschte namentlich Constanze Jecker[6].

Kommunikation und Sprache der Radiopredigt streiften auch einige TVZ-Bände[7], die unter Mitarbeit ehemaliger Radiopredigender (Katrin Kusmierz, Franziska Loretan[8], Frank Jehle, Peter Spichtig, Ralph Kunz u. v. a.) und Radiobeauftragter (Martin Peier) entstanden. Der personelle Zusammenhang ist kein Zufall.

Die Radiopredigt kann nur in Zusammenarbeit mit der Schweizer Homiletik, also von Universitäten, Kirchen und Radio SRF gemeinsam weiterentwickelt werden. Unsere Radiokanzel ist die grösste der Schweiz und Aushängeschild für Predigtkompetenz im Land.

So erhielt die langjährige Radiopredigerin Caroline Schröder Field 2014 den ersten Schweizer Predigtpreis, Erich Häring einen nächsten. Das macht mich stolz, denn mit beiden habe ich jahrelang arbeiten dürfen: durch die Scheibe der Regie und bei tiefgründigen Gesprächen beim Kaffee nach der Aufnahme.

---

[6] Constanze Jecker, SendungsBewusstsein: Kirchliche Kriegskommunikation und die Anfänge der Radio-Predigten in der Schweiz 1925–1945 [Religion – Politik – Gesellschaft in der Schweiz, Bd. 49] Freiburg 2009.

[7] Beispiele: Frank Jehle, Verkündigung ist kein Monolog. Kunst- und Themapredigten für heute, Zürich 2021; Martin Peier, gehört. Wirkungen der Rede am Beispiel der Predigt, Zürich 2018; Martin Peier (Hg.), Beim Wort genommen. Kommunikation in Gottesdienst und Medien, Zürich 2007.

[8] Die römisch-katholische Homiletikerin Franziska Loretan-Saladin äusserte sich zur SRF-Radiopredigt im Mitteilungsblatt der Universität Luzern, UNILU AKTUELL, Ausgabe Nr. 29, September 2009, 38ff.; online: www.radiopredigt.ch/wp-content/uploads/2017/03/unilu_2009_29_38_39.pdf (01.11.2023).

Spracharchiv

Claudia Kohli Reichenbach und Ralph Kunz im Gespräch mit Andreas Mauz

Das Spracharchiv der Tradition ist gleichermassen Entlastung und Belastung. Man denke nur an das gigantische Archiv des Kirchenlieds. Es macht – von kundiger Hand zum Gesangbuch kanonisiert oder auch nicht – ein Angebot, das man nutzen kann, das einen aber auch befremdet und überfordert. «Wie immer ist in Archiven viel Sprengstoff vorhanden. Kein Archivar kann kontrollieren, was die Zukunft mit dem Archivierten und Kanonisierten machen wird. Das Spracharchiv wird institutionell verwaltet, kann aber genau diese Institution hochgehen lassen. Das ist eine unvermeidliche Sache, die sich mit jedem Archiv verbindet», erläutert Andreas Mauz.

Wie gelingt Kommunikation, die an dieses Archiv gebunden ist und darauf zurückgreift? Wir kreisen in unserem Gespräch zu dritt immer wieder um diese Thematik und suchen gemeinsam nach dem, was es ausmacht, dass etwas «klingt». Uns scheint das Momentum des Erschreckens, der Irritation zentral: Was uns zuerst einmal überfordert, bringt unsere eigenen Resonanzen in Gang, unseren «Gwunder». Was unsere Vorstellungen sprengt, hat das Potenzial, Neues, Tragendes zu schaffen. Andreas Mauz zitiert passend dazu eine Gottesbestimmung, die in der Tradition der Negativen Theologie begegnet, etwa bei Cusanus: «Gott ist ein Kreis, dessen Zentrum überall liegt und dessen Umfang nirgends.» Der Philosoph Hans Blumenberg spricht bei solchen Formeln treffend von «Sprengmetaphern»: Sie setzen eine Vorstellung, etwa eine geometrische Form, überdehnen sie dann aber so, dass die Vorstellung an eine Grenze kommt und gesprengt wird. Genau dann verfügen wir, so die Idee, für einen Moment über ein adäquates Gottesverständnis, wir haben eine wissende Unwissenheit *(docta ignorantia)*. Für einen Moment sind wir baff – und durch die Energie der Sprengkraft angeregt, weiter zu diskutieren.

Wenn Kirchenthemen in der «Fifa»-Schlaufe steckenbleiben

Markus Dütschler

Auf die Gefahr hin, der kompletten Verfehlung des Themas bezichtigt zu werden, oute ich mich hiermit als Fussballmuffel. Ich verstehe die Spielregeln nicht. Selbst vor meiner Nase würde ich einen YB-Star nicht erkennen. Als Bub habe ich einmal Fussball gespielt und sogar ein Tor erzielt. Leider war es ein Eigengoal. An der WM 2006 verschmähte ich emotionslos das Endspiel Italien-Frankreich, weil meine Partnerin an jenem Abend das Fernsehgerät für einen Liebesfilm in Beschlag nahm. Sie hatte diesen schon oft gesehen und kannte sogar die Romanvorlage. Zudem besass sie den Streifen sogar auf Video, so dass sie ihn zu einem anderen Zeitpunkt hätte geniessen können. Welcher andere Mann liesse so etwas zu?

Nehmen wir an, die Berner Tageszeitung «Der Bund», für die ich früher arbeitete, hätte mich trotz eindeutig fehlender Qualifikationen angewiesen, hie und da auch über Fussball zu schreiben. Dann wäre das wohl so abgelaufen: Mit meinem schmalen Wissensrucksack suche ich Club X oder Funktionär Y auf. Themen wie die Spieleraufstellung beim letzten Match werden elegant umdribbelt, ebenso gedankliche Destillationen über die weiteren Chancen innerhalb der Tabelle, denn dabei würden sie mich auf dem linken Fuss erwischen.

Also konfrontiere ich die Gesprächspartner mit dem Vorwurf, dass im Sport oft gedopt werde. Ich frage, ob sie wirklich alles dagegen unternähmen, damit das in ihrem Club nicht geschieht. Wenn sie behaupten, dies sei bei ihnen kein Thema, tue ich das als durchsichtige Verwedelungstaktik ab. Auch reite ich auf dem Thema Fifa herum, denn der Name Sepp Blatter sagt sogar mir etwas. Da geht es um viel Geld und um Korruption. Wie stehen die Clubverantwortlichen dazu? Können sie denn ehrlich Fussball spielen?

Obwohl ich diesen journalistischen Tatbeweis nie erbringen musste, ist die These so steil nicht, dass meine Ausflüge ins Feld des Fussballs bald gezählt gewesen wären. Die andere Seite wäre es leid gewesen, mit mir über Fifa und Doping zu sprechen, wo sie doch lieber über ihre engagierte Juniorenförderung oder über beanspruchte Quartierfussballplätze geredet hätte. Man hätte mich vom Platz gestellt.

Im April 2022 ging mein Wirken beim Berner «Bund» ballbesitzlos zu Ende. Ich habe auf dem Spielfeld die Seite gewechselt und bemühe mich seither, Bälle zu halten, die ehemalige Journi-Kolleginnen und -Kollegen in Richtung meines Kastens treten.

Dabei kommen oft solche Fifa-Blatter-Doping-Fragen. Wenn die Universität Zürich eine Pilotstudie über Missbrauch in der katholischen Kirche veröffentlicht, ist der journalistische Reflex verständlich, die Reformierten zu fragen, was dieses niederschmetternde Resultat mit ihnen mache, ob es auch bei ihnen Fälle gebe. Antwortet man, es gebe aus bestimmten Gründen vermutlich weit weniger, wird nachgebohrt, ob man das sicher wisse. Wer hätte die Chuzpe, dies ohne den Schatten eines Zweifels zu bejahen?

Ein Journalist eines Fernsehsenders hat mir die erwähnten obligaten Fragen zur Missbrauchsthematik gestellt. Nach der Aufzeichnung beklagte er sich, dass es unerhört schwierig sei, eine Auskunftsperson der katholischen Seite zu finden, die weder in den Ferien weile noch beim angesprochenen Thema unwirsch den Telefonhörer auflege. Ob ich vielleicht jemanden wüsste.

Ja, wusste ich. Einige Tage zuvor hatte sich ein Priester gegenüber den Medien darüber geklagt, dass seine Kirche bei diesem Thema viel zu lange viel zu wenig unternommen habe. Ich gab dem TV-Mitarbeiter den Namen dieses eloquenten, medienerfahrenen Pfarrers, verbunden mit dem Hinweis, dass sich dieser auf dem gleichen Sender unlängst bereits dazu geäussert habe. Abends in der Sendung sah ich: Er hat es wieder getan – und dazwischen geschnitten waren meine Quotes.

Wenn es an der Medienfront wieder ruhiger wird, findet man endlich Zeit, sich allen anderen Kommunikationspflichten zu widmen. Bis ein Finanzverantwortlicher einer Kirchgemeinde in seine Kasse greift. Oder bis es in einem mehrköpfigen Pfarrteam zum Zerwürfnis kommt, worauf eine Pfarrerin ihre Gemeinde unter Absingen wüster Lieder verlässt. Man hält das kaum für möglich, aber so etwas gibts.

Dann kommen wir ins Visier einer Zeitung, denn Knatsch verkauft sich immer gut, und von Konflikten verstehen alle etwas: im Fussball, in der Politik, bei den Banken – oder bei den Kirchen. Weil aber die Story «Frustrierte Pfarrerin schmeisst hin» oder «Kirchgemeinde stellt Pfarrer vor die Tür» bald erzählt ist, wird aufwändig recherchiert. Zeuginnen werden ausgegraben, anonyme Insider befragt und Expertinnen ausgequetscht. Denn: Die Affäre ist bestimmt kein Einzelfall und die Dunkelziffer ist hoch.

Und so wird aus der bedauerlichen Angelegenheit beim göttlichen Bodenpersonal ein Systemversagen, ein Abgrund, der ausgeleuchtet werden muss. Liest man darum auch so häufig diese spektakulären Geschichten über Supermarktfilialleiter, in deren Backwarenabteilung es häufig zu Fluktuationen kommt, ohne dass die Konzernleitung einschreitet? Nein, ehrlich gesagt nicht. Muss wohl an der Branche liegen. Die moralische Fallhöhe bei den Frommen, Edlen und Guten gibt einfach mehr her.

Das Blatt, das diesem «Systemversagen» in der Kirche auf die Spur gekommen ist, findet es später angezeigt, ein Interview mit einer verantwortlichen Person zu führen, damit diese einige Dinge einordnen kann. Diese darf dann unaufgeregt darlegen, wie heikel es ist, sich öffentlich über einen internen Personalkonflikt zu verbreiten – und was an Unterstützung alles aufgeboten wurde, um einen solchen Kladderadatsch zu verhindern – letztlich erfolglos.

Also erscheint ein Journalistenteam zum Interviewtermin in der Kirchenverwaltung, darunter der Autor der vorangegangenen Serie. In jenem Text hatte er unterschwellig anklingen lassen, dass das Gebäude ein Hort der Bürokratie, Behäbigkeit und Trägheit sei. Es gebe sogar eine Schuhputzmaschine. Das weckt Assoziationen an angestaubte Viersternehotels, die mit diesen elektrisch betriebenen Ungetümen etwas Grand-Hotel-Noblesse simulieren.

Natürlich kenne ich die Journalisten, weshalb ich mir den bösen Spass erlaube, sie vor dem Interviewtermin zur «Schuhputzmaschine» zu führen – ein mickriges Konstrukt mit zwei Bürsten, an denen man im Winter den Schnee von den Stiefeln abschrubben kann. «Drei verschiedene Schuhcrème-Farbtöne, elektrische Polierfunktion», schwadroniere ich im Tonfall eines Staubsaugervertreters. Die Journalisten schlagen peinlich berührt die Augen nieder. Ja, der oft besungene Seitenwechsel vom Journalismus zu Kommunikation und PR bereitet durchaus Freude – gerade in solchen Momenten.

Noch mehr wäre dies der Fall, wenn es auf den Redaktionen Mitarbeitende gäbe, die richtig gut Bescheid wissen, sei es über bildende Kunst, wenn sie im Kulturteil schreiben, über Banken und Finanzen im Wirtschaftsressort, über weltpolitische Zusammenhänge im Auslandteil. Oder über Wesen, Funktion und Inhalte von Kirchen und Glaubensgemeinschaften, wenn sie sich über Religion verbreiten. Mit ihnen hätte es der Mediensprecher nicht leichter, denn sie würden ihm keine Ausflüchte oder Nebelpetarden durchgehen lassen. Aber man müsste nicht immer beim Fifa-Doping-Blatter-Thema verharren. Wobei: Gerade den oft belächelten «Sportlis» darf man zubilligen, dass sie von ihrer Materie eine ganze Menge verstehen. Eventuell fehlt ihnen dafür etwas der Abstand zum Thema, aber das ist wieder eine andere Geschichte.

Wie man inzwischen weiss, leisten sich viele Medien lieber kostengünstige und fleissige Generalistinnen und Generalisten, die über alles berichten können – und dies bitte rasch, denn «Mobile First» duldet keinen Aufschub. Würde es die Leserschaft überhaupt merken, dass der Journalist oder die Redaktorin über das Thema richtig gut Bescheid weiss? Ich bin mir nicht so sicher, seit ich einen Blick in die eingehende Briefpost in unserer Verwaltung werfen konnte. Da adressiert sich eine Person an die «Reformierte Kirche» mit dem Ansinnen, «aus der Römisch-katholischen Kirche austreten» zu wollen. Da hat sich jemand den Entscheid wahrlich nicht leicht gemacht.

Bleiben wir in dieser Abwärtsspirale gefangen? Ist Kirche und Religion für viele so irrelevant geworden, dass es Medienschaffenden nicht mehr zuzumuten ist, sich dafür zu interessieren – sofern sie in ihrem Medium überhaupt Zeit und Platz dafür aufwenden dürfen? Die Kirchen müssten sich viel stärker auf Themenfelder konzentrieren, bei denen sie Relevantes mitzuteilen haben. Werbeleute nennen das Unique Selling Proposition/Point, kurz USP. Es könnte sein, dass sich Medienschaffende sogar dafür interessieren. Und die Leserschaft nähme erstaunt, vielleicht sogar erfreut zur Kenntnis, dass Kirchen nach wie vor ein wichtiger Teil der Gesellschaft sind – unabhängig von ihren Mitgliederzahlen. Wie hiess doch beim *Tages-Anzeiger* der frühere Werbeslogan? «Wir bleiben dran!»

Mehr Babel, bitte
Ein Plädoyer für liturgische Mehrsprachigkeit

Holger Pyka

1. Zwischen Köln und Babel

An einem besonders staubig-heissen Kölner Hochsommertag irgendwann in den späten Achtzigern oder frühen Neunzigern stehe ich im Eingangsflur. Ich lege die Stirn an die flaschengrünen und herrlich kühlen Wandfliesen im Jugendstiltreppenhaus und stelle erstaunt fest: Im Deutschen gäbe es gar kein Wort dafür, für diese nichts als angenehme Kühle. In Mamas Sprache schon. Apropos Mama: Die hört bis heute, in welcher Sprache (*Máma!* oder *Màmmá!*) ich sie rufe, und kann allein auf dieser Basis zuverlässige Prognosen über den Fortgang des Gesprächs anstellen: Auf Deutsch reden wir über Vorsorgevollmachten, auf Schwedisch über vergangene Weihnachten. Ansonsten war sie sowieso meistens gemeint, wenn in unserer Strasse irgendwo das Wort «Mama» zwischen den schon etwas heruntergekommenen Jugendstilfassaden hin- und herprallte. Die Mütter der meisten Nachbarskinder hiessen «Anne» und kochten Güveç statt Möhreneintopf («Murrejemangs»), und wenn sie endgültig genug hatten vom Kindergeschrei vor der Tür, dann riefen sie «Sessiz olun!» oder «Yeter!». Letzteres heisst «Es reicht», und manchmal hörte man aus der Wohnung über uns dann auch ein «Was ist denn?» oder «Benden ne istiyorsun?» als Antwort, weil Yeter auch ein Name ist, die die Eltern dem vierten oder fünften Kind geben, wenn sie finden, dass es langsam genug ist mit Nachwuchs. Manchmal hörte man auf unserer Strasse auch ein donnerndes «Saachens, häst do en Ääz am Kieme?!», und dann wusste man, dass Mutter Frings aus der Vierundzwanzig (die nicht Mama, sondern «Mamm» hiess) wieder sauer war. Mein Vater fand dieses breite Kölsch sehr vulgär, ich wiederum fand es anstrengend, wenn er versuchte, mir mit polnischen Sprichwörtern, die ich mir höchstens zur Hälfte zusammenreimen konnte, die Welt zu erklären.

Wie ziehen sich verschiedene Sprachen und Sprachebenen durch mein Leben? Wer hat mit mir in welcher Sprache gesprochen, mit welchen Erlebnissen und Erfahrungen verbinde ich einzelne Sprachen? Ist mir meine (Mutter-, Vater- oder Erst-)

Sprache schon einmal zum Vorwurf gemacht worden? Gibt es Dinge, die ich in anderen Sprachen besser ausgedrückt finde als in meiner Muttersprache?

Ich habe erst später gelernt, dass man in Linguistik und Pädagogik unterscheidet zwischen Mutter-, Vater- und Omasprache, Zählsprache, Traumsprache, Schul- und Spielsprache, Alltags- und Bildungssprache, Familien- und Umgebungs- und wahrscheinlich noch einer ganzen Menge anderer Sprachen.[1] Diese verschiedenen Sprachen sind nach ihrem primären Verwendungszusammenhang benannt, sie sind damit eng an bestimmte Lebenssituationen, Beziehungen und soziale Rollen gekoppelt. Und ich frage mich, was solche Unterscheidungen mit dem Verständnis liturgischen Handelns, mit unseren Gottesdiensten machen (können), mit unserer Liturgie, in der Verlängerung mit unserer Theologie und in weiterer Verlängerung mit uns. Und mit Gott.

Welche Sprache spreche ich mit Gott? In welcher Sprache kann ich mir eine Antwort am ehesten vorstellen?

2. Unerforschtes Terrain

Mit solchen Fragen betritt man unerforschtes Terrain. Untersuchungen zum Zusammenhang von Mehrsprachigkeit und Religion sind im deutschsprachigen Raum selten, in der evangelischen Theologie, soweit ich sehen kann, nicht existent.[2] Das wird verschiedene Gründe haben: Mehrsprachigkeit galt lange Zeit als verdächtige Abweichung vom angeblichen Normalfall Einsprachigkeit[3], von zweisprachiger Kindererziehung wurde vehement abgeraten, und bis heute erlebe ich in meinem deutschen Umfeld merkwürdige Kategorisierungs- und Legitimationsforderungen, wenn Mehrsprachigkeit am Level der Beherrschung der einzelnen Sprachen gemessen wird, nicht an ihrer biografischen Bedeutung für das Subjekt. Maja Haderlap, eine kärntnerisch-slowenische Schriftstellerin, beschreibt eine

---

[1] Vgl. Stefan Schneider, Bilingualer Erstspracherwerb, München 2015, 32–34, sowie Brigitta Busch, Mehrsprachigkeit, Wien ³2021, 45–69, die auch den Ausschlag dafür gegeben hat, diesen Text autobiografisch zu beginnen.

[2] Im deutschsprachigen Raum bildet die liturgische Nutzung der Schweizer Mundart die einzig umfassend analysierte Ausnahme, viel Literatur beschäftigt sich mit Religionen und Konfessionen, die Theologie- oder Liturgiesprachen pflegen, d. h. Idiome, die ausserhalb der Kirchenmauern nicht überlebt haben. Zu Einführung in das hochspannende Thema sei empfohlen: Robyn Moloney / Shenouda Mansour (Hg.), Language and Spirit. Exploring Languages, Religions and Spirituality in Australia Today, Cham 2022.

[3] Busch, Mehrsprachigkeit, 46.

wahrscheinlich für viele Mehrsprachige nachvollziehbare «Grunderfahrung im Hinblick auf Sprache [...], dass sich immer wieder vermeintliche Sprachbesitzer, Sprachwahrer, Platzanweiser und Platzverweiser zwischen mich und meine Sprachen zu drängen versuchten.»[4] Darüber hinaus sind viele protestantische Kerngemeinden immer noch so homogene Gebilde, dass für einen Grossteil der Mitglieder Familien-, Bildungs- und Umgebungssprache identisch sind. Ein spannendes Forschungsfeld hierfür wären bzw. sind daher Migrationsgemeinden. Holger Milkau, der interessanterweise, wenn auch nicht ganz nachvollziehbar, Gebet mit der Zählsprache in Verbindung bringt, beschreibt die gottesdienstliche Praxis aus der Evangelisch-Lutherischen Kirche Italiens: «Ist ein deutsches Gebet eher Innerlichkeit, Nachdenken – vielleicht Sehnsucht; so ist das italienische gekonnte performativ-emotionale religiöse Ästhetik, man muss immer ein wenig übertreiben, umschreiben, ausmalen, um zur Sache zu kommen, den Kern zu treffen.»[5]

Was macht es mit meiner eigenen Sprache, wenn ich bete? Wie verändern sich Syntax und Wortschatz, Stimmsitz und Satzmelodie?

Auch die Reflexion über gottesdienstliche Sprache ist in der Regel buchstäblich einsprachig, meist ist nämlich von *der* Sprache im Gottesdienst, also im Singular, die Rede.[6] Dabei ist schon ein relativ konventionell agendarischer Gottesdienst zumindest ansatzweise mehrsprachig: «Da stehen die Sprache der Bibel Israels, die eines Luther-Liedes und die einer jungen Predigerin nebeneinander. Manchmal spricht die Gottesdienstgemeinde neben Deutsch auch Hebräisch (‹Amen›, ‹Halleluja›) und Griechisch (‹Kyrie eleison›). Und sie findet sich mit ihrer Mehrsprachigkeit in ganz unterschiedlichen Sprachvollzügen wieder (Verkündigung, Gebet, Bekenntnis, gesungenes Wort, frei formulierte Fürbitten usw.).»[7] Angesichts dieser schon im gottesdienstlichen Normalfall offensichtlich vorhandenen liturgischen

---

[4] Maja Haderlap, Im Licht der Sprache. Klagenfurter Rede zur Literatur, http://archiv.bachmannpreis.orf.at/bachmannpreis.eu/presse/tddl2014/texte/haderlap_rede.pdf, 5 (25.11.2023).

[5] Holger Milkau, «Zum Beten und Zählen braucht man die Muttersprache.» Kulturgeschichtliche Impulse zu Sprache und Liturgie der Evangelisch-Lutherischen Kirche in Italien, in: Michael Meyer-Blanck (Hg.), Die Sprache der Liturgie, Leipzig 2012, 155–170, 166.

[6] Anders Alexander Deeg, der von Sprache*n* im Plural spricht, sich allerdings vor allem auf das Gegenüber und Nebeneinander von liturgischer und Predigtsprache bezieht (How to celebrate God with words? Fragestellungen zur Sprache im Gottesdienst, in: Katrin Kuszmierz / David Plüss / Angela Berlis (Hg.), Sagt doch einfach, was Sache ist! Sprache im Gottesdienst, Zürich 2022, 75–89.

[7] Teresa Berger, Die Sprache der Liturgie, in: Hans-Christoph Schmidt-Lauber u. a. (Hg.), Handbuch der Liturgik. Liturgiewissenschaft in Theologie und Praxis der Kirche, Göttingen ³2003, 798–806, Zit. 798.

Mehrsprachigkeit erscheint es verkürzt, wenn gottesdienstliche Sprache so oft nur unter binären Kategorien verhandelt wird: *Innovation–Tradition, individuell–gemeinsam, Alltag–Poesie* und so weiter. Zumal, weil das Hin- und Herskalieren zwischen zwei Polen m. E. oft dazu verleitet, eine ausgewogene Mittelposition einzunehmen, die sich dann wieder in der Sprache niederschlägt: Sicher nicht zu Unrecht werden an der gottesdienstlichen Gebetspraxis die «Zeichen stillgelegter religiöser Mitteilung»[8] und die «Langeweile aufgeklärter Selbstzufriedenheit»[9] kritisiert. Das wird u. a. damit zu tun haben, dass, die Unterscheidungen vom Anfang im Kopf behaltend, in deutschsprachigen landeskirchlichen Kontexten öffentlich religiöse Sprache vor allem aus den überlappenden Repertoires der Zähl-, Schul- und Bildungssprache gebildet wird: «Die pastorale Sprache ist oftmals stärker von der theologischen Sozialisation geprägt als von der eigenen religiösen Erfahrung. [...] Damit verbleibt man leicht im Milieu des hochkulturellen Bürgertums.»[10]

Wenn ich ein von mir geschriebenes Gebet betrachte: Wo kommen dort Wörter und Formulierungen vor, die in meinen Alltagsgesprächen keinen Platz haben? Und wie sind sie dort hereingekommen, wer hat sie mitgebracht? Was passiert, wenn ich sie probeweise herauslöse und durch alltagssprachliche Formulierungen ersetze? Wenn ich jedes «doch» durch ein «aber» ersetze, jede literarische Inversion («Singen will ich ...») umräume oder diese Infinitivreihungen, die es fast nur in der Kirche zu geben scheint («Ausatmen. Ankommen. Zur Ruhe kommen.»), in Sätze mit Subjekten und Prädikaten auflöse? Welche theologischen Platzanweiser und Platzverweiser versuchen, sich zwischen mich und meine Sprache(n) zu drängen?

3. Vom unbewussten zum bewussten Code-Switching

Es könnte sein, dass ein erster Schritt heraus aus der Milieuverengung[11] – sofern man das will – liturgischer Sprache darin besteht, dass öffentlich Betende sich die eigenen Mikro-Sprachwechsel und Spracheroberungen im Laufe ihrer Biografie bewusst machen. Und darauf achten, wo, wann und wie diese sich in situativen Sprachwechseln im Gottesdienst äussern. Susanne Oberholzer hat aufgezeigt, dass das Code-Switching zwischen Mundart und Hochdeutsch in deutschschweizer Gottesdiensten bestimmten Mustern folgt: «Code-Switching wird von den refor-

---

[8] Michael Meyer-Blanck, Das Gebet, Tübingen 2019, 318.
[9] Lehnert, zit. n. a. a. O., 317.
[10] Ebd.
[11] Vgl. Hans-Martin Gutmann, Die Sprache der Milieus und ihre (un)mögliche Überwindung in der Liturgie, in: Michael Meyer-Blanck (Hg.), Die Sprache der Liturgie, 25–46.

mierten Pfarrpersonen als Mittel der Gottesdienstgestaltung genutzt. Dabei werden Dialekt und Hochdeutsch funktional eingesetzt, wobei die Anzahl [und] Funktionen der Wechsel ins Hochdeutsche stark beschränkt sind»[12].

Dementsprechend gibt es liturgische Übersetzungskonventionen: «Während das Eingangswort in drei Vierteln der untersuchten Gottesdienste in Hochdeutsch gesprochen wird, werden die Mitteilungen zu zwei Dritteln im Dialekt gesprochen. […] Zu den in mindestens 60 % der untersuchten Gottesdienste im Dialekt gesprochenen Gottesdienstteilen gehören die Einleitung des (jeweils ersten) Gebets, die Einleitung der Fürbitte sowie die Mitteilungen. Umgekehrt werden in mindestens 60 % der Gottesdienste folgende Elemente in Hochdeutsch gesprochen: Eingangswort, Gebet, Lesung, Unser Vater, Segen.»[13]

Offen bleibt angesichts des statistischen Befunds, welche möglichen theologischen Konsequenzen ein solcher Sprachwechsel hat. In Workshops zu liturgischer Sprache bitte ich Teilnehmende aus der Schweiz manchmal, ein vorliegendes hochdeutsches Gebet zuerst in Mundart zu übertragen, und diesen Text dann ins Hochdeutsche wieder rückzuübersetzen. Das Ergebnis ist meist ein völlig anderer Text – und oft auch ein nach allen gängigen Kriterienkatalogen für die Qualität liturgischer Sprache[14] deutlich besserer. Bei der Reflexion solcher Übungen äussern die Teilnehmenden oft bekannte stereotype Spracheinstellungen, die Mundart und Dialekt als emotional ansprechendere Varietät bezeichnen.[15] Das kann ein Grund für das Gelingen solcher Übungen sein, ich glaube mittlerweile, dass ein anderer Faktor zu bedenken ist: Der Effekt einer Textverbesserung stellt sich nicht durch die höhere emotionale Qualität der Mundart ein, sondern vor allem dadurch, dass Mundart keine Schul- oder akademische Fachsprache ist, sodass in ihr Texte entstehen, die frei von bildungssprachlichen Konventionen sind. Eine ähnliche Wirkung könnte sich dadurch erzielen lassen, dass man eigene Texte in eine nur begrenzt beherrschte Fremdsprache überträgt und dann wieder rückübersetzt.

---

12 Susanne Oberholzer, ‹Alle Dinge ooni Usnaam sind möglich dem, der glaubt›. Dialekt und Hochdeutsch in Deutschschweizer Kirchen, in: Katrin Kuszmierz u. a. (Hg.), Sagt doch einfach, was Sache ist! (wie Anm. 6), 125–153, 140.
13 A. a. O., 134. Das entspricht übrigens den Ausführungen André Urwylers aus dem Jahr 2011 – und ziemlich genau den Regelungen zur Liturgiesprache in einer Arbeitshilfe des Erzbistums Köln von 2007, vgl. Holger Pyka, Vom Sittlichkeitskampf zur Büttenpredigt. Protestantische Karnevalsrezeption und Transformationen konfessioneller Mentalität, Stuttgart 2018, 289f.
14 Vgl. David Plüss, «Simple, fresh, relevant, not too doctrinal in tone or unreal in expression»: Kriterien liturgischer Sprache, in: Katrin Kusmierz u. a. (Hg.), Sagt doch einfach, was Sache ist! (wie Anm. 6), 21–34 (28).
15 Vgl. Oberholzer, Alle Dinge, 144.

4. Implizite Anthropologie ...

Im Sprechakt des (öffentlichen) Gebets konstituiert sich ein Subjekt innerhalb einer sozialen Gruppe und im Gegenüber zu Gott.[16] Das, was in solchen Gebeten stellvertretend für die Gottesdienstteilnehmenden gesagt wird, lässt Bilder entstehen, die ihnen zur Identifikation angeboten werden. Auf die Gefahren von Pauschalisierungen und theologischen wie sprachlichen Unschärfen vor allem im Eingangs- oder Sündengebet weist Silvia Bukowski seit Jahren hin: «Da heißt es oft: Wir haben nicht genug an dich gedacht, nicht genug nach deinem Willen gefragt, waren nicht dankbar genug, oder so ähnlich. Dieses ‹nicht genug› ist sehr schwammig – was wäre denn eigentlich genug? Diese Formulierung verstärkt nur das typisch protestantische schlechte Gewissen, nie genug getan zu haben. (‹Man müsste doch auch noch ...›).»[17] Um eine angemessene Anthropologie liturgischer Sprache wird sich jede Generation neu bemühen müssen. Im Moment scheinen mir insbesondere landeskirchlich-liberale Milieus gut beraten zu sein, im ehrlichen Bemühen um traumasensible und möglichst triggerfreie liturgische Sprache Menschen nicht in Opferrollen festzubeten. Mit Blick auf die eingangs erwähnten verschiedenen Formen von Sprache könnte es ein reizvolles Experiment sein, gerade bei schwierigen Themen der Spiel- und Traumsprache einmal den Vorzug vor der Bildungssprache zu gewähren.

An dieser Stelle bleiben wir wieder an der Grenze dünn erforschter Gegenden stehen. Klar ist, dass Sprache und Identität und damit auch Religiosität und Spiritualität aufs Engste miteinander verbunden sind:

«Spirituality – our relation with that which is deeply within us, which accompanies us closely on our way, and is ever more than us – may occur in prelinguistic experiences of awe, or wonder, or a sense of presence, or a deep welling of joy or love. However, we cannot share or validate such experiences without language. Even in just remembering such experiences we use language to form the memory, to tell ourselves our story.»[18]

Erwiesen und gut dokumentiert ist auch, dass zwei- oder mehrsprachige Menschen im Gebrauch unterschiedlicher Sprachen jeweils verschiedene Persönlichkeitszüge in den Vordergrund stellen und an sich selber erleben.[19] Es wäre verwun-

---

[16] Vgl. Alexa F. Wilke, «Ich aber!» – Identität und Sprache im Gebet des Psalters, in: Florian Wilk (Hg.), Identität und Sprache. Prozesse jüdischer und christlicher Identitätsbildung im Rahmen der Antike [BThSt, Bd. 174], Neukirchen-Vluyn 2018, 89–114.

[17] Silvia Bukowski, Gebet und Sprache. Der Realitätsbezug gottesdienstlicher Gebete, in: dies. / Jochen Denker / Holger Pyka, Worte finden. Neue Gebete für Alltag und Gottesdienst, Neukirchen-Vluyn ²2022, 185–189 (187).

[18] Gary D. Bouma, Foreword, in: Moloney/Mansour, Language and Spirit, III–IX (VI).

[19] Vgl. Nairán Ramírez-Esparza u. a., Do bilinguals have two personalities? A special case of

derlich, wenn dies nicht auch auf die religiöse Identität zutreffen würde. Die Frage nach den Kriterien gottesdienstlicher Sprache ist damit alles andere als nur eine ästhetische.

5. ... und explizite Theologie

Der US-amerikanische Alttestamentler Walter Brueggemann geht in seinem im weitesten Sinne konstruktivistischen Ansatz davon aus: «[F]or the Old Testament faith, the utterance is everything. The utterance leads to the reality, the reality of God that relies on the reliability of the utterance.»[20] Der Gedanke, dass Gott nicht losgelöst vom Zeugnis Israels zu denken ist, dass Gott damit abhängig sein sollte von menschlichem Reden über Gott, ist sicherlich schwer zu vereinbaren mit klassischen theologischen Topoi von der Unwandelbarkeit oder der Unbeweglichkeit Gottes. Allein – «Yahweh, it appears, is always prepared for some new, outrageous self-disclosure, depending on the courage and freedom of Israel's boldest speakers.»[21] Zentral für das Wirklichkeit schaffende Zeugnis Israels ist nach Brueggemann seine Grammatik: Es ist in Hauptsätzen formuliert, die sich um ein aktives Verb herum organisieren, ein Verb, das in die gewohnte Welt einbricht, sie verändert oder die Dinge auf den Kopf stellt. Und Subjekt dieses Satzes mit starkem Verb ist Gott.[22] Interessanterweise erfüllt das biblische Zeugnis damit einige entscheidende Kriterien für *Leichte Sprache*[23] und kommt so einer notwendig inklusiven Gestaltung kirchlichen Lebens möglicherweise mehr entgegen als viele zeitgenössische Gebete. Brueggemanns Beobachtungen eignen sich geradezu als Matrix zur Überprüfung der eigenen Gebete und der eigenen Gottesdienstsprache – und inspirieren zur Veränderung.

Welche Verben gestehe ich Gott in meinen Gebeten zu? Wie unterscheiden sie sich von denen, die ich den Betenden zuweise? Wenn Gott nur zu irgendetwas verhelfen soll, was bedeutet das für das in meinem Gebet realisierte Gottesbild? Und wer ist dann eigentlich das Subjekt meiner Gebete? Wie lang und kompliziert sind meine Sätze? Von was hoffe ich, dass es im Dickicht verknoteter Relativsätze unentdeckt bleibt? Was passiert, wenn ich probeweise schwache Verben durch starke ersetze?

---

    cultural frame switching, in: Journal of Research in Personality 40 (2006), 99–120.
20 Walter Brueggemann, Theology of the Old Testament. Testimony – Dispute – Advocacy, Minneapolis 2005, 122.
21 A. a. O., 71.
22 A. a. O., 122.
23 Vgl. Meyer-Blanck, Gebet, 318–321.

Nicht nur in den Gottesanreden unserer Gebete, sondern auch in der Art, mit Gott zu sprechen, konstruieren und festigen wir ein Gottesbild. Wem Brueggemanns Ansatz dann doch zu konstruktivistisch und postmodern ist, sei daran erinnert, dass unser liturgisches Handeln auch einen Bildungseffekt hat: Wie und was wir beten, das verfestigt sich bei regelmässigen Gottesdienstteilnehmenden zur Norm. Auch das, was in Gebeten aussen vor bleibt, worüber geschwiegen oder höchstens verklausuliert gesprochen wird, prägt Vorstellungen davon, was *coram Deo* bedacht werden kann. «Liturgische Sprache soll diejenigen Fragen ins Wort fassen und vor Gott bringen, die uns heute, in diesen Tagen, umtreiben und ängstigen, mental besetzen und polarisieren. Wenn sie im Gottesdienst keine Sprache finden, nicht ausgesprochen und bewegt werden, spielt der Gottesdienst in einer abgetrennten Sonderwelt ohne Kontakt und Resonanz mit der unsrigen.»[24]

6. Nochmal Köln und Babel

Ich habe mit meinen türkischen Nachbarn und der leicht reizbaren Frau Frings aus der Vierundzwanzig nie über Religion gesprochen, noch weniger über Glauben. Ich ahne, dass sie mir Dinge hätten erzählen können, die ich selber so nicht sagen oder mir ausdenken könnte. Ich nehme eine diversitätspositive Deutung des berühmten Turmbaustopps aus der Genesis[25] zum Anlass, mir ein bisschen mehr Babel, ein bisschen mehr sprachliche Vielfalt im Gottesdienst zu wünschen. Weil ich glaube, dass wir alle zur Verfügung stehenden Sprachen und Sprachregister brauchen, um über und mit Gott zu reden – eben weil es Dinge gibt, die nur jeweils in einem konkreten O-Ton wahr sind, weil Resonanzerlebnisse und Gotteserfahrungen an bestimmte Zungenschläge, Formulierungen, Akzente und Sprachgestalten gebunden sind. Die liturgische Mehrsprachigkeit führt dann hoffentlich in die liturgische Mehrstimmigkeit mehrerer Beteiligter – «immer so, dass sie – und nicht wir – es sind, die der Sprache ihres Lebens Gestalt geben.»[26]

---

[24] Plüss, Simple, 28.
[25] Vgl. www.evangelisch.de/blogs/kreuz-queer/122892/16-07-2015 (25.11.2023).
[26] Gutmann, Sprache der Milieus, 46.

Sprache und Auszusprechendes
Glauben heisst Schreiben und Schreiben Glauben

Martina Schwarz

1. «What is your ground?»

«*What is your ground*» – «Was ist Dein Grund»? fragt der Gottesdienst-Professor in der ersten Sitzung am Union Theological Seminary in New York City.[1] «*What is your ground*» – «Was ist Dein Grund»? Ich übersetze *ground* mehrdeutig: Dein Grund, worauf du stehst, dein Boden, auf dem Du gehst, die Quelle, aus der du schöpfst, deine Prägung, deine Grundlage für Dein Sprechen und Tun.

Im Seminargebäude hängen Porträts. Theologische Schwergewichte, die mich nicht drücken. Weil viele meiner liebsten Theolog:innen da sind. Hier bin ich in guter Gesellschaft, das spüre ich vom ersten Moment an. Da ist Paul Tillich und sein existenzieller Zugang zum Glauben als das, was uns unbedingt angeht. Dieses Unbedingte finden wir nicht nur in der Kirche angesprochen, sondern gleichermassen in der Kunst, in einem guten Buch oder einem Song, der uns nicht mehr loslässt, einem Bild, das uns anspricht. Und da auch mein Hintergrund biografisch nicht sehr kirchlich geprägt ist, war Paul Tillich einer, dem ich früh im Studium gerne glaubte. Denn er war einer, der das Suchen und Fragen nicht aufgab und vom eigenen Erfahrungshorizont aus sprach.

Bonhoeffer schaut mich in der Burke Library prüfend durch seine randlos runde Brille an. Ich danke ihm still für seine nicht-religiöse Interpretation biblischer Begriffe. Darin entdeckte ich viel Wahres, als ich sie in einer kleinen Plattenbau-Wohnung las, irgendwo am Rande Budapests. Im Büchergestell stand Marx Kapital, und hier las ich mich durch den europäisch-westlich, deutschsprachig-männlich geprägten Kanon, den eine gute Theologiestudentin zu bewältigen hatte.

Und ich grüsse Dorothee Sölle, die es nur bis ins Treppenhaus der Burke Library geschafft hat. Ich werde bald auch noch meine neue Bekanntschaft Dolores

---

[1] Vgl. https://utsnyc.edu/ (01.11.2023). Das *Union Theological Seminary* ist ein progressives, liberales, ökumenisches Seminar, das sich seit seiner Gründung 1836 für Frieden, soziale Gerechtigkeit und Bewahrung der Schöpfung einsetzt. Hier durfte ich zwei Monate lang, im Herbstsemester 2023, *visiting scholar* sein.

S. Williams grüssen, die Mutter der womanistischen schwarzen Theologie, deren Porträt diese Woche feierlich eingeweiht wird. Ich möchte mich bei ihr bedanken. Für *mother* Hagar, die sie aus den biblischen Geschichten ausgegraben und der schwarzen Kirche als Patronin zur Seite gestellt hat. Ihr Mut beeindruckt mich. Sie scheute sich nicht, die schwarze Befreiungstheologie zu kritisieren. Ein Gott, der befreit, schickt keine Hagar, eine ägyptische Sklavin samt Baby in die Wüste. Gott, die freimacht will überhaupt keine Sklavinnen. «Man lässt keine Menschen ertrinken. Punkt.», predigte Pastorin Sandra Bils auf dem evangelischen Kirchentag in Dortmund im Juni 2019.[2] Und ihre Worte hatten Wirkung. Bereits im Februar 2020 wird das Rettungsschiff der Evangelischen Kirche in Deutschland (EKD) *United4Rescue* getauft.

«*What is your ground?*», fragt Cláudio Carvalhaes, der Gottesdienst-Professor. Eine Studierende sagt: «*My ground is the ocean*», eine andere, «*my family*», ein Dritter nennt Christus. Clowneske Einlagen wechseln ab mit Kapitalismus- und Kolonialismuskritik und Ganzkörpereinsatz für *Pachamama*, Mutter Erde, in der Sprache der indigenen Bevölkerung der Anden. Cláudio ist sich nicht zu schade, im Gottesdienst im Bienenkostüm aufzutreten. Er werde kaum ein zweites Mal eingeladen, erzählt er lachend. Er lehrt eine Befreiungstheologie, die nicht nur nach *race, gender, class* fragt, sondern auch nach der Erde, die wir ebenso ausbeuten, wie wir das mit *race, gender, class* getan haben. In den *weekly meditations* verbinden wir uns wöchentlich ein Stück mehr mit dem Grund, worauf wir stehen. Wir suchen Wörter für die vielfarbige Rinde der Platane im Park, die Bewegungen im Hudson River und für den baldigen Abflug der Kanadagans auch.

2. Glauben heisst zeigen, was man liebt

«Mein Grund ist das Schreiben», höre ich mich antworten. Seit ich denken kann, trage ich Notizhefte mit mir rum. Die Texte versah ich gerne mit kleinen Zeichnungen, die ich bloss dem Lehrer zeigte, was mich bei meinen Klassenkamerad:innen noch ein wenig mehr an den Rand drängte, an dem ich sonst schon war. Immer waren es Geschichten, die mich umgaben, gelesene, gezeichnete, geschriebene. Ein Zufluchtsort. Ein *safe space*. Ein Zuhause aus Geschichten und Blumen, Ahornblättern und starken Mädchen, die keiner verlachte im Zwielicht der Unterführung einer Kleinstadt in der Provinz. Meinem ersten Freund gegenüber drückte ich mich in langen Briefen aus. Ich beschrieb für ihn den Wechsel der Jahreszeiten, so genau wie möglich. Den des Lichts. Und zeigte ihm auf Papier, was ich liebte.

---

[2] Die ganze Predigt lohnt und ist hier nachzulesen: www.evangelisch.de/inhalte/157040/23-06-2019/kirchentag-predigt-vom-schlussgottesdienst-von-pfarrerin-sandra-bils (01.11.2023).

Meine Briefe waren eine Art Selbstgespräch ohne Zensur, ein Trampolinspringen in der Sprache. Beim letzten Treffen in einer Kneipe am Ostbahnhof, dann sein Geständnis, er werde meine Briefe mehr vermissen als mich selbst. Der Freund zeigte mir die Musik vom weiten Land mit Kormoran und Graurind. Und ich wiederum malte engere Landschaften aufs Papier, erfand Wörter mit Hügeln und viel Wald drumrum. Glauben heisst zeigen, was man liebt.

3. Das Lab(-oratorium)

Das habe ich in Braunschweig gelernt. In einem Experiment, einem Lab(-oratorium), als sich Deutschland 2017 aufs Reformationsjubiläums vorbereitete. *Sola vocatio* – gemeinsam berufen, nannte es sich. Wir waren zwölf Geistliche und zwölf Lebenserfahrene (das heisst Menschen aus normalen Berufen oder Lebenslagen, die geistlichen Inhalten zumindest gewogen sind). Drei Jahre lang suchten wir gemeinsam am *Atelier Sprache* in Braunschweig[3] nach einer Sprache und einer Form von dialogischer Kirche. Wir erforschten, welche geistliche Sprache heutiger Lebensbewältigung entspricht. Welche Kommunikationsformen geeignet sind, um sich mit Menschen ohne kirchliche Erfahrung auszutauschen. Und welche anderen Ausdrucksformen passen könnten, um von dem zu sprechen, was uns unbedingt angeht. Wir erfanden zusammen an einem Sonntagmorgen eine Liturgie mit Fundstücken, Resten eines Samstagabends in der Braunschweiger Innenstadt, Zigarettenstummel, Bierflaschensplitter, einem verwaisten Lippenstift. Wir tanzten viel und oft, lachten und weinten ebenso viel und häufig. Es war ein Abtasten von persönlichen Grenzen, manchmal streiten oder schweigen. Manche Menschen, die das nicht aushielten, kamen nicht zurück in unsern Kreis. Denn, was sich abzeichnete, war, dass Glauben risikohaft mit Sich-Zeigen zu tun hat: Ich zeige dir, was ich liebe. Ich zeige mich dir.

4. «Zart und genau»[4] flanieren

Tage- und nächtelang habe ich im Vikariat über Gedichten gesessen, habe sie abgeschrieben, weitergeschrieben. Intertextuell geklaut, wie der Homiletiker Martin Nicol seinen Leser:innen in seinem Buch «Einander ins Bild setzen. Dramaturgische Homiletik»[5] schelmisch rät. Er nennt die Predigt darin eine Kunst unter Künsten.

---

3   www.thzbs.de (01.11.2023).
4   Vgl. Kurt Marti, zart und genau. Reflexionen, Geschichten, Gedichte, Predigten 1985.
5   Martin Nicol, Im Wechselschritt zur Kanzel. Praxisbuch Dramaturgische Homiletik. Göt-

Hingerissen von der Kraft des *black preaching* verbindet Nicol die amerikanischen Konzepte von *New Homiletic* der Sechziger- und Siebziger Jahre mit Entwürfen der ästhetischen Homiletik im deutschsprachigen Raum. Die *Dramturgische Homiletik* sucht nach einer Sprache, die nicht nur über Dinge redet, sondern bewirkt, dass die Dinge geschehen *(to make things happen)*: «Sprich in deiner Predigt nicht über das Trösten», sondern tröste! Diesen Vorgang nennt Nicol *RedenIn* statt *RedenÜber*. Er schreibt: «Predigen heisst: Einander ins Bild setzen. In der Predigt selbst wie im gesamten Predigtprozess setzen Predigerin und Gemeinde einander in die Worte, Bilder und Geschichten der Bibel. [...].»[6] Ich habe mich an den Bildern von Dichter:innen gewärmt in meiner kleinen Dachwohnung in der Bieler Altstadt im Vikariat. Mein Lehrpfarrer, selber ein Dichter, meinte zwar, ich solle mehr unter die Leute. Heute bin ich froh, um diese Zeit, die mir einen solchen Wörterschatz schenkte. Ungestört durfte ich eintauchen, Listen anlegen für atemlose Zeiten. Heute kann ich mich bedienen in diesem «Wortwarenladen»[7]. Er warnt mich vor kirchlichen Floskeln, Worthülsen und ausgetretenen Sprachpfaden. Es steckt die Haltung dahinter, dass Sprache ein kreativer Akt der Neuschöpfung ist, eine *creatio continua* jeder schreibenden und predigenden Person. Ein zarter und genauer Vorgang. Eine flanierend spazierende Welthaltung eines Robert Walsers oder Walter Benjamins in den Pariser Passagen: «1839 war es elegant, beim Promenieren eine Schildkröte mit sich zu führen. Das gibt einen Begriff von Tempo des Flanierens in den Passagen.»[8] Ein Dandy, der in Paris in überdachten Passagen schlendert, ohne genaues Ziel, mit viel Zeit. Mein Vikariat war ein geistlicher Müssiggang, für den ich meinem Lehrpfarrer ewig dankbar bin.

5. *Theopoetics* und eine andere *art* der Auslegung

Lange schämte ich mich dafür, weil ich «bloss» Dorothee Sölle und Kurt Marti und die Theopoesie nannte, wenn mich jemand nach meinem theologischen Hintergrund fragte. Ich schämte mich, dass ich wieder einmal vom Rand herkam, wie das Kind mit den andersfarbigen Haaren, dem Notizbuch, dem ständigen Zeichnen und dem noch seltsameren Kleid. Und ich schämte mich, dass meine theologischen Vorbilder auch scheinbare Randfiguren waren. Nicht die Vollmundigen, sondern die, die an der alten theologischen Sprache oft verzweifelten. Dorothee Sölle

---

tingen 2005. 148.

[6] Martin Nicol / Alexander Deeg, Einander ins Bild setzen, in: Lars Charbonnier / Konrad Merzyn / Peter Meyer (Hg.), Homiletik. Aktuelle Konzepte und ihre Umsetzung, Göttingen 2012, 71.

[7] Kurt Marti, Wortwarenladen, Schupfart 2021.

[8] Walter Benjamin, «Das Passagen-Werk», Bd. 1, Frankfurt 1982, 532.

schreibt: «Ich glaube, zum Schreiben gehört ein Stück Verzweiflung an der alten Sprache, also ein Stück Angeekeltsein. Das ist eine ganz natürliche Empfindung. Scham ist eine revolutionäre Empfindung, hat Marx gesagt; man muss sich schämen und darunter leiden, wie gequasselt wird, wie die Sprache zerstört wird, wie Menschen zerstört werden oder sich überhaupt nicht mehr wiederfinden in dem, was gesagt wird. In dieser Scham gehe ich auf etwas zu, um die Sprache, die wir brauchen, zu finden.»[9] Ich fühlte mich in meiner Scham also von feministischen Theolog:innen wie Dorothee Sölle verstanden. Und erst hier in den USA treffe ich wieder auf die Theopoesie, die mich so lange begleitete in meinem Tun am Rand. *Theopoetics,* wie sie in den USA verstanden wird, hat eine lange Tradition und wird sehr breit gedacht. Bereits Anfang der Sechzigerjahre riefen Paul Tillich zusammen mit Alfred Barr, dem Gründungskurator des *Museum of Modern Art,* und dem Harvard-Theologen Marvin Halverson die *Society for the Arts, Religion, and Contemporary Culture* ins Leben(SARCC). Diese schloss sich 2017 mit der *Association for Theopoetics Research and Exploration* (ATRE) zu ARC (Arts, Religion, Culture) zusammen. ARC definiert *theopoetics* folgendermassen: «[...] theopoetics is not an alternative to theology. It's a way to do religious reflection that gives greater attention to form, genre, and method. It validates art, experience, and the body as a source of religious reflection and is concerned with the emotional and ‹pre-rational› impact as well as the concrete consequences of religious reflection. Art and ideas should *matter.*»[10]

Heute denke ich, dass es um so viel mehr als bloss um Sprache geht. Es geht m. E. um einen umfassenden Ausdruck unserer Spiritualität auf der einen Seite. Und auf der anderen um eine anhaltend suchende und fragende Haltung. Sie ist zwar tentativ-tastend, bleibt aber hartnäckig am Ball. Und darin ist sie ebenfalls sehr politisch.

Meine eigene hartnäckige Unruhe begann früh oder hörte nicht auf. Vielleicht ist Unruhe ein ganz nützlicher Motor. Kein angenehmer zwar, aber einer, der in Bewegung hält. Fragen als Haltung einer sanften Rebellin, schreibt die Choreografin, Tänzerin, Performerin und Autorin Liz Lermann.[11] Sie hat die letzten vier Jahrzehnte damit verbracht, ihre künstlerische Forschung persönlich, lustig, intellektuell anschaulich und aktuell zu gestalten. Ein Schlüsselaspekt ihrer künstlerischen

---

[9] Ursula Baltz-Otto / Fulbert Steffenski (Hg.), Dorothee Sölle. Gesammelte Werke, Bd. 7, Das Eis der Seele spalten, Hamburg 1996, 107.
[10] Vgl. https://artsreligionculture.org/definitions (01.11.2023). Eigene Übersetzung: «Theopoetik ist keine Alternative zur Theologie. Sie ist eine Form der religiösen Reflexion, die Form und Methode mehr Aufmerksamkeit schenkt. Sie wertet Kunst, Erfahrung und den Körper als Quelle religiöser Reflexion und befasst sich mit den emotionalen Auswirkungen sowie den konkreten Folgen religiöser Reflexion. Kunst [...] soll eine Rolle spielen.»
[11] Liz Lermann, *Hiking the Horizontal,* «Questions as a way of life», Middletown CT, 2011.

Arbeit ist die Öffnung des Prozesses für alle, für den Schiffsbauer und die Physikerin, Bauarbeiter und Ballerina. Das Ergebnis sind Forschungen und Erfahrungen, die partizipativ, relevant, dringend und für andere nutzbar sind. Für mich selber als Sprachsucherin, Schreibende und Predigende heisst das, dass ich meinen einsamen kleinen Schreibprozess öffne. Dass ich einem, sehr wohlwollend kritisch kleinen Kreis Werkstücke zeige. Dass wir Werkstücke kollaborativ-intertextuell teilen. So, wie die biblischen Autoren uns ihre Stücke zeigten, zur Verfügung stellten, um unsere Geschichte(n) hineinzulegen und weiterzuschreiben. Rabbinische Bibelauslegungen tun das in ihren *Midraschim*. Sie suchen, untersuchen, forschen weiter (hebr. *darasch*). «Da diskutieren Rabbinen über einen Vers der Schrift, einen Halbvers, manchmal vielleicht auch nur über ein Wort oder einen Buchstaben. Einer schlägt eine Auslegung vor. Und ein anderer noch eine. Ebenso ein dritter. Keiner entscheidet, wer Recht habe, weder jetzt noch in der Folgezeit. Das Gegenteil ist der Fall. Man sammelte die unterschiedlichen Auslegungen der Rabbinen und stellte sie in den Midraschim zusammen. Zwischen den Äusserungen der Rabbinen erscheint in den Sammelwerken oft als verbindendes Glied die Formel ‹eine andere Aus-legung›.»[12] In ihrer Erlanger Dissertation zu Biblischen Spuren in der Lyrik Erich Frieds[13] prägt die Theologin und Germanistin Tanja Gojny die Wendung: Eine andere *art* der Auslegung. Ein Begriff, der *art* als Kunst im Englischen meint und ihn aber auch mit der jüdischen Hermeneutik des Midraschs verbindet.[14]

Ich möchte diesen Abschnitt mit zwei Tanzerfahrungen ausklingen lassen. Die erste in einem Tanzsaal am Karfreitag in der alten Feuerwehr in Bern. An dem Tag, wo strengstes Tanzverbot herrschte, traditionell reformiert. Improvisationstanz. Dazu ist eine kleine Gruppe zusammengekommen. Niemand scheint dieses Tanzverbot mehr zu kennen in diesem städtischen, säkularen, postpostmodernen Umfeld. Bach klingt aus der Konserve. Die Tanzlehrerin leitet an: Wir sollen uns ein inneres Bild einer Lichtquelle machen. Ich wähle eine Kerze, weil das besser zum Karfreitag passt, denke ich, als eine Leuchtstoffröhre. Und beginne zu tanzen. Was folgt, ist schwer in Worte zu fassen. Weil es mich aus der Fassung trieb, in einen halbdunklen Raum hinein, wo bloss das schwache Licht der Kerze, mein Körper und sein Tanz war. Karfreitagstränen waren genauso dabei wie der eigene

---

[12] Vgl. Tanja Gojny / Alexander Deeg / Martin Nicol, Vernetzte Texte. Bibel und moderne Lyrik im Wechselspiel, Tübingen 2002, 307.

[13] Tanja Gojny, Biblische Spuren in der Lyrik Erich Frieds. Zum intertextuellen Wechselspiel von Bibel und Literatur, Mainz 2004. Gojny arbeitete 1998 bis 2003 zusammen mit dem Forschungsteam Martin Nicol und Alexander Deeg u. a. am Projekt «Biblische Spuren in der deutschsprachigen Lyrik nach 1945» am Institut für Praktische Theologie in Erlangen.

Schmerz, der bis anhin keine Form fand. Es war eines der stärksten Karfreitagserlebnisse, das ich je hatte.

Die zweite am *Union Theological Seminary* in New York: Die alte Tänzerin schiebt ihren Rollator in die *James Chapel*. Da sie Quäkerin ist, spricht sie wenig und lässt uns selber viel erforschen. Sie nennt das *artistic research*. Ihre kleinen Anleitungen zum Tanzen lassen den unsichersten Erstsemestrigen leuchten. Wir sitzen im Kreis um sie herum. Auch sie sagt: *Theopoetics* ist soviel mehr als Schreiben. Sie selber tanzte ihre Disssertation. Wir arbeiten wie die grossen Vorbilder, die Tänzerinnen und Choreografinnen Martha Graham oder Pina Bausch mit vorhandenem Material. Das sind unsere Körper mit ihren Geschichten, unser Alltag, unsere Erfahrungen und Prägungen. Wir treffen uns immer dienstags in der Chapel und üben, forschen, spielen. Wir nehmen uns Zeit. Tanzen zwei Stunden in der Kapelle. Legen uns auf den Boden ohne Bank und Stuhl. Und hören der Tänzerin für eine weitere Stunde zu, fragen, notieren, forschen an Eigenem weiter. Wahrnehmen braucht viel Raum und Zeit. Schreiben auch.

6. Regardless

Als Pfarrer:innen leihen wir den Menschen Sprache. Wir sind eine Art Bibliothekar:innen der Sprache. Unsere Bibliothek ist die Bibel, daraus leihen wir den Menschen, die uns brauchen, Wörter und Geschichten aus. Wir sind dafür bezahlt, Zeit zu haben und Geschichten auszuleihen. Dem Krebs des lustigen Kochs im Quartier eine Stimme zu geben und einen Protestsong zu dichten, weil er viel zu jung ging. Oder dem andern jungen Mann, der gegen eine heimtückische Krankheit kämpfte, die zum Sprachverlust führte. Sein Widerstand gipfelte darin, dass er seine Freundin kurz vor seinem Tod im Heim noch heiratete mit wildem Klezmer und Tanz im rollenden Stuhl.

Ich lernte viel vom Lachen zwischen den Worten der beiden Schwestern, die auch dann noch lachten, als es nichts mehr zu lachen gab. Aber Lachen schien ihnen zu helfen. Ich suchte Gott in den Worten der Frau, die ihr Kind als Frühgeburt beim Kartoffel-Ernten verlor. Und wenn meine Sprache nichts mehr taugte, griff ich auf die der Bibel zurück. Weil da Worte von vielen stehen, denen ebenfalls die Wörter im Hals stecken blieben und ihre Wunde im Acker zurückblieb. Ich finde Worte in den Psalmen und biblischen Geschichten, die sagen, wir sind noch da. Wir haben überlebt. Wir lassen uns nicht unterkriegen. Und wir sind viele. *Black lives matter*. Politische Worte. Die Bibel ist voll davon. Die Begründerin des schwarzen Feminismus, des sogenannten Womanismus, Alice Walker definiert *womanist* so:

«Womanist:
*[...] Loves music. Loves dance. Loves the moon. Loves the Spirit.
Loves love and food and roundness. Loves struggle. Loves the
Folk. Loves herself. Regardless.*»[15]

Die grösste Kraft steckt im kleinen letzten Wort *regardless*, allem zum Trotz.

7. Schreiben, ein Spiel

Vielleicht ist Sprache auch bloss ein Spiel. Mit den uns anvertrauten Wörtern. Die der Schrift, des Alltags, des Körpers. Eines, das aufs Ganze geht. Wir kennen den Spielausgang nicht. Ich lerne viel von Künstler:innen. Am liebsten von denen, die den Humor als produktiven Zugang zum Drama auf dieser Erde nutzen. Wie eine Elster stibitze ich ihre Fragen wie: «Findet mich das Glück?» oder «Gibt es zuviel des Guten»?[16]. Als Kind beargwöhnte ich allerdings die pädagogische Welt, die gerne Spiele machte, um scheinbar leicht ein Ziel zu erreichen. Viel lieber verfolgte ich meine eigene Spur. Lange habe ich das vergessen. Oder bloss an einer ganz kleinen Ecke, im Schreiben ausgelebt. Denn ich schreibe, um zu verstehen. Schreiben ist für mich Probehandeln, ja vielleicht auch Probeglauben.[17] Oder stärker: Schreiben ist für mich Glauben und glauben schreiben. Das ist mein Zugang zu Spiritualität.

Ich lerne kollaborativ und in Gemeinschaft von den Menschen, die mit mir spielen oder schreiben oder beides zugleich. In geistlichen Schreibwerkstätten geben wir einander Resonanz. Fragen: Wo siehst du Glanz in deinem Text, wo sitzt die Energie? Welches ist dein stärkster Satz? Wir sehen eine neue Spur im fremden Text für unsern eigenen. Diese Art des Schreibens erinnert an Reisen, deren Verlauf im Voraus nicht abzusehen ist. Sie ist kein linearer Prozess. Die Fortbewegungsmittel heissen: Wahrnehmen und Genau-Sein. Etwas er-forschen, was mit uns selbst zu tun hat und unserm kleinen Leben mit neun, sechzehn oder siebenundvierzig. Und uns verbinden mit den namenlosen Leben und den grossen Stories in der Schrift. «*Uns ist noch nicht erschienen, was wir sein werden*» (1Joh 3,2). Wie wir in der Kirche der Zukunft sprechen werden, zum Beispiel. Was hier anzusprechen

---

15 Alice Walker, «Womanist». In Search of Our Mothers' Gardens, Womanist Prose, San Diego 1983, xii. Eigene Übersetzung: Eine «*Womanist:* [...] Liebt Musik. Liebt den Tanz. Liebt den Mond. Liebt den Spirit. Liebt Liebe und Essen und Rundheit. Liebt den Kampf. Liebt die Menschen. Liebt sich selbst. Ohne Rücksicht.»
16 Peter Fischli / David Weiss, Findet mich das Glück, Köln [11]2008.
17 Vgl. Holger Pyka, Kreatives Schreiben in der Seelsorge. Fallbeschreibungen – Schlussfolgerungen – Ausblick, in: Wege zum Menschen 72/ 4 (2020), 348.

Sprache und Auszusprechendes

ist und auszusprechen und auf welche Art. Oft umspielen wir Lücken. Weil der Schmerz schwerer zu beschreiben ist als eine Platanenrinde.

Die Schriftstellerin Marguerite Duras schrieb:

«Schreiben ist nicht nur Geschichten erzählen.
Es ist genau das Gegenteil.
Es ist das Erzählen einer Geschichte und die Abwesenheit der Geschichte.
Es ist das Erzählen von allem auf einmal.
Es ist das Erzählen einer Geschichte durch ihre Abwesenheit.»[18]

Deshalb muss ich viel Luft zwischen den Wörtern und Sätzen einer Predigt lassen. Damit die Hörenden atmen können und Zeit haben, den Schmerz zu spüren oder das Glück zu ahnen, das zwischen den Zeilen wohnt. Die Luft zwischen den Wörtern lässt vieles offen. Es ist der Versuch, das Geheimnis des Göttlichen warmzuhalten und nicht mit Worten zu zerstören. Beim Schreiben selber begreife ich manchmal und selten genug an kleinen Enden und Anfängen etwas. Darum heisst für mich Glauben Schreiben und Schreiben Glauben. Es ist mein Grund.

---

[18] Eigene Übersetzung; vgl. Marc H. Ellis, First Light. Encountering Edward Said and the Late-Style Jewish Prophetic in the New Diaspora, Dallas 2023, 8:
«Writing isn't just telling stories.
It's exactly the opposite.
It's the telling of a story, and the absence of the story.
It's telling everything at once.
It's telling a story through its absence.»

Verzeichnis der Autorinnen und Autoren

Jakob Bächtold, Jahrgang 1975, wohnhaft in Winterthur, ist Journalist und Kommunikationsberater.

Patti Basler, Jahrgang 1976, ist Schweizer Bühnenpoetin, Autorin, Kabarettistin und Satirikerin. 2019 wurde sie mit dem Salzburger Stier sowie dem Prix Walo und 2022 als «Kolumnistin des Jahres» für ihre Textarbeiten in der NZZ am Sonntag ausgezeichnet.

Lukas Bärfuss, Jahrgang 1971, ist Schriftsteller und Theaterregisseur. 2019 wurde er mit dem renommierten Georg-Büchner-Preis ausgezeichnet.

Alexander Bischoff, Dr. phil., Jahrgang 1956, war zuletzt tätig als Dekan für Forschung und Entwicklung an der Hochschule für Gesundheit Fribourg und als Titularprofessor an der Universität Genf (Institut de santé globale). Er ist Mitglied der Communität Don Camillo.

Johanna Breidenbach, Dr. theol., Jahrgang 1983, ist Pfarrerin in der Kirchgemeinde Eulachtal.

Esther Cartwright, Jahrgang 1966, ist Gemeindepfarrerin in Winterthur-Veltheim und im Projekt «Palliativseelsorge. Begleitung daheim» der beiden Zürcher Landeskirchen tätig.

Markus Dütschler, Jahrgang 1961, schrieb während fast drei Jahrzehnten für die Berner Tageszeitungen «Bund» und «Berner Zeitung». Jetzt ist er Co-Leiter Kommunikation bei den Reformierten Kirchen Bern-Jura-Solothurn.

Saara Folini, Jahrgang 1980 ist Pfarrerin und Seelsorgerin in verschiedenen Altersinstitutionen in Bern.

Claudia Graf, Dr. theol., Jahrgang 1971, hat Praxiserfahrung als Spitalseelsorgerin in drei Kantonalkirchen sowie verschiedene Mandate in Forschung und Schulung.

Jacqueline Keune, Jahrgang 1961, ist freischaffende Theologin und Autorin mit Schwerpunkt Liturgie und Lyrik.

Claudia Kohli Reichenbach, Dr. theol., Jahrgang 1975, ist Privatdozentin an der Universität Bern und Pfarrerin.

Beate Krethlow, Jahrgang 1997, ist Masterstudentin der Theologie an der Universität Bern.

Ralph Kunz, Dr. theol., Jahrgang 1964, ist Professor für Praktische Theologie an der Universität Zürich.

Ari Lee, Jahrgang 1975, ist Schreiberin, Seelsorgerin und Makeup Artist.

Christian Lehnert, Dr. theol., Jahrgang 1969, ist Dichter und Theologe und leitet das Liturgiewissenschaftliche Institut der VELKD an der Universität Leipzig.

Andreas Mauz, Dr. theol., Lic. phil., Jahrgang 1973, ist Literaturwissenschaftler und evangelischer Theologe. Sein Interesse gilt den vielfältigen Verbindungen seiner beiden Fächer sowie der Hermeneutik.

Albrecht Merkel, Jahrgang 1966, ist Pfarrer in der Pastorationsgemeinschaft Luven Flond Pitasch Duvin und Zweiter Vizedekan in der Reformierten Landeskirche Graubünden.

Jan Müller, Jahrgang 1998, ist Kommunikationsfachmann und Leiter Kommunikation der Aids-Hilfe Schweiz.

Ruth Näf Bernhard, Jahrgang 1959, war Pfarrerin, Paar- und Familientherapeutin, ist Autorin mehrerer Gedichtbände.

David Plüss, Dr. theol., Jahrgang 1964, ist Professor für Homiletik, Liturgik und Kirchentheorie an der Universität Bern.

Holger Pyka, Dr. theol., Jahrgang 1982, ist Pfarrer und Dozent für Homiletik/ Liturgik, Kasualien und Gemeindeentwicklung am Seminar für pastorale Ausbildung in Wuppertal.

Verzeichnis der Autorinnen und Autoren

Georg Schmid, Dr. theol., Jahrgang 1940, war evang. Pfarrer, Titularprofessor im Fach Allgemeine Religionsgeschichte an der Universität Zürich und Leiter der Evangelischen Informationsstelle Kirchen – Sekten – Religionen (relinfo).

Klaus Schöbel, Jahrgang 1959, ist Kantor und Organist in Pinneberg bei Hamburg, Komponist von Chorwerken, geistlicher Lyrik, Kinder-Musicals, Orgel- und Bläserstücken und Werken für Bigband.

Caroline Schröder Field, Dr. theol., Jahrgang 1966, ist Pfarrerin am Basler Münster.

Martina Schwarz, Jahrgang 1976, Pfarrerin, Predigtcoach, Leiterin Praktisches Semester, Theologische Fakultät Uni Bern.

Noemi Somalvico, Jahrgang 1994, ist Autorin für Prosa und Lyrik in Bern.

Cornelia Vogelsanger, Dr. phil., Jahrgang 1943, ist freie Ethnologin mit Forschungsschwerpunkt indische Religionen und arbeitete als Kuratorin im Völkerkundemuseum der Universität Zürich.

Peter Weibel, Dr. med., Jahrgang 1947, ist Geriater und Schriftsteller.

Judith Wipfler, Dr. h.c. theol., Jahrgang 1974, ist bei SRF Religionsexpertin.

Theo Wirth, Dr. phil., Jahrgang 1941, war Lehrer für Altgriechisch und Latein am Literargymnasium Zürich und Dozent für die Fachdidaktik der Alten Sprachen an der Universität Zürich.

Matthias Zeindler, Dr. theol., Jahrgang 1958, ist Titularprofessor für Systematische Theologie / Dogmatik an der Theologischen Fakultät der Universität Bern und Leiter Bereich Theologie der Reformierten Kirchen Bern-Jura-Solothurn.